사례를 중심으로 한

한국형 글로벌 리더십

| 한은미 · 서영복 · 이용규 |

양성원

머리말

어느 조직에서나 리더십의 중요성은 아무리 강조해도 지나치지 않다. 더구나 오늘날과 같이 변화무쌍하고 복잡한 환경에 살고 있는 우리에게 리더십의 중요성은 더욱 커질 수밖에 없다. 대통령을 비롯한 일부 정치가들의 능력에 의해 국가의 운명이, 기업의 총수들의 능력에 의해 기업의 운명이 좌지우지되고 있으며, 가장 작은 조직 중 하나인 가정에서도 가장의 능력에 따라 가족들의 삶의 질이 달라진다. 그런 의미에서 리더십은 곧 사회에 첫발을 내딛게 되는 대학생 여러분들에게 매우 중요한 학문이 될 것이다. 리더는 특정한 사람에게만 필요한 것이 아니라 어느 누구에게나 필요하다. 평범한 사람도 누구나 리더십을 잘 발휘하면 조직의 목표달성이나 원만한 인간관계에 크게 기여할 수 있다. 그러나 바람직한 리더십을 발휘하기는 쉽지 않다. 그렇다고 어려운 것만도 아니다. 이 교재를 잘 활용하여 리더십의 개념을 확실히 이해하고 완벽하게 습득함으로써 사회의 훌륭한 일원이 되기를 기대한다.

이 교재는 다음과 같은 부분에 역점을 두어 집필되었다.

첫 번째, 실무중심이다.

시중에 리더십에 대한 책이 많이 나와 있으나, 실무에 적합한 서적은 그리 많지 않다. 학문을 위한 학문을 지양하고 저자가 기업조직에서 얻은 오랜 현장 경험을 바탕으로 철저하게 실무현장 중심으로 기술하였다.

둘째, 사례중심이다.

각 리더십 이론에 대해 다양한 사례를 조명함으로써 리더십의 실체에 쉽게 접근할 수 있게 하는 동시에, 보다 재미있게 수업 받을 수 있도록 하였다.

셋째, 시각적 효과의 극대화이다.

수업효과를 극대화하기 위해서는 내용 파악이 쉬워야 한다. 가능한 많은 그림과 표를 삽입하여 이해력을 높이도록 하였다.

넷째, 우리 실정에 맞는 글로벌 리더십 능력향상이다.

우리 실정에 맞는 리더십 능력을 향상하는 쪽으로 방향을 잡았다. 즉, 국내 중심의 로컬 리더십만으로는 변화가 심하고 복잡한 글로벌 경영에 한계가 있으므로 '한국 실정에 맞는 글로벌 리더십'을 육성하는 데 초점을 맞췄다.

훌륭한 리더를 꿈꾸는 학생들에게 본 교재가 새로운 비전을 제시하고 힘차게 전진해 나아가는 지침서가 되길 바란다. 리더십 입문서로서 부끄럼이 없도록 다양한 내용을 기술하고자 했지만 시간상의 제약으로 충분히 기술하지 못한 것도 사실이다. 아낌없는 지도 편달을 부탁드리며 미흡한 부분은 차후 보완하여 발전의 계기로 삼고자 한다.

이 책을 출판함에 있어 주위에서 힘을 실어 준 동료 교수님들과 가족에게 감사를 표한다. 특히, 바쁜 와중에도 깊은 애정을 갖고 출판에 아낌 없는 지원을 해 주신 양성원 대표님께도 깊은 감사를 드린다.

저자일동

차 례

PART 1 ▸ 리더십의 이해

PART 2 ▸ 주요 리더십 이론

PART 4 ▸ 리더십 관계구축

PART 5 ▸ 리더십 역량 개발

PART 1

리더십의 이해

Chapter 1

리더십 개요

"나는 토끼가 지휘하는 사자의 군대보다 사자가 지휘하는 토끼의 군대를 갖기 원한다."

– 나폴레옹(Napoleon)

"조직운영에서 리더십이 모든 성공과 실패를 결정한다."

– 존 맥스웰(John Maxwell)

1절 조직과 리더

1. 조직과 경영

조직(組織, organization)이란 특정한 목적을 추구하기 위하여 의도적으로 구성된 사람들의 집합체로서 외부환경과 여러 가지 상호작용을 하는 사회적 단위를 말한다. 아리스토텔레스(Aristotles)는 '인간은 사회적 동물'이라고 하였다. 즉, 인간이 동물과 차별화되는 것은 사회를 이루어 산다는 것인데 이는 인간이 개인적으로만 존재하는 것이 아니라 끊임없이 타인과의 관계 속에 존재함을 의미한다. 사람은 적어도 한 개 이상의 조직에 소속되어 있으며, 과거와 달리 현대사회는 조직사회라 말할 수 있으리만큼 여러 분야에 걸쳐 다양하고 많은 조직이 존재하고 있다. 모든 조직은 반드시 추구하는 목표가 있기 마련인데, 이러한 조직의 목표를 달성하기 위해 필요한 제반 활동, 과정 및 수단을 경영(經營, management)이라 한다.

2. 리더(leader)의 정의

해당 조직을 잘 경영하려면 이에 적합한 리더가 있어야 한다. 'lead'란 바이킹 언어의 '배의 방향을 잡다.'에서 유래하였으며 '앞선다, 지도한다.'라는 의미로 해석할 수 있다. 'leader'란 '앞선 사람, 지도하는 사람'이란 뜻이므로 지도자, 지휘자, 통솔자 등으로 번역할 수 있으며 '조직의 목표를 향해 조직 구성원을 이끌어 가는 중심적인 위치에 있는 사람'으로 규정할 수 있다.

3. 리더의 유형

1) 리더의 5가지 유형

최고경영자는 조직목표를 달성하기 위한 방법에 대해서 나름대로의 철학을 가져야 하는데, 이 철학으로 최고경영자의 리더십 스타일이 결정된다. 찰스 파커스와 수지 왯로퍼(Farkas & Wetlaufer)는 전 세계 160명의 최고경영자들과 인터뷰를 하여 5가지 리더십 스타일을 찾아냈다.

① **전략형 리더**: 장기 전략을 수립하고 실행하는 데 집중하는 분석적, 체계적 스타일이다. 통제와 같은 내적 문제보다는 고객, 경쟁자, 기술, 시장상황 등과 같은 외적요인들에 대부분의 시간을 할애한다.

② **인적자원형 리더**: 이 스타일의 CEO들은 내적 문제에 집중하며 사람 관리에 탁월하다. 이들은 구성원들을 잘 관리하여 그들로 하여금 업무에 매진토록 유도함으로써 조직의 성과를 극대화하는 데 초점을 둔다.

③ **전문가형 리더**: 이 유형의 CEO들은 지식을 중시한다. 경쟁우위의 원천이 될 전문영역을 선정하여 확대시키는 것, 즉 해당 업무에 정통한 핵심역량이 경쟁우위를 획득하고 유지시킬 수 있는 가장 확실한 방법이라 믿는 유형이다.

④ **혁신형 리더**: 이 범주의 CEO들은 변화를 선도한다. 따라서, 일시적인 혼란이

야기되거나 전략적 실수가 발생하더라도 과감하고 지속적으로 혁신을 추진한다. 5가지 스타일 가운데 가장 힘겹고 대담한 리더십 스타일이다. 실패할 확률이 높지만 성공하면 대박을 터트릴 수 있어 오늘날 급격한 성장을 이룬 초우량기업의 리더에 해당하는 경우가 많다.

⑤ 관리형(규제형) 리더: 위험을 무릅쓰고 혁신하기보다는 현 수준을 유지시키는 것에 비중을 크게 두는 안정 중시형 리더로, 현실에 안주한다는 비판을 받기도 한다. 여기에 속한 리더들은 하부 조직을 통제하는 데 많은 시간을 할애하므로 규제형 리더로 불리우기도 한다. 이 경우 크게 실패할 위험은 적으나 크게 성장하기는 어려운 한계를 가진다.

2) 똑똑함과 부지런함의 정도로 분류한 리더의 유형

2차 세계대전 때 영국군 지휘관이었던 몽고메리(Montgomery) 원수는 '똑똑함과 멍청함' '부지런함과 게으름'의 4가지 조합으로 지휘관의 유형을 분류하였다[그림 1-1].

① 똑부(똑똑하고 부지런한 지휘관): 총명하고 부지런하므로 참모에 적합하다. 자신이 모든 일을 다하려 하기 때문에 부하 직원들에게 간섭이 심할 뿐 아니라, 부하들이 스스로 판단할 기회를 앗아 가고 창의력을 저해시키므로 결과적으로 부하들의 질이 떨어지게 된다.

② 똑게(똑똑하고 게으른 지휘관): 두뇌회전이 빠르며 사소한 사안은 부하에게 위임시키고 보다 전략적인 업무에 집중한다. 그런 의미에서 고급 지휘관으로 적합한 인물은 똑부가 아니라 똑게이며 최고의 조합은 똑게가 똑부를 부하로 두는 것이다. 삼국지에서 똑게인 조조와 똑부인 제갈량이 합쳐졌다면 아마 조조 대에 천하통일이 이루어질 수도 있었을 것이다.

③ 멍게(멍청하고 게으른 지휘관): 총명하지도 부지런하지 못해 조직에 큰 도움은 안되지만 불필요한 일을 벌이지는 않는다. 가만히 놀고 있으면 아랫사람들이 그럭저럭 일을 해낸다.

④ 멍부(멍청하고 부지런한 지휘관): 쓸데없는 일을 자주 벌여 조직에 마이너스 효과를 가져오므로 속히 제거해야 할 대상이다. 흔히 가장 골치 아픈 리더로 '멍게'를 떠올리기 쉽지만 사실은 '멍부'이다. 아무 것도 하지 않고 노는 멍게가 불필요한 일을 자주 벌이는 멍부보다 더 낫기 때문이다. 21세기 최고의 경영학자인 피터 드러커(Peter Drucker)는 멍부를 다음과 같이 표현했다. "하지 않아도 될 일을 열심히 하는 것보다 한심한 것은 없다."

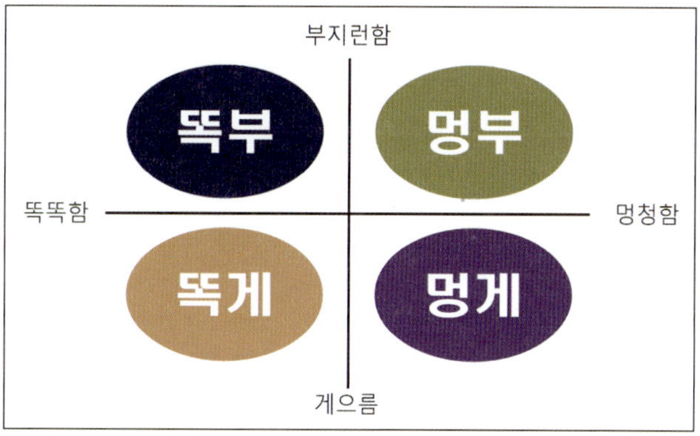

[그림 1-1] 몽고메리의 리더십 분류

심화학습 **손자의 리더 분류: 용장, 지장, 덕장, 복장**

중국 병법가인 손자(孫子)는 '용장(勇將)은 지장(智將)을 이기지 못하고, 지장은 덕장(德將)을 이기지 못하며, 덕장은 복장(福將)을 이기지 못한다.'고 주장했다. 용감한 장군을 용장이라 하고 지략이 뛰어난 사람을 지장이라 한다. 한편, 인품이 뛰어나고 덕을 갖춘 장군들에게 사람들이 모이게 되는데 이러한 장군을 덕장이라 한다. 최고의 장군은 용장도, 지장도, 덕장도 아니다. 바로 복장이다. 복장은 운(運)이 항상 따라다니는 장군이다. 별로 용감하지도 않고 지략도 뛰어나지도 않고 별스럽게 인격이 뛰어나지도 않은데 희한하게 하늘에서 그를 도와준다. 이러한 장군이 있다면 이길 사람이 없다.

복장은 운과 관련된 것이니 예외로 하고 용장, 지장, 덕장에 대해 살펴보자. 용감하기만 한 리더(용장)는 전쟁터나 일반조직 사회에서나 큰 도움이 되지 못한다. 반면, 모든 조직에 지장과 덕장은 매우 필요한 존재이다. 덕장이 지장을 겸하거나 본인이 덕장이 되고 지장들을 부하로 두는 것이 바람직하다. 삼국지에서 유비는 덕장이었고 관우, 장비는 용장이었지만 세 사람 모두 지장이 아니었다. 그로 인해 삼국지 전반부에 거의 대부분의 전쟁에서 패했으나 지장인 제갈량이 덕장인 유비의 참모가 된 이후부터 전쟁에서 연승하고 촉을 세워 나라의 면모를 갖추게 된다.

2절 리더십

1. 리더십(leadership)의 정의

인간은 많은 조직을 이루어 살아가고 있고 이 조직들은 모두 목표를 가지고 있는데, 이러한 목표를 달성하기 위해서는 경영을 해야 하고 경영을 잘하기 위해서는 이에 적합한 리더가 있어야 한다고 전술(前術)하였다. 그러면 적합한 리더가 되기 위해서는 무엇이 필요할까? 당연히 뛰어난 리더십이 필요하다. 리더십에 대해 많은 연구가 진행되었으나 그 개념을 한마디로 정의하기란 쉽지 않다. 그 이유는 리더십이란 용어가 권한(authority), 권력(power), 통제(control), 관리(management) 등의 개념과 혼동되어 사용되어 왔기 때문이다. leadership의 접미사 'ship'은 '정신적 특성'을 의미하므로 'leadership'은 '리더가 갖는 조직관리 기술(능력)'로 직역될 수 있다. 리더십을 좀 더 포괄적으로 정의해 보면 "'조직 목표'를 향해 매진할 수 있도록 '팔로워들'에게 '영향력을 행사'하는 과정(능력)"이라고 할 수 있다. 이러한 정의의 키워드인 목표, 팔로워, 영향력 행사 과정을 좀 더 구체적으로 살펴보면 [그림 1-2]와 같다.

1) 목표(object)

리더십의 궁극적인 지향점은 조직의 목표를 달성하는 것이다. 아무리 리더십이 뛰어나도 조직의 목표를 벗어난다면 의미가 없다. 진정한 리더십은 비전과 목표를 결과로 전환시키는 능력 즉, 바람직한 실행을 통하여 원하는 목표를 이루어 내는 것이다.

2) 팔로워(follower)

조직은 과업, 물자, 정보, 문화 등의 많은 구성요소가 유기적으로 결합되어 운영되지만, 이러한 조직 구성요소들이 그 기능을 잘 발휘하도록 하는 것은 결국 구성원들 즉, 팔로어들이다. 리더는 사람을 움직여서 조직의 목표를 달성하기 때문에 팔로워가 조직의 성패를 결정하는 핵심요소이다.

3) 영향력 행사(influence process)

영향력이란 한 사람이 다른 사람에게 어떤 행위를 하도록 유도하는 것으로 리더십의 성공여부를 결정하는 매우 중요한 요인이다.

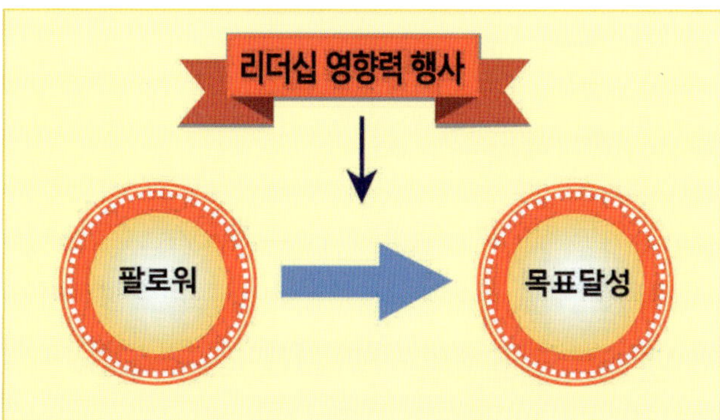

[그림 1-2] 리더십 개념도

2. 리더십 효과의 판단

행사한 리더십이 효과적인지 여부는 팔로워의 반응을 통해 확인할 수 있다.

1) 몰입

리더의 요구에 스스로 동의하고 자발적으로 업무에 임하는 경우로, 가장 성공적인 영향력 행사의 결과라 할 수 있다.

2) 복종

리더의 명령에 어쩔 수 없이 응하는 경우로 바람직하지 않은 영향력 행사의 결과이다. 단순한 과업이거나 팔로워의 수준이 매우 낮을 때는 어느 정도 효과가 있으나, 복잡하고 변화가 심한 과업이거나 팔로워의 수준이 높을 경우에는 한계를 갖게 된다.

3) 저항

리더의 제안이나 요구에 반대하며 이를 수행하기를 적극적으로 회피하는 경우로, 가장 바람직하지 않은 리더십 행사의 결과라 할 수 있다.

3. 리더십(leadership)과 헤드십(headship)

리더십과 헤드십은 모두 권위를 필요로 하나 그 권위가 어디에서 나오느냐에 따라 다르다. 헤드십의 권위는 주로 공식적 직위가 부여해 주는 공식적 권한에서 나오는 데 비해, 리더십은 다양한 개인적 권위로부터 나온다. 그렇기 때문에 리더십은 구성원이 자발적으로 조직 활동에 참여하도록 유도하지만 헤드십은 자발적 협력에 의한 것이 아니라 헤드가 가지고 있는 권력으로 강요된다. 조직목표 달성을 위해 구성원들이 자발적으로 움직이느냐 아니면 강요에 의해 끌려다니느냐의 차이는 매우 크다. 당연히 헤드만 있고 리더가 없는 조직은 목표달성이 어려울 수밖에 없다. 〈표 1-1〉은 리더십과 헤드십의 차이를 보다 구체적으로 나타낸 것이다.

〈표 1-1〉 리더십과 헤드십 차이(https://slidesplayer.org)

리더십	헤드십
심리적 유대와 일체감	유대와 일체감 부재
인간적, 협조적, 자발적, 자율적	사무적, 명령적, 강제적, 권위적
솔선수범	지시와 통제
합시다, 하자	하시오, 해라
따뜻한 심장 + 차가운 머리	차가운 머리
현자, 군자, 성인	우두머리, 보스, 폭군, 독재

심화학습 한비자(기원전 약 280~233년)의 리더십 개념

1) 한비자 주요 이력

한비자(韓非子)는 중국 전국(戰國)시대 말기 한(韓)나라 출신이다. 법가(法家)의 시조격인 상앙(商鞅)은 순자(荀子)의 성악설을 기반으로 하여 사람은 태어날 때 악하게 태어나므로 법을 통해 다스려야 한다고 주장했다. 한비자는 이러한 상앙의 법(法)의 개념에 술(術)과 세(勢)를 추가하여 당시로선 획기적인 통치이론을 완성했다. 후에 진시황이 되는 진왕 정은 6국을 통일시키는 자신의 숙원을 위해 인재를 적극적으로 긁어 모으고 있었다. 그런 그가 한비자의 저술인 『고분(孤憤)』과 『오두(五蠹)』를 읽고는 깜짝 놀라며 이 책을 쓴 사람은 틀림없이 기재일 것이며 자신의 통일대업에 필요한 사람이 될 것이라고 했다. 그는 감탄을 연발하며 "이 사람을 한번 만나 이야기를 나눌 수 있다면 죽어도 여한이 없겠다!"고 말했다. 진시황은 한비자 영입에 성공하여 그의 큰 업적 중의 하나인 법치국가의 틀을 마련하지만 그의 재능을 두려워한 승상 이사의 모함으로 죽음에 이르게 된다.

2) 한비자가 생각한 리더십 개념

한비자는 나라를 다스리는 데 있어 '법(法)'과 '세(勢)'를 바탕으로 '술(術)', 즉 리더십을 잘 행사해야 한다고 주장했다.

〈한비자〉

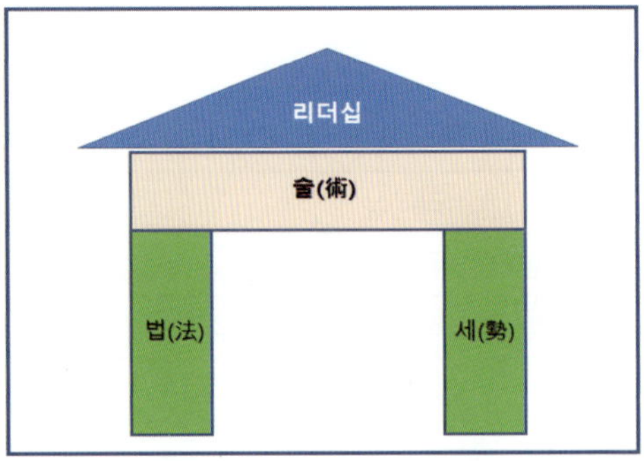

〈한비자의 리더십 개념〉

① 법(法): 당시 중국에는 유가, 도가, 묵가 등 소위 '도덕(철학)'을 기반으로 나라를 다스리고 있었는데, '도덕'이란 무엇을 해야 되고 무엇을 하지 말아야 하는지가 모호하고 그러한 이유로 상벌을 주는 것 또한 두루뭉술하므로 나라를 다스리기에는 적합하지 않은 도구라고 비판하였다. 반면, '법'은 옳고 그름을 명쾌하고 단순하게 규정할 수 있으므로 그러한 모순이 전혀 발견되지 않는다 하였다.

② 세(勢): 권세와 권한을 의미하며 부하가 리더의 명령에 복종하는 것은 리더가 부하의 생사여탈 권한을 가지고 있기 때문이므로 제대로 된 리더십을 발휘하기 위해서는 강력한 힘을 가지고 있어야 한다고 주장했다.

③ 술(術): '술'이란 부하를 다스리기 위한 노하우, 즉 리더십에 해당한다. 그는 '법'은 단순하게 명문화한 후 모든 백성이 알 수 있도록 해야 하는 데 비해, '술'은 명문화하기가 어려운 특성을 가지고 있고 백성들에게 속마음을 들키지 않도록 행사하는 것이 중요하다고 했다. 군주가 신하에게 호불호(好不好)의 감정을 드러내면 신하는 그에 따라 비위를 맞추게 되는데 이래서는 신하를 다루기는커녕 오히려 신하에게 조종당할 수 있다고 생각했다. 또한 한번 정해 놓으면 크게 향상시킬 필요가 없는 '법'과 달리 '술'의 경우, 끊임없이 개발하고 습득해야 좋은 결과를 얻을 수 있다고 주장했다.

오늘날에도 그의 이론은 모두 유효하다. 어느 조직이건 '조직관리 기술(技術)', 즉 효과적인 리더십이 절대적으로 필요하다. 그러나 그것만으로는 부족하다. 그 바탕에는 '효율적인 법'과 '강한 권한'이 뒷받침되어야 한다.

4. 경영과 리더십의 관계

리더십은 경영(학)의 어느 부분에 해당하고, 그 중요도는 어느 정도인지 살펴보도록 하자.

1) 경영의 순환과정

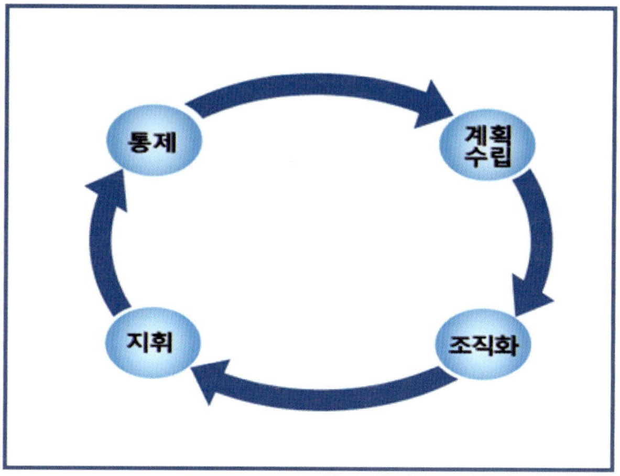

[그림 1-3] 경영의 (순환)과정

실제로 이루어지는 경영활동은 일련의 연속적인 과정으로 이루어지는데 이를 경영의 순환과정이라 부른다. 경영의 순환과정은 [그림 1-3]과 같이 4단계로 이루어진다.

① 계획수립(計劃, planning): 계획수립이란 '목표를 세우고 이를 달성하기 위해 행동계획을 설정'하는 단계를 말한다. 수립된 계획에 따라 경영활동이 이루어지므로 계획은 정확성과 정밀성을 갖추어야 한다. 그러나 계획수립 당시에 예측치 못했던 방향으로 전개될 수도 있으므로 이에 대응하기 위해 유연성을 갖는 것도 중요하다. 기업의 경우 연말에 차기 연도 계획을 수립한다.

② 조직화(組織化, organizing): 조직화는 '수립된 계획대로 실행하기 위해 어떠한 활동들이 필요할 것인지를 결정한 후 여기에 맞게 조직을 새로이 만들거나 기존

조직의 일부를 조정'하는 단계를 말한다. 상위 조직을 만든 다음, 업무를 작은 단위로 분할하여 단계적으로 하위조직을 만들어 간다. 기업의 경우 계획이 수립된 직후 조직화한다.

③ **지휘(指揮, conducting)**: 지휘는 조직구성이 완료된 후 '계획대로 구성원들을 통솔'하는 단계를 말한다. 계획과 조직화가 짧은 기간에 이루어지는 데 비해 지휘는 경영의 전 과정에서 이루어진다.

④ **통제(統制, control)**: 통제란 '조직목표와 현 상황의 차이를 수시로 확인하여 차이가 있을 경우 이를 시정하는 관리활동'을 말한다. 지휘처럼 경영의 전 과정에서 이루어진다.

2) 경영에서의 리더십 위치와 중요도

경영의 4단계 순환과정 중 지휘기능의 질은 매우 중요하다고 할 수 있다. 왜냐하면 지휘의 방법과 질에 따라 경영의 성과가 크게 좌우될 뿐 아니라, 업무의 성격이나 종류, 조직의 특색, 개인의 특성에 따라 지휘방법도 달라지기 때문이다. 리더십은 이러한 지휘과정에 포함되는데 지휘과정의 가장 중요한 요인이라고 할 수 있다[그림 1-4].

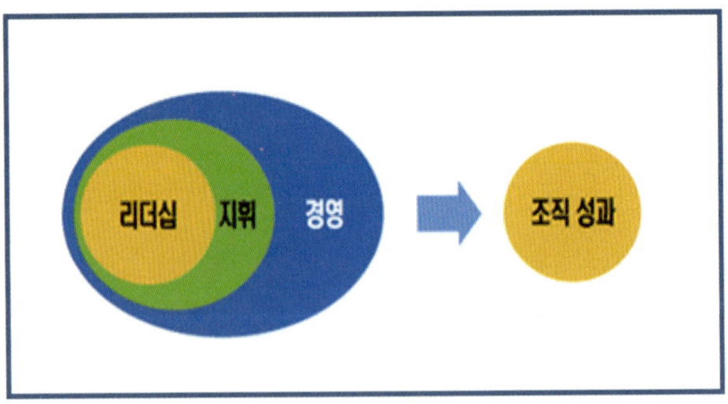

[그림 1-4] 경영(순환)과정에서의 리더십 위치

5. 리더십의 중요성

조직은 조직을 올바른 목적지까지 안전하게 이끌어 갈 수 있는 리더십 능력을 갖춘 리더를 필요로 한다. 크게는 국가나 대기업, 적게는 일반 가정이나 소규모 친목회까지 모든 조직의 흥망성쇠는 리더에 달려 있다. 즉, 리더가 얼마나 효과적인 리더십을 발휘하는가에 따라 그 집단의 성과를 좌우하게 된다. 현대 기업경영의 창시자인 피터스(T. J. Peters)는 그의 저서『우수성에서의 열정』에서 초우량 기업이 되기 위해서는 '고객을 잘 관리'하고 '끊임없는 혁신'을 해야 하며 '인간중심의 경영'을 해야 하는데 이러한 3대 조건의 중심에 있는 것이 리더십이라고 하였다[그림 1-5].

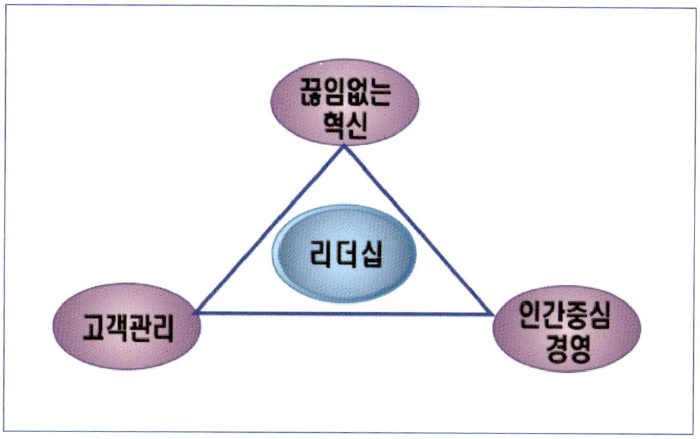

[그림 1-5] 초우량기업의 조건

그렇다면 리더십은 모든 조직과 상황에 동등하게 중요할까? 그렇지 않다. 해당 조직이 추구하는 목표가 상대적으로 중요하거나 목표 차질 시 손실이 클 경우 리더십의 중요성은 더 커지며, 그에 비례하여 리더의 권한도 커진다. 예를 들어, 전시(戰時)에 장군의 리더십에 문제가 있어 패한다면 수천, 수만 명이 죽게 되는 비극을 초래할 수 있으며, 정치인들의 리더십에 문제가 있다면 수많은 국민들이 경제, 사회적으로 큰 고통을 받게 되므로 리더십의 중요도와 리더의 권한이 커지게 된다. 반면, 학교 동아리나 기타 친목단체처럼 목표에 차질을 빚어도 큰 문제가 생기지 않는 경우 리더십의 중요도가 떨어지게 되며 이에 따라 리더의 권한도 제한된다.

사례 **체슬리 슐렌버거 기장**(1951.1.23.~)**의 리더십**

〈에어버스 A320 사고 구출장면〉

2009년 1월 15일, 승객과 승무원 155명을 태운 US 에어웨이즈 1549편은 미국 뉴욕 Laguardia 공항을 출발해 노스 캐롤라이나 주 샬럿으로 비행할 계획이었다. 그러나 이륙한 지 2분 뒤, 갑자기 날아든 새떼와 충돌해 엔진 2개가 동시에 파손되는 사고가 발생하였다. 동력을 잃은 비행기가 추락하기 시작하자 기장 체슬리 슐렌버거(Chesley Sullenberger, 당시 57 세)는 침착하게 상황을 정리하고 가장 가까운 공항을 찾기 시작했다. 슐렌버거는 Laguardia 공항으로 돌아가 착륙하거나 뉴저지 Teterboro 공항에 착륙할 것인지를 결정해야만 했다. 그러나 그는 항공기가 더 이상 비행할 수 없는 상황이어서 허드슨 강에 착륙하는 것이 최선의 길이라고 판단하였다. 그는 곧바로 승객들에게 항공기가 강물 표면에 부딪칠 때의 충격에 대비하도록 기내방송을 통해 알렸다. 그리고 기체는 수많은 뉴욕시민들의 이목이 집중된 가운데 허드슨 강에 착륙했고, 주변에 있던 페리들이 기체의 비상착륙을 목격하고 일제히 달려와 승객들을 구조하였다. 기적적으로 사망자는 없었지만 5명의 부상자가 있었다. 슐렌버거 기장은 승객들이 모두 항공기에서 구출되었는지 확인하기 위해 항공기 내부를 두 번이나 살펴보고 맨 마지막으로 탈출하였다. 그는 국민 영웅이 되었으며 이러한 훌륭한 리더십은 '허드슨 강의 기적'이라는 영화로도 제작되었다. 반면, 2014년 4월 진도 인근해상에서 발생된 세월호 참사의 경우 구조를 지휘하지 않고 선장이 가장 먼저 탈출함으로써 탑승자 476명 중 304명이 사망하는 대형 참사를 초래했다. 재판 결과 선장은 살인죄로 무기징역을 선고받았다. 리더십이 얼마나 중요한지를 다시 한번 일깨워 주는 사례라 할 수 있다.

6. 리더십 패러다임 변화[1)]

시대의 변화에 따라 리더십 패러다임도 변하고 있다. 따라서 우리 모두 리더십 패러다임 변화를 정확히 이해하고 이에 맞게 리더십을 행사해야 한다. 리더가 낡은 또는 잘못된 패러다임을 갖고 있다면, 결국 현실을 직시하지 못하여 제대로 된 리더십을 행사할 수 없기 때문이다. 많은 리더들이 자신의 패러다임이 객관적이라고 생각하지만 환경에 영향을 받아 주관적일 수도 있다는 점을 간과해서는 안된다.

1) 통제에서 자율로

산업화 사회의 기업조직은 조직의 능률 극대화와 성장을 기본 가치로 삼았다. 따라서 기업은 톱-다운식 의사결정 체계에 따라 구성원의 행위를 조직이 요구하는 방향으로 통제(control)하는 데 초점을 맞췄다. 이때에는 조직가치가 개인가치보다 우선하였으므로, 개인들은 조직의 요구에 순응하는 것을 당연시하였으며 리더십을 '상부에서 지시한 목표달성을 위해 주어진 직무만 잘하도록 부하들에게 영향력을 행사하는 과정'으로 인식하였다. 그러나 통제는 창의성을 저해시켜 조직원을 꼭두각시화하는 문제를 안고 있다. 또한 인터넷과 SNS의 발달로 조직원들이 많은 정보와 지식을 공유하여 상당부분 리더의 간섭 없이 과업을 진행할 수 있게 됨에 따라 리더의 지나친 통제에 반발하는 추세이다. 이제 통제 중심의 관리에서 능동적으로 과제를 해결하는 자율능력을 중시해야 할 시기가 되었다.

---

1) **패러다임 변화(paradigm shift)의 개념**: 패러다임이란 '어떤 한 시대 사람들의 견해나 사고를 지배하고 있는 인식체계'라고 정의할 수 있는데, 인간의 인식체계는 시대에 따라 그 기준이 변한다. 따라서, 어느 시대의 사람들이 옳다고 공통적으로 느끼는 가치관이 역사가 바뀐 후 잘못된 것으로 판명 나더라도 그 시대를 대표하는 패러다임이라고 할 수 있다. 예를 들어, 과거 조선시대는 유교에 의해 모든 사회풍습이 정해졌고 그런 기준이 그 시대를 살아가는 사람들의 머릿속을 지배하는 패러다임이었으나 오늘날은 그러한 사회풍습 대신 산업화 시대에 걸맞는 새로운 삶의 방식으로 패러다임이 변하게 되었다.

2) 고객관리 중시에서 다양한 관계 중시로

과거 기업환경의 불확실성이 낮은 시대에 경영자는 갑을(甲乙) 관계의 갑(甲)인 고객과 소유주(주주)만 잘 챙기면 되는 시대였다. 그러나 이제 기업환경이 극도로 불확실해지고 있을 뿐 아니라 민주화가 정착됨에 따라 고객이 아닌 다른 이해관계자들도 자신의 목소리를 높여 가고 있다. 이로 인해 관리 대상 범위는 종전의 고객과 기업 소유자 중심에서 정부, 지역사회, 금융권, 언론사 등은 물론, 을(乙)인 조직 구성원들과 공급자(협력사)들까지 한층 넓어지게 되었으며, 이들 이해 관계자들의 화합과 협조 없이는 조직운영에 큰 타격을 받게 되는 시대가 되었다.

3) 안정에서 변화로

조직을 둘러싼 환경이 급격히 변화함에 따라 안정을 추구하거나 고정된 틀 속에서 조직을 인식하는 기계적 패러다임은 점차 사라지고 있다. 인간은 본성적으로 변화를 싫어하므로 현재 하고 있는 일만 안정적으로 유지하려는 경향이 있다. 하지만, 변화하지 않는다는 의미는 머물러 있겠다는 의미이고, 머물러 있겠다는 의미는 요즘과 같이 급격하게 변화하는 시대에 있어서 도태된다는 것을 의미한다. 최근 변화란 선택의 문제가 아닌 생존의 문제로 대두되고 있다.

4) 획일성(劃一性)에서 다양성(多樣性)으로

70~80년대 모두가 가난하고 나라가 곧 망할지 모르는 그런 시대에서 우리는 획일화(劃一化)를 통해 빠른 경제성장을 이루었다. 그 시대는 강력한 지도자가 정해진 기준을 세우고 누구든 한 방향으로 움직이게 하였다. 그러나 21세기에 진입하면서 상황이 달라졌다. 기업이 전 세계적으로 사업을 벌이면서 조직 간의 경계는 무너지거나 의미가 없어지고 상호 네트워크로 연결되어 상호의존성이 높아짐으로써 세계와 경쟁하는 글로벌 시대가 되었다. 이러한 시대에 다양한 민족, 다양한 문화, 다양한 고객 욕구 등을 소화해 내지 못할 경우 기업은 자멸할 수밖에 없다. 글로벌 기업이 집중하고 있

는 키워드는 다양성이다. 쉽지는 않지만 우리가 처한 현실에서 최대한 다양성을 존중하는 방향으로 문화 및 시스템을 만들어 가야 한다.

5) 수직적 관계에서 수평적 관계로

'수직적'에서 '수평적'으로의 리더십 방향이 전환되고 있다. 생각과 행동방식이 수평화되면서 평등과 탈권위의 사회로 빠르게 접어들고 있는 것이다. 다시 말해, 과거 수직사회처럼 권위를 바탕으로 지배와 군림을 행사하던 시대가 저물고 공정성, 평등성, 합리성이 요구되는 존중과 배려 패러다임이 시대정신이 되고 있다. 근래에 사회적 문제가 되고 있는 갑(甲)질과 미투(me-too)는 과거 잘못된 우월적 지위의 남용 행태를 적나라하게 드러내고 있는 것이다. 이러한 패러다임 전환이 필요해진 이유는 민주화와 지식 정보화가 진전되고 교육수준과 전문화 수준이 높아짐에 따라 리더의 과거 잘못된 패러다임이 팔로워에게 더 이상 먹히지 않게 되었기 때문이다.

심화학습 **수평형 리더십**

1) '수직적 리더십' 과 '수평적 리더십'

'수평적 리더십'은 [그림 1-6]과 같이 상하관계가 뚜렷한 하향적 리더십을 수평적으로 근접시킨 개념이다. 즉, 수평적 리더십은 조직원들에게 리더의 권위를 낮추어 접근함으로써 조직원들의 지지를 얻어 조직성과를 극대화하는 스킬을 말한다.

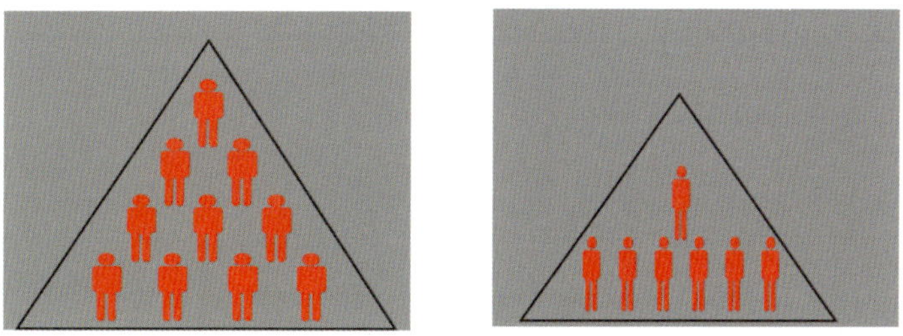

[그림 1-6] 수직적 리더십과 수평적 리더십

직장인이 꼽은 최고의 리더십은 '수평적 리더십'으로 조사됐다. 2015년 평생교육 전문 기업 휴넷이 직장인 388명을 대상으로 설문조사를 한 결과를 보면, 직장인들은 부하들과 함께 아이디어를 고안하고 의사결정에 적극적으로 참여하는 '수평적 리더십'을 갖춘 CEO를 선호한다고 59.5%가 답변했다.

2) 수평적 기업문화의 조건

수평적 리더십이 정착하려면 한두 사람의 노력만으로 불가능하다. 기업 전체 구성원의 마음속에 흡수되어야, 즉 조직문화로 자리 잡아야 한다.

① 원활한 정보 · 의견 공유: 수직적 조직에서는 정보가 상부에 집중된다. 이는 조직을 느리게 할 뿐 아니라 잘못된 의사결정의 원인이 되기도 한다. 이러한 문제를 해결하기 위해서는 가능한 많은 정보를 공개하고, 윗사람에게 솔직한 의견을 개진할 수 있는 조직문화를 정착시켜야 한다.

② 자율관리 강화: 요즘은 조직원의 목표를 'Top-down' 대신, 개인들이 자율적으로 세우도록 변하는 추세다. 자율적으로 목표를 선정케 할 경우, 구성원 스스로 세운 것이므로 조직원들은 달성을 위해 더 몰입하게 되고, 경영진도 미처 생각하지 못했던 중요한 것을 발견할 수 있다. 업무를 실행함에 있어서도 리더는 최소한의 원칙만 제시하고 구체적인 방법은 개인의 자율에 맡긴 후 도움을 요청하는 경우에만 지원하는 조언자의 역할이 바람직하다.

③ 팀원을 동등한 인격체로 존중하기: 수평적 문화라고 해서 위아래가 없는 조직이 돼야 하는 것은 아니다. 직급이 높다고 스스로를 상대보다 우월한 존재처럼 여기는 것이 문제이다. 직급의 고하를 떠나 각자의 역할에 집중할 수 있게 해야 하며, 개인의 경험과 지식 그리고 전문성에 대해 존중을 해 주어야 한다. 사람은 본인이 인정받는다고 느낄 때 더 높은 생산성을 발휘하고, 실력을 키우려는 욕구도 커지기 때문이다.

〈본 교재의 구성〉

본 교재는 [그림 1-7]과 같이 5개 Part로 구성되어 있는데, 구체적으로 기술하면 다음과 같다.

Part 1은 '리더십의 이해'에 중점을 두어 리더십의 기본 개념과 글로벌 리더십에 대한 기본 이론을 기술하였다.

'여러 가지 리더십 이론'이 전개된 Part 2에서는 고전적인 리더십 이론으로 시작하여 다양한 현대 리더십 이론 중 대표적인 9가지 이론, 즉 카리스마 & 변혁적 리더십, 슈퍼 & 셀프 리더십, 서번트 & 윤리적 리더십 그리고 감성, 여성 & 코칭 리더십을 기술하였다.

대부분의 조직 구성원들은 리더이자 팔로워이며 동료이기도 하므로 '하향 리더십 외에도 상향 리더십과 수평적 리더십을 포함한 360도 리더십'이 필요하다. 하향 리더십을 다루는 Part 2에 이어 Part 3에서는 상향 리더십과 수평 리더십을 다룬다.

리더십은 사람과 사람 간의 관계에서 출발하며 이러한 관계구축은 리더십 이론의 밑바탕이 되어 준다. Part 4는 '리더십 관계구축'의 주요 요소인 동기부여, 의사소통과 갈등관리, 팀워크 향상으로 구성되었다.

Part 5에서는 어떻게 하면 상황에 부합되는 리더십을 개발할 것인가에 대해 고민하였다.

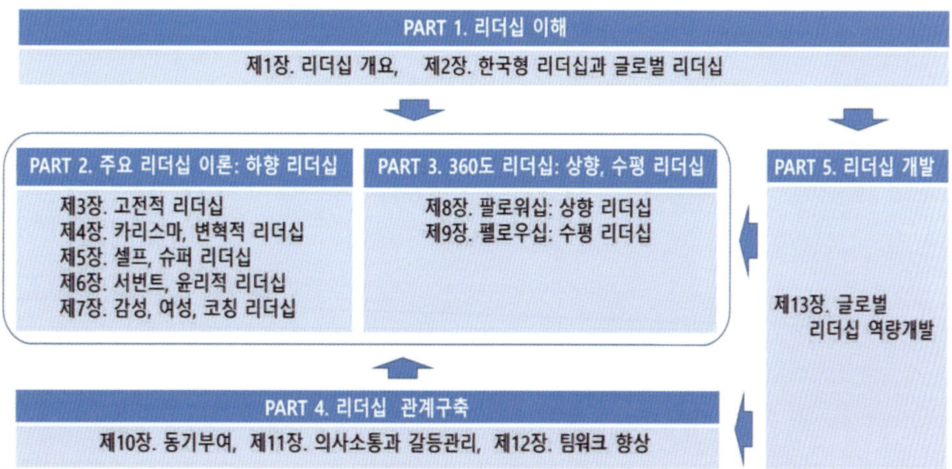

[그림 1-7] 본 교재의 구성

Chapter 2

한국형 리더십과 글로벌 리더십

"우리나라의 현안 문제를 해결하기 위해서는 서로 다른 악기를 조율해 새로운 음악을 연주하는 오케스트라 지휘자 같은 리더십이 나와야 한다."

– 서울경제신문(2017.01.01.)

1절 한국형 리더십

1. 한국형 리더십 개요

한국형 리더십이란 말 그대로 한국인의 특성과 문화에 적합한 리더십을 의미한다. 그동안 우리는 리더십하면 서구의 것을 주로 수입해서 적용하는 데 머물러 왔다. 그러나 서구에서 아무리 좋은 리더십으로 인정되고 있다고 하더라도 우리의 상황을 고려하지 않고 여과 없이 적용한다면, 조직 구성원들은 이를 이해하지 못하고 거부감을 갖게 되어 바람직한 효과를 기대하기 어렵게 될 것이다. 따라서, 이제 우리도 한국 환경에 맞는 '우리의 리더십'에 대해 고민하고 그 틀을 개발해 공유할 필요성이 커지고 있다. 다시 말해, 오늘날의 한국 기업과 조직 구성원들을 대상으로 조사하여 한국인들의 문화적, 상황적 가치를 반영한 리더십을 개발해야 한다. 그렇다고 보편적으로 통용되는 글로벌 리더십을 무시해서는 안된다. '글로벌 리더십'과 '한국적 리더십'이 적절히 접목되어야 효과를 극대화할 수 있다.

2. 한국 지배계층의 리더십 실상

한국의 지도층 리더십에 대해 국민들은 어떻게 평가하고 있을까? 정치인과 경영인을 대상으로 확인해 본 결과, 국민들과 직장인들에게 모두 매우 낮은 만족도를 보인 것으로 나타났다.

1) 대통령

대통령이 리더십을 어떻게 발휘하느냐에 따라 국가의 발전이나 국민 생활에 큰 영향을 미친다. 우리나라 대통령들은 대부분 실패한 대통령이라고 해도 과언이 아니다. 이승만 대통령으로부터 시작하여 박근혜 대통령까지 우리나라 전직 대통령 10명 중 8명이 불미스러운 일(망명, 구속, 시해 등)을 겪었다. 이러한 실상은 국민 여론조사 결과에도 그대로 나타났다. 위키백과에서 2020년 3월에 각종 여론조사 결과를 편집한 결과를 보면, 노태우 대통령부터 박근혜 대통령까지의 6명의 대통령 집권 말기의 지지율 평균은 20% 안팎에 불과했다. 이렇게 참담한 결과를 만든 요인은 역시 우리나라 대통령의 리더십에 문제가 있었기 때문인데, 이로 인해 미국의 조지 워싱턴(George Washington), 베트남의 호치민 등과 같이 모든 국민들이 존경하는 국부(國父)가 우리나라에는 나타나지 않고 있다.

2) 국회위원

대통령과 함께 대표적 정치인인 국회위원의 리더십은 어떠할까? 2018년, 경제협력개발기구(OECD)와 리얼미터 등의 조사 결과를 보면 국회위원, 일반인, 의료계, 교육계, 금융기관, 시민단체, 중앙기관, 방송사, 검찰, 대기업 등 국가 조직 중에서 국회 리더십이 꼴찌로 나타났다. 『시사저널』이 2013년 미디어리서치에 의뢰하여 조사한 결과에서도 가장 한심한 조직으로 국회를 꼽았다. '국회위원에 대한 부정적 이미지'를 묻는 설문에서, 싸움꾼(28.6%)이 압도적인 비중을 차지했으며, 부정부패(15.8%), 권력남용(9.0%), 기득권(8.0%), 밥그릇 챙기기(6.5%) 순으로 국민들은 국회위원이 '국민을 위한 정치가 아닌 국회위원 자신을 위한 정치'를 하고 있다고 생각하고 있음이 드러났다. 한국고용정보원의 '2017 한국의 직업정보'에 따르면 국내에서 평균연봉이 가장 높은 직업은 국회의원(1.4억 원)이었으며, 서울대 행정대학원 정부경쟁력연구센터가 내놓은 보고서에 따르면 우리나라 국회의원 연봉은 34개 OECD 회원국 중 일본과 이탈리아에 이어 세 번째로 많았다(1인당 GDP 환산 기준). 반면 국회의원의 주 업무인 법안 발의 · 처리 건수는 매우 적어 '보수 대비 의회의 효과성'은 비교 가능한 27개국 가운데 26위로 나타났다.

3) 경영인

정치인보다는 상대적으로 나았으나 경영인 역시 리더십에 문제가 많은 것으로 드러났다. 교육 전문기업 휴넷이 2020년 3월 직장인 512명을 대상으로 팀장 만족도 조사를 실시한 결과 응답자 54.8%가 불만족스럽다고 답했다고 밝혔다. 만족치 못하는 이유(복수응답)로는 '의사소통 능력 부족'(34.4%)이라는 답이 가장 많았다. 이어 '교양 · 매너 · 상식 부족'(28.1%), '리더십 · 통솔력 부족'(26.6%), '인재 코칭 능력 부족'(25%), '실무 능력 부족'(15.6%) 등의 순이었다. 그렇다면 국내에서 영업 중인 외국계 기업의 경영자와 비교해 보면 어떤 결과가 나올까? 2017년 취업포털업체인 (주)잡코리아와 『동아일보』가 공동으로 20~50대 직장인 843명을 대상으로 설문 조사한 결과, 우리나라 직장인들의 리더에 대한 리더십 만족도는 44.1점에 불과했다. 한편, 국내에 진출한 외국계 기업은 55.1점으로 토종 기업보다 11점 높게 나와 국내 기업의 리더십 향상이 절실함을 보여 주고 있다.

3. 한국적 리더십 저변에 깔려 있는 한국적 정서

그렇다면 한국적 리더십이 글로벌 리더십과 차별화되는 요인, 즉 '한국인 리더십의 저변에 깔려 있는 다른 나라 리더들과 다른 정서'는 무엇일까? 관점에 따라 차이가 있을 수 있으나 크게 6가지로 분류할 수 있다([그림 2-1]).

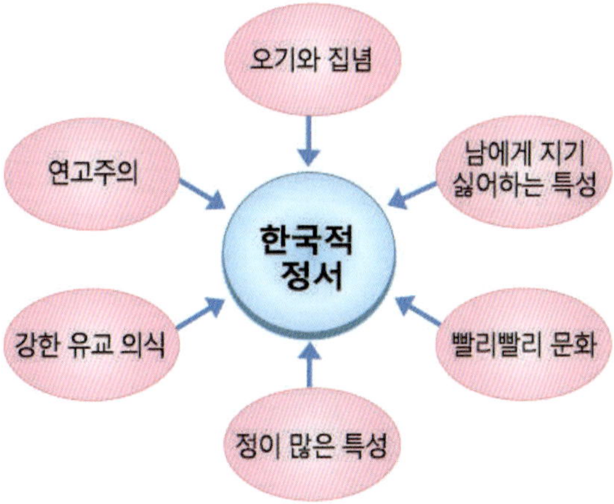

[그림 2-1] 한국적 리더십 저변에 깔려 있는 한국적 정서

1) 오기와 집념의 특성

한국인은 무엇이든 한번 시작하면 끝장을 보고 만다. 도박을 하면 가산이 탕진할 때까지 하고, 술을 마시면 쓰러질 때까지 마신다. 일을 해도 불가능이란 없다는 신조 아래 악착같이 목적한 바를 이루고야 만다. 이러한 집념으로 한국전란 후 잿더미 속에서 전 세계에서 찾아보기 어려울 정도로 빠른 경제 성장을 이루었다. 그러나 이러한 한국인의 특성의 이면에는 절차, 예의, 질서, 상식, 그리고 원칙을 무시하는 단점이 깔려 있다. 이제 글로벌 시대를 맞이하였고 선진국의 문턱에 와 있는 만큼 보다 유연하고 합리적인 사고로의 전환이 필요한 시점이 되었다.

2) 강한 연고주의 특성

한국사회만큼 혈연(血緣)과 지연(地緣)을 중시하는 사회를 찾기 어렵다. 서양의 시민 사회는 수평적인 계약관계에 근거해 개인 간 관계가 강한 반면 한국은 '가족이나 친척'과 같은 혈연관계가 특히 강하다. 한국처럼 비공식 조직이 많은 사회를 찾기도 힘들다. 초, 중, 고교 동창회, 전우회, 향우회 등등... 이러한 한국인의 연고를 중시하는 특성은 인간관계의 폭을 넓혀 단합하게 하는 효과가 있다. 반면, 이로 인해 문제의 원인을 남의 탓으로 돌리고 자신이 속한 혈연과 지연에 무관한 사람은 배척하며 순혈주의를 강조하여 외국인을 혐오하는 단점도 강하다. 또한 혈연이나 기타 인맥을 동원하여 취업, 인사, 입학 청탁을 하여 비리의 온상이 되는 사례도 빈번하다. 이제 현대화가 진행되면서 분권과 네트워크가 중요해졌으므로 타인을 포용하고 대화하는 의식의 전환이 필요한 시점이다.

3) 정(情)이 많은 특성

우리나라에는 '정'이라고 하는 독특한 정서가 있다. 한국인 경영진들은 종업원의 결혼식에 찾아가 부조를 하기도 하고 부모님이 상을 당했을 때도 직접 찾아가 애도를 표하면서 종업원의 등을 직접 두드려 주는데, 이렇게 직접적으로 정을 표현하는 행위는 외국인들에게 아주 놀랄 만한 사실이다. 조직에서 정은 자율적 동기부여와 공동체 형성을 위해 매우 중요한 요소로 작용할 뿐 아니라, 서구적 조직체계로 인해서 생기는 개인주의나 이기주의 등을 탈피할 수 있는 도구가 될 수 있다. 그러나 정은 공사구분을 하지 않는다든가 법과 규칙을 위반하는 등의 사회와 조직에 부정적 영향을 끼칠 수도 있는 바 정을 행하기 전에 이러한 문제를 충분히 고려해야 한다.

4) 남에게 지기 싫어하는 특성

'사돈이 논을 사면 배가 아프다.'라는 속담에서 알 수 있듯이 한국인은 상대적으로 남에게 더 지기 싫어한다. 부자인 친구가 고급 차를 사면 가난한 친구도 자신의 상황은 고려하지 않고 동급 또는 그 이상의 고급 차를 산다. 이웃 집 아이가 피아노 학원을 다니면 음악적 소질이 없는 자식을 강제로 학원에 보낸다. 오늘날 비혼(非婚) 젊은이가 많고 결혼했어도 아이를 낳지 않아 세계 최고 저출산국으로 전락한 이유 중의 하나가 이러한 사교육비를 댈 경제적 자신이 없기 때문이다. 무슨 일이 있어도 내 자식은 대학을 보내야 한다는 잘못된 생각이 대졸 취업난으로 이어지고 학비대출 신용불량자도 양산한다. 이제 끝없이 반복되는 비생산적이고 소모적인 행위를 종식시켜야 할 때이다.

5) 세계에서 가장 유교적인 특성

중국에서 유교와 도교가 태동되어 중국사상의 양대 산맥을 이루고 있지만 그들에게 유교는 수백 가지 종교 중 하나이고 그들의 의식 밑바닥에 깔려 있는 종교는 도교이다. 반면, 한국의 경우 조선왕조가 들어서면서 왕권유지를 위해 숭유억불 정책을 펴면서 전 세계에서 가장 유교적인 국가가 되었다. 한국에서는 다른 나라와 달리 서열을 중시하는 뿌리 깊은 유교사상으로 인해 나이 차, 직책 차를 지나치게 의식함으로써 선후배 사이에 마음 편하게 사귀지를 못한다. 이러한 서열에 의한 뚜렷한 구별은 극심한 세대 간 갈등을 야기 시키고 자칫 상사에 대한 무조건적인 순종의 불합리를 낳을 수 있을 뿐 아니라 쌍방향 의사소통을 가로막아 바람직한 리더십 구현에 큰 걸림돌이 될 수 있다. 이제 세계가 글로벌해지는 상황에서 보다 평등하고 자연스럽게 대화가 이루어지는 방향으로의 패러다임 전환이 필요하다고 하겠다.

6) '빨리빨리' 문화

우리나라는 상품을 주문하면 전국 어디서든 하루 만에 배달되고 저녁에 신선식품을 주문하면 다음날 새벽에 배달되어 아침식사 재료로 쓰는 시대에 와 있다. 외국인 노동자가 한국에 와서 가장 빨리 배우는 말이 '빨리빨리'라고 한다. 고용주가 일의 기초를 다지는 것보다 닥친 일을 빨리 끝내는 것을 우선시하기 때문이다. 이러한 특성 때문에 우리나라 사람들은 원리탐구보다 즉각적인 효과를 내는 것을 선호하는데, 이로 인해 '기초가 약하다.'는 부정적 평가를 자주 받는다. 실제 우리나라는 경제대국이 되었으나 과학 관련 노벨상을 전혀 받지 못하고 있으며 완성품에 대한 세계적인 제품이 즐비하나 기초재료는 대부분 일본에 의지하고 있는 실정이다. 이게 나쁘다는 것은 아니다. 우리는 전쟁의 폐허 속에서 별을 보고 일어나 밤늦게까지 쉼 없이 일했고 기업 연구소에 불을 끄지 않은 덕분에 전 세계에서 가장 빠른 경제성장을 이루었다. 아마 그 시대에는 그게 절대로 필요한 시대였다고 봐야 할 것이다. 그러나 이제 우리 경제는 성숙기에 이르렀으므로 '빠른 처리 속도보다는 창의적인 사고'가 더 요구된다. '대충 빨리'보다는 '깊게 천천히'로 사고를 바꾸어야 할 시점에 와 있다.

4. 한국형 리더십 특성

우리는 3항에서 한국 리더십에 영향을 미치는 한국인의 정서를 살펴보았다. 이제 두 건의 연구결과를 통해 한국의 리더들이 가지고 있는 한국형 리더십의 주요특성을 보다 구체적으로 살펴보고자 한다.

1) '리더가 가지고 있는 리더십 특성' 대 '팔로워가 원하는 리더십 특성'

한국의 리더가 가지고 있는 특성은 어떤 것들이 있으며 팔로워가 원하는 특성은 어떤 것들이 있을까? 그리고 이들 특성 간에는 어떤 연관이 있을까? 백기복 교수가 한국형 리더십연구회에서 동료 연구자들과 함께 실시한 '한국형 리더십 연구'를 바탕으로 분석해 보기로 한다.

① 한국형 리더십 특성

한국형 리더십은 다음과 같은 8가지 특성으로 이루어져 있다.

- '하면 된다.' '할 수 있다.'는 내면의 믿음을 뜻하는 '자기긍정'
- 자신의 일에 대해 어떤 희생을 치르더라도 반드시 해내려는 '성취열정'
- '모범을 보임, 윤리의식 그리고 사심 없음'을 의미하는 '솔선수범'
- 윗사람을 잘 모시고 그의 성향에 맞춰 적응하는 '상향적응'
- 동료들과 원만한 인간관계를 형성하고 협력을 이끌어 내는 '수평적응'
- 하급자를 보호해 주고 도와주며 애로사항을 해결해 주는 '하향온정'
- 산업에 대한 이해, 환경변화 민감성, 변화적응 등을 뜻하는 '환경변화'

- 도전적 목표, 핵심가치, 경영철학, 미래지향 등을 뜻하는 '미래비전'

한편, 이 8가지 특성들은 다음과 같이 3가지로 대분류할 수 있다.

- 내적 요소(자기긍정, 솔선수범, 성취열정)
- 대인관계에 관한 요소(상향적응, 수평조화, 하향온정)
- 전략적 요소(환경변화, 미래비전)

② 한국형 리더의 성향 분석결과

8가지 특성들의 평균점수를 비교해 본 결과 한국 리더들이 가장 잘 보여 준 성향으로 성취열정이 뽑혔으며 이어 상향적응, 환경변화, 자기긍정 등의 순으로 집계됐고 하향온정과 미래비전은 비교적 낮은 점수를 얻었다([그림 2-2]).

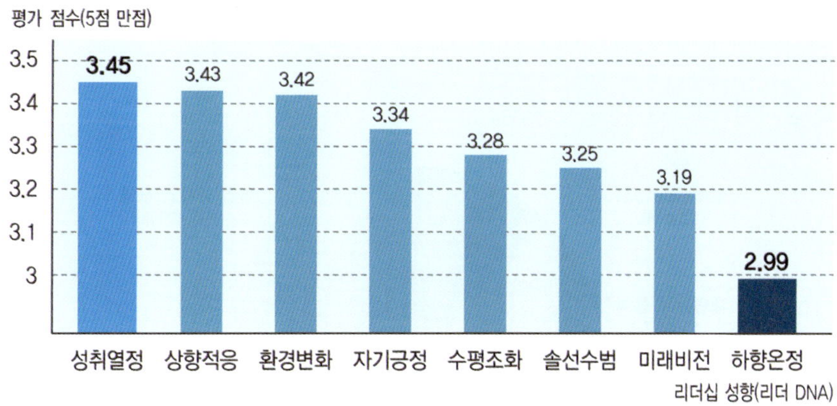

[그림 2-2] 한국형 리더들이 보유한 리더십 성향 분포

출처: 한국형리더십연구회.

그렇다면 한국의 리더들이 가지고 있는 특성과 부하들이 리더에게 원하는 리더십 특성의 차이는 무엇일까? 분석결과, 우리나라 리더들의 성향은 팔로워들이 원하는 성향과는 다른 역설적인 결과를 나타냈다. 한국의 리더가 자주 보여 주는 리더십 행동은 성취열정, 상향적응, 환경변화, 자기긍정 등이었다. 하지만 하급자들이 리더에게 기대하는 행동은 솔선수범, 하향온정, 수평조화이었다. 큰 줄기를 살펴보면, 리더들은 부하보다는 상사에 초점을 맞춘 반면 부하들은 상사보다는 자신에게 초점을 맞춰 달라고 요구하고 있다. 이렇게 한국형 리더들이 보편적으로 가지고 있는 특성은 부하들이 원하는 특성과 다소 어긋나므로 보다 효과적인 리더십을 발휘하기 위해서는 부하가 원하는 특성에도 주의를 기울여야 함을 의미한다.

한편, 이를 대분류해 본 결과, 내적 요소(평균 3.35), 대인관계 요소(평균 3.23), 전략적 요소(평균 3.31)로 3가지 요소 간에 큰 차이가 없는 것으로 드러났다.

2) '성공기업 리더의 대표적 특성' 대 '실패기업 리더의 대표적 특성'

성공한 한국기업과 실패한 한국기업의 최고 경영자는 어떠한 행동 특성을 가지고 있을까? 신유근 교수가 한국의 성공기업 최고경영자 161명과 실패기업 최고경영자 88명을 대상으로 분석한 결과를 소개한다.

① 성공기업 리더의 대표적 특성

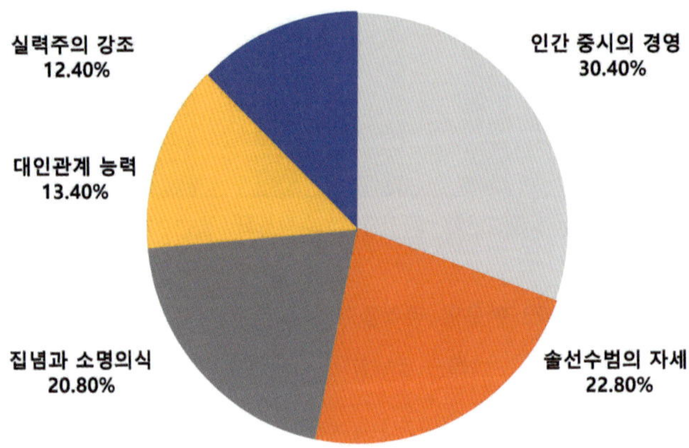

[그림 2-3] 성공기업 리더의 대표적 특성

성공한 한국기업 최고경영자들의 대표적인 특성과 그 비중을 살펴보면, '인간중시의 경영'이 가장 높았으며 '솔선수범의 자세', '집념과 소명의식', '대인관계능력', '실력주의 강조'의 순으로 나타났다[그림 2-3]. 이를 '인간에 대한 관심'과 '과업에 대한 관심'으로 분류하면 인간에 대한 관심이 66.8%(인간중시 경영 30.4%, 솔선수범의 자세 22.8%, 대인관계능력 13.6%), 과업에 대한 관심이 33.2%(집념과 소명의식 20.8%, 실력주의 강조 12.4%)로 성공한 기업의 리더들은 '일보다는 사람을 상대적으로 더 중시'하는 것으로 나타났다.

② 실패기업의 대표적 특성

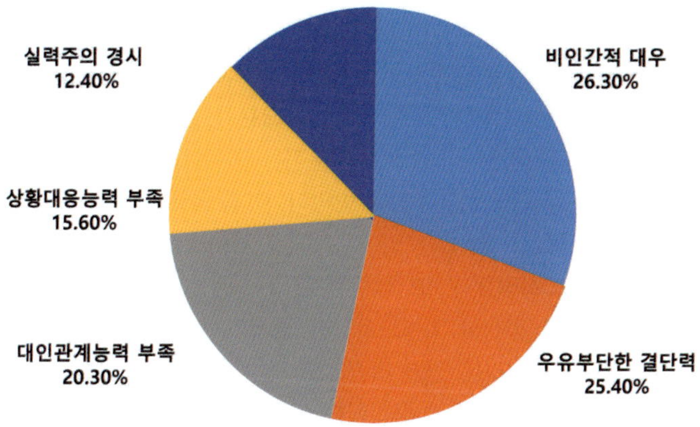

[그림 2-4] 한국 실패기업 최고경영자의 대표적 특성

실패한 한국기업 최고경영자들의 대표적인 특성과 그 비중을 살펴보면, '비인간적 대우'의 비중이 가장 높았으며 '우유부단한 결단력', '대인관계능력 부족', '상황대응능력 부족', '실력주의 경시'의 순으로 나타났다[그림 2-4]. 이를 '인간에 대한 과실'과 '과업에 대한 과실'로 분류해 보면 인간에 대한 과실이 46.6%(비인간적 대우 26.3%, 대인관계능력 부족 20.3%), 과업에 대한 과실이 53.4%(우유부단한 결단력 25.4%, 상황대응능력 부족 15.6%, 실력주의 경시 12.4%)로, 실패한 기업의 리더들은 일에 대한 과실과 사람에 대한 과실이 비슷한 비율로 나타나는 것으로 드러났다.

종합적으로 분석해 본 결과, 성공기업의 경우 가장 큰 비중을 차지한 것이 최고경영자의 '인간중심의 경영', 실패기업의 경우 가장 큰 비중을 차지하는 것이 최고경영자의

'비인간적 대우'로 조사되어 기업성공 여부의 가장 큰 요소가 '부하에 대한 배려와 관심'인 것으로 나타났다.

사례 고 정주영 현대 회장(1915.11.25.~2001.3.21.)의 리더십

1) 주요이력

1915년 강원도 통천에서 태어나 송전소학교를 졸업했으나 가난 때문에 상급학교에 진학하지 못하였고 가출했다. 1937년 미곡상을 시작했고 1946년 현대 자동차공업사를 설립하였다. 1950년 현대그룹의 모체가 된 현대건설주식회사를 설립하였으며 1971년 현대그룹 회장에 취임했다. 1992년 통일국민당 대표최고위원이 되었으며, 같은 해 대통령 선거에 출마했다 낙선했다. 1998년 판문점을 통해 소 500마리와 함께 판문점을 넘는 이벤트를 연출하며 국제적인 주목을 받았다. 이후 남북 민간교류의 획기적 사건인 '금강산 관광'을 성사시켰다. 2000년 명예회장직을 사퇴하였으며, 2001년 폐렴으로 인한 급성호흡부전증으로 사망했다. 고 정주영 현대 회장은 기업의 성공을 통해 사회에 기여해야 한다는 기업가 정신을 바탕으로 한국경제가 경이로운 성장을 이룰 수 있는 기반을 마련하였다. 그는 어려운 경영 여건에도 불구하고, 생전에 현대그룹을 세계적인 대기업으로 성장시켜 한국경제의 성공신화를 만들어 냈으며 현대 브랜드를 전 세계에 각인시켰다. 그의 생전에 국내 재계 순위 1위로 성장한 현대그룹은 지금 비록 범현대그룹으로 분리되었지만, 여전히 한국 경제를 선도하는 기업집단이다. 우리 사회에서 그처럼 활력이 넘치는 기업인을 찾아보기란 결코 쉽지 않다.

2) 정주영 리더십

그는 본문에서 거론된 한국형 리더십 중 내적요인(자기긍정, 성취열정)과 전략요인(환경변화, 미래비전)의 성향을 크게 가진 인물이다.

① '자기긍정'과 '성취열정'

고 정주영 회장은 평소 난관에 부딪혀 자신감을 잃어버린 부하들에게 "이봐, 해 봤어?"라는 말을 즐겨 사용하였으며, 공사석에서 지인들에게 "시련은 있어도 실패는 없다."라고 늘 강조하였다. '할 수 있다.'는 자신감(자기긍정)과 목표를 달성하고자 하는 불굴의 의지(성취열정)를 얼마나 강하게 보유하고 있었는지를 단적으로 보여 주는 사례를 살펴보자. 현재 대한민국의 조선사업은 세계 최고 수준이다. 그러나 현대그룹이

1960년대 말 조선 사업을 구상할 당시 우리의 조선 능력은 밑바닥 수준이었다. 현대그룹의 TV광고로도 널리 알려진 정주영 회장의 조선소 착공 신화는 말 그대로 한국경제의 가장 드라마틱한 장면이었다. 당시 우리에게는 자본도 기술도 없었다. 고 정주영 회장은 배짱 하나로 필요한 차관을 구하는 놀라운 역사를 만들었다. 그는 1971년 영국 런던으로 건너갔다. 영국에서 애플도어사의 롬바톰 회장을 어렵사리 만났지만 원하는 것을 얻기는 쉽지 않았다. 이때 정주영 회장은 오백 원짜리 지폐를 롬바톰 회장에게 내밀었다. 오백 원짜리 지폐에서는 이순신 장군과 거북선이 그려져 있었다. 정주영 회장은 "16세기 세계 최초의 철갑선을 만든 나라가 우리나라입니다. 이 사람이 당신들이 가장 자랑하는 넬슨 제독도 엎드린다는 이순신 장군입니다. 우리의 잠재력을 믿고 도와주십시오."라고 말했다. (영국은 19세기에 이르러서야 철선을 만들었으며 해양대국이라 불렸던 영국인들은 배 만드는 일에 자부심이 남달랐다.) 이 열정에 감동받은 롬바톰 회장은 버클리 은행에 긍정적인 보고서를 제출해 주게 되고 이로 인해 정 회장은 원하는 목적을 달성하게 된다.

② '환경변화'와 '미래비전'

〈신성장 사업 육성〉: 현대건설과 현대자동차, 현대조선중공업, 현대증권 등 업계를 선도하는 사업을 창업한 것은 신성장 동력의 필요성을 인식, 즉 '환경변화를 통찰'하고 이에 대한 적절한 전략으로 대응한 정주영의 리더십에 기인한다. 고 정 회장은 미래지향적인 측면에서 전망이 보이고, 부가가치가 높다고 판단된 사업에는 도전 정신으로 적극 진출했다. 해방 직후, 한국경제의 재건을 위해서는 건설업이 필수라는 것을 간파하고 현대건설을 창업했다. 경제성장이 가속화되던 60~70년대에는 국가 기간산업의 육성정책과 국민 소득 증대에 발맞춰 중화학공업에 진출하여 기업성장의 발판을 확립했다. 80년대 이후에는, 다양한 고객수요에 대응하고 미래성장을 견인할 첨단산업 진출을 위해 현대증권과 현대전자(현 SK 하이닉스) 등을 창업하여 사업다각화를 추진했다. 이는 경제 불확실성이 증대되는 현 시점에서도 미래 환경변화에 대한 예지력을 바탕으로 과감하게 신사업에 투자해야 함을 시사한다.

〈단계적인 해외시장 진출〉: 그는 해외시장 진출을 통해 수출증대와 고용창출 등 국가 경제발전에 이바지하는 한편, 글로벌 기업으로서의 성장을 가속화시키기도 했다. 60년대 해외진출의 태동기에는 건설업을 중심으로, 태국 등 동남아 시장에 진출하였고, 70년대 확대기에는 건설과 조선, 중공업, 자동차사업 등이 해외 진출을 견인하여, 기업규모 확대와 기술 축적, 사업구조의 고도화를 달성했다. 80년대 이후에는 전 사업영역에 걸쳐서 해외 진출 되었고, 진출 유형도 수출뿐만 아니라 합작투자와 직접투자 등으로 확대되었다(출처: 시사뉴스피플, 2008. 12.).

"모든 기업과 모든 국가에 공통적으로 적용되는
글로벌 리더십이란 존재하지 않는다."

– 피터 드러커

2절 글로벌 리더십

1. 글로벌화와 문화의 정의

1) 국제화와 글로벌화

'국제화(國際化, Internationalization)'란 한 나라가 경제 · 환경 · 정치 · 문화적으로 다른 두 개국 이상의 나라와 교류하는 것을 말하며, '세계화(世界化)' 또는 '글로벌화(globalization)'란 국제화가 전 세계적으로 확대된 개념으로 '사람들의 의식이나 행동이 한 나라의 국경을 초월하여 전 세계 무대로 나타나는 것'을 말한다. 글로벌화가 된다는 것은 세계의 여러 국가들의 문화를 이해하고 포용해야 함을 의미한다. 글로벌화는 '지구촌화(地球村化)'와 같은 뜻으로도 통용되고 있다.

2) 문화와 문화권

문화란 "한 인간집단의 생활양식의 총체"로 정의할 수 있으며, 비슷한 자연환경 지역 내에서 문화적 동질성과 민족적 의식에 의해 비슷한 문화적 성격으로 나타나는 공간이 존재하는데 이를 문화권이라 한다. 문화권에 대한 구분은 학자들마다 조금씩 다르나, 크게 동양문화권, 건조문화권, 아프리카문화권, 유럽문화권, 아메리카문화권,

북극문화권, 오세아니아문화권 등 7개 문화권으로 대분류 할 수 있으며, 지역별로 세분화 된다. 같은 문화권 내에서는 언어와 종교 그리고 생활양식이 유사하게 나타난다.

2. 글로벌 리더십

1) 글로벌 리더십의 개념

최근 기업을 둘러싼 경영환경이 빠르게 글로벌화 되면서 경영의 성패를 좌우하는 핵심역량으로 글로벌 리더십이라는 개념이 떠오르고 있다. 국내외 구분이 사라지고, 기업의 경쟁무대가 세계로 확장되는 글로벌 시대로 접어들면서, 차별화된 핵심역량과 더불어 글로벌 리더십의 확보가 기업의 지속적인 성공에 중요한 요소로 인정받기 시작한 것이다. 글로벌 리더십이란 '문화적 다양성이 존재하는 글로벌 환경에서 효과적으로 조직을 운영할 수 있는 능력'을 의미하며, 특정 상황에서 리더가 구성원들에게 행사하는 일반적인 리더십 개념을 세계적 차원으로 확장시킨 개념이다. 글로벌 리더십 개념을 기업조직으로 국한시키면 '글로벌 기업에 근무하는 경영자와 관리자 또는 해외에 파견된 관리자가 갖춰야 할 리더십'이라 할 수 있다.

2) 문화와 글로벌 리더십

특정 리더십이 모든 상황에 적용될 수 있다는 사고는 잘못된 것이다. 각 나라 또는 지역별 문화의 차이에 따라 그 효과는 달라지기 때문에 리더십을 논하기 위해서는 리더가 속한 지역의 문화를 고려해야 한다.

글로벌 리더십의 개념에 대해 바라보는 시각은 크게 두 가지로 나누어져 있다. 하나는 글로벌 리더십의 비중을 보다 크게 보는 시각으로, 글로벌 리더십은 국내의 리더십과는 완전히 다른 것이며 글로벌 환경의 특징은 국내적 환경의 특징보다 훨씬 더 큰 영향을 끼친다는 시각이다. 또 다른 하나의 시각은 전통적 리더십 비중을 보다 크게 보는 관점으로, 글로벌 리더십은 전통적 리더십을 바탕으로 하되 이문화(異文化)에 관한 몇 가지 역량만 첨가하면 된다는 시각이다.

보는 시각에 관계없이 글로벌 리더에게 무엇보다 중요한 요건은 이질문화를 관리할 수 있는 능력, 즉 다른 국가나 지역의 문화를 이해하고 이를 관리할 수 있는 능력이다. 이질문화를 잘 관리하는 리더는 현지문화의 파악과 현지인들과의 관계형성이 용이하며, 이를 통해 현지의 사업을 차별적으로 운영할 수 있다. 아랍권 국가에 파견된 종합상사 직원들이 수염을 기르고 터번을 썼다는 기사를 본 적이 있는데, 아랍 문화를 이해하는 데 큰 도움이 될 수 있었을 것이다. 국내 S그룹은 '지역 전문가 과정'을 운영하고 있다. 1년 이상 특정국가에 거주하면서 고유 업무를 하지 않고 해당 국가에 대한 문화만 체득하면 된다. 물론 그들이 교육을 마치면 해당 국가의 전문가가 될 수 있다. 이러한 사례들은 해당 기업이 소속된 나라의 문화를 멀리하면 진정한 글로벌 리더십을 발휘할 수 없음을 보여 준다.

3. 글로벌 리더십 필요성

21세기에 이르러 기업들은 국경 없이 상호 연결된 글로벌 경제의 출현으로 인해 엄청난 경쟁과 불확실성에 직면하고 있다. 이러한 상황 속에서 기업이 지속적으로 생존하고 발전하기 위해서는 글로벌 차원의 역량을 갖춘 리더 육성이 절실히 요구된다. 기업의 글로벌 경영전략의 변화에 맞추어 국제 인사관리의 체제가 제대로 갖추어 있더라도, 급변하는 세계 환경의 흐름을 이해하고 사전 준비할 수 있는 능력을 가진 리더를 확보하지 못한다면 글로벌화 기업으로 성장하는 데 한계가 있을 수밖에 없다. 그러나 이러한 리더십을 갖춘 인재를 찾기란 쉽지 않은 실정이다. 미국의 500대 기업들을 대상으로 설문 조사한 결과에 따르면, 유능한 글로벌 리더들은 기업의 글로벌화를 가장 중요한 성공요인으로 꼽았으나, 설문대상 기업의 85%가 글로벌 리더를 충분히 보유하고 있지 않다고 생각했고, 67%는 글로벌 리더들의 현재 능력이 불충분하다고 인식했다. 전 세계의 글로벌 기업 인사 전문가들을 대상으로 한 설문 조사도 비슷한 결과를 나타냈는데, 응답자의 75%가 인재를 확보하는 것이 가장 시급한 현안이나,

65%가 글로벌 인재 부족을 걱정하고 있는 것으로 나타났다. 이러한 글로벌 인재 및 리더의 부족현상은 국내기업에서도 마찬가지인 실정이다.

4. 글로벌 리더에 요구되는 능력

글로벌 리더에 요구되는 능력은 무엇일까? 글로벌 핵심역량을 연구한 맥신 달튼(Maxin Dalton)이 그의 저서 『글로벌 비즈니스 리더의 성공을 위한 글로벌 리더십』에서 주장한 내용을 분석해 보기로 한다.

1) 리더에 요구되는 5가지 필수 경영능력

지역 내 리더나 글로벌 리더와 무관하게 모든 리더에 공통적으로 필요한 능력은 무엇일까? 모든 조직에서 통용될 유능한 리더가 되기 위해서는 사람관리능력과 실행관리능력, 정보관리능력, 문제대처능력, 핵심 비즈니스 지식 등 다섯 가지 필수 경영능력을 지니고 있어야 한다[그림 2-5].

① **사람관리능력**: 직원들에게 동기를 부여해서 조직의 목표를 이룰 수 있도록 이끄는 능력을 말한다.

② **실행관리능력**: 의사결정, 협상, 갈등관리를 능숙하게 함으로써 추구하는 목표를 달성해 나가는 능력을 말한다.

③ **정보관리능력**: 정보를 모니터링하고 추적하며, 외부에 대해 조직의 대변인 역할을 수행하고 조직내부에 정보를 전달하는 능력을 말한다.

④ **문제대처능력**: 과업수행 시 필연적으로 나타나는 문제들을 신속하고 적절하게 해결할 수 있는 능력을 말한다.

⑤ **핵심 비즈니스 지식**: 비즈니스 전반을 확실하게 이해하고 사업에 대한 전문지식을 지니는 것을 말한다.

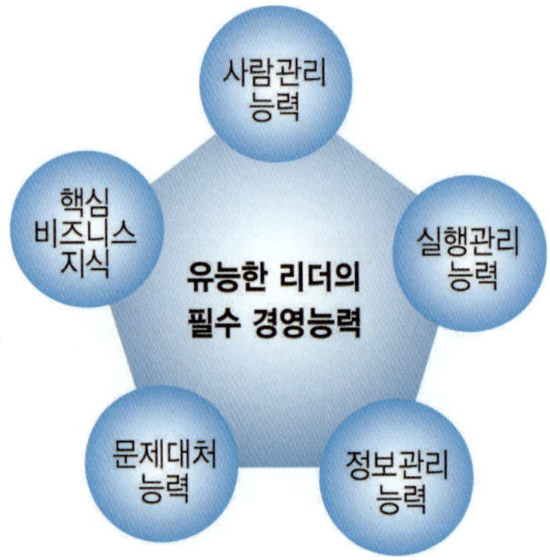

[그림 2-5] 리더에 요구되는 5가지 필수 경영능력

2) 글로벌 리더에 요구되는 4가지 글로벌 리더십 핵심역량

그는 모든 리더에게 공통적으로 요구되는 필수 경영능력과 별도로, 특히 글로벌 리더는 [그림 2-6]과 같은 핵심역량을 추가로 지녀야 한다고 주장했다.

① **국제 비즈니스 지식**: 해당 국가의 역사, 법규, 관습에 대한 지식을 포함, 관련된 국제 비즈니스를 수행하는 데 필요한 제반 지식을 말한다.

② **문화적응능력**: 해당 지역의 문화를 이해하고 자신의 행동양식을 이에 맞게 바꾸는 능력을 말한다.

③ **관점[1]수용능력**: 타인의 의견을 경청하고 각종 의사결정 시 타인의 관점에서 판단하는 능력을 말한다.

④ **혁신자 역할 수행능력**: 참신한 아이디어를 통해서 자신이 맡은 업무를 끊임없이 혁신적으로 변화시키는 능력을 말한다.

---

1) **관점(觀點)**: '어떤 사물이나 현상에 대한 자신의 의견이나 생각'을 의미하며 견해나 입장과 동의어이다. 구급차 앞에 AMBULANCE 글자가 거꾸로 되어 있는 것은 앞 차가 백미러를 통해 앰블런스라는 것을 금방 알아차리도록 한 관점수용의 사례이다.

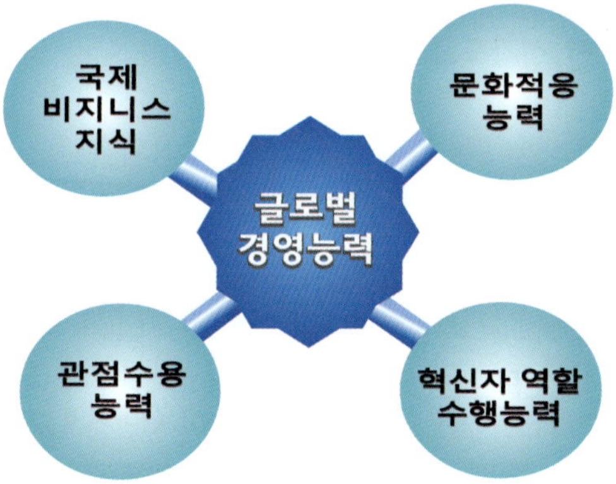

[그림 2-6] 글로벌 리더에 요구되는 4가지 필수 경영능력

한편, 상기 4가지 핵심역량에 대해 자신은 어느 정도 수준인지 〈표 2-1〉을 통해 체크해 볼 수 있다.

〈표 2-1〉 글로벌 리더의 핵심역량 개발

핵심역량 개발방법	국제 비즈니스 지식	문화적응 능력	관점 수용능력	혁신자 역할 수행능력
몇 개 외국어를 할 수 있는가?	○	○		○
몇 개국에서 살아 봤는가?	○	○	○	
유학, 교환학생 경험이 있는가?		○	○	
몇 개국을 여행해 봤는가?		○	○	
해외 주재원 경험이 있는가?	○	○	○	○
다른 문화권 사람들과 일해 본 경험이 있는가?	○	○	○	○
국제업무팀에서 일해 본 경험이 있는가?	○	○	○	○
해외 출장이나 국제 세미나에 참여한 적이 있는가?	○	○	○	
타 국 사람들과 교류한 경험이 있는가?		○	○	
다른 나라 종교, 역사, 문학, 예술을 공부해 봤는가?		○	○	
기타 이문화 경험이 있는가?		○		

출처: 이재희(2016).

사례 리콴유, 전 싱가포르 총리(1923.9.16.~2015.3.23.)의 리더십

1) 주요이력

1923년 출생한 리콴유는 19세기 싱가포르로 이주한 부유한 중국계 가문 출신으로, 영국 케임브리지 대학에서 법학을 공부했다. 이후 싱가포르에서 변호사가 되어 노동운동에 가담했고, 우편집배원, 전화교환원 그리고 해군기지 노조 파업을 성공적으로 이끌면서 싱가포르 정치계에 두각을 나타내기 시작했다. 1954년 인민 행동당을 창당, 사무총장이 되었고 1959년 인민 행동당이 의회 다수당이 되면서 싱가포르 초대 총리에 오른 이후 26년간 총리로 재임하였다. 리콴유는 개발독재를 펼쳐 '독재자'와 '싱가포르를 눈부시게 발전시킨 공로자'라는 평가를 동시에 받았다. 1990년 11월 퇴임한 후 2015년 폐렴으로 별세했다.

2) 리콴유의 리더십

리콴유의 글로벌 리더십을 구체적으로 살펴보자.

① 글로벌한 경제 강국 육성: 연평균 경제성장률 10%를 달성하는 등 고도성장을 이뤄내, 싱가포르를 '아시아의 네 마리 용' 중 하나로 만들었다. 싱가포르는 도시국가에 불과하지만 매우 글로벌한 나라가 되었다. 그는 싱가포르의 경제발전의 필요성을 절감하고, 산업발전 계획을 세우면서 세계적인 다국적 기업들의 공장을 유치하고 투자를 받아들이면서 싱가포르를 개방적이고 글로벌한 산업국가로 변화시켰다. 오늘날 동남아의 도시국가 싱가포르가 세계금융과 물류의 중심국가로 발전한 것은 시대에 대한 통찰력을 가진 리콴유의 결단과 지도력이라고 할 수 있다.

② 부정부패 척결을 통한 글로벌화 토대 구축: 글로벌한 조직의 첫 번째 요소는 부정부패가 없는 깨끗한 조직이다. 공무원이 깨끗한 나라! 싱가포르의 상징이다. 공무원이 법대로, 원칙대로 일하는 나라가 처음부터 만들어진 것은 아니다. 오히려 독립 초기 싱가포르는 화교사회의 전통(?)에 영향을 받아 부패문제가 아주 심각했다. 그가 59년 초대총리에 취임할 때, 반부패의 상징으로 각료 모두가 흰색 정장을 입었다. 거리에 나가 직접 청소를 할 때도 흰색 옷을 입었고, 선거유세 때도 가능한 흰색 옷을 입었다. 전임자들을 보면서 가장 먼저 부패를 추방해야겠다고 결심했다. 특히 부패행위조사국(CPIB)에 막강한 권력을 부여해 공직자 부정을 엄단하는 한편, 공직자 급여를 세계 최고 수준으로 인상해 싱가포르를 아시아에서 가장 부정부패가 적은 나라로 만들었다.

③ 글로벌 인재양성의 리더십: 리콴유는 부존자원이 없는 싱가포르의 어려움을 글로벌 인재 양성으로 해결했다. 그 결과가 바로 정부 경쟁력 세계 1위라는 사실로 증명되었다. 그는 한결같이 인재 구하기에 모든 역량을 집중해 왔다. 또한 국내에서 구할 수 없다면 다른 나라에서 구하겠다는 신념으로 임했다. 리콴유는 스스로 '아시아적 가치'를 주창하기도 했지만, 인재 등용에 관한 서구의 경영 이론을 뛰어넘는 파격으로 일관했다. 정부의 중앙부처 국장에 20~30대가 즐비한 것이 능력중심의 조직임을 입증한다. 심지어 연공서열이나 명령 체계가 생명인 군부의 참모총장급 지도자 중에는 기존의 상식을 뛰어넘어 40대 전후의 지휘관이 수두룩하다(출처: 정종권, 2009).

사례 흥선대원군(1820~1898)의 리더십

〈흥선대원군과 척화비〉

1) 주요이력

흥선대원군은 조선 26대 왕이자 대한제국 1대 황제 고종(1852~1919)의 생부이다. 순조 · 헌종 · 철종에 이르는 60여 년은 왕권이 약화되고 안동 김씨 같은 특정 가문이 정치를 주무르던 세도정치 시대였다. 아들인 고종의 즉위로 정권을 잡은 흥선대원군은 세도정치를 타파하는 개혁에 나섰으나 시대변화를 읽지 못하고 쇄국정책을 밀어붙이는 과오를 범했다. 서양 열강과 청 · 일의 내정간섭 속에서 고종 · 명성황후와의 갈등으로 집권과 실각을 반복하다 말년에 축출 당한 후 1898년 78세 나이로 사망했다.

2) 국내문제에 발휘된 강력한 리더십

1863년 흥선대원군의 섭정이 시작됐다. 그는 기득권층인 사대부들의 강한 저항으로 조선왕조 어느 왕도 실현하지 못한 수많은 개혁을 단칼에 실현하였다. 세도정치를 폈던 안동 김씨 일족을 몰아내고, 특정 당파에 치우치지 않는 고른 인재 등용으로 국정을 안정시켰다. 새 법전을 편찬하고 새 통치 체제를 정착시켰다. 토지 대장에서 누락된 땅을 찾아 세입을 늘리는 등 국가재정 확충에도 힘썼으며 지방관들과 토호들이 불법적인 방법으로 토지를 늘리는 것을 금하였다. 또 각종 잡세 징수와 지방 토산물을 왕실이나 세도 가문에 바치는 관행도 금지하였다. 특히 양반에게도 납세의무를 부과하는 호포제 도입, 지방관리 횡포로 백성의 원성이 자자했던 환곡(흉년기에 곡식을 대여하고 추수기에 환수하던 제도)의 폐단을 막기 위해 마을 단위에서 자율적으로 운영하는 사창제도의 확대 등은 대표적인 민생 개혁 조치로 높게 평가된다. 600여 개에 달했던 서원을 47개소로 축소한 것도 백성에게 환영받았다. 당시 서원은 지방 양반들의 근거지로 각종 면세 혜택을 누리며 지역 농민들을 수탈하여 원성을 사고 있었다. 이러한 개혁 조치에 일부 양반이 크게 반발하였지만 흥선대원군은 흔들림 없이 밀어붙여 백성에게 큰 지지를 받았다.

3) 글로벌화를 외면한 리더십, 근대화의 기회를 놓치다.

그는 국내 개혁에는 획기적인 성과를 이루었으나 새로운 방향으로 흘러가는 거대한 세계정세 변화에 주체적으로 대응하지 못해 조국 근대화의 기회를 놓치는 오류를 범했다. "서양 오랑캐가 침범하였을 때 싸우지 않는 것은 화친하는 것이오, 화친을 주장하는 것은 나라를 파는 것이다"라는 글귀를 새긴 척화비(斥和碑)를 세우고 쇄국정책을 펼쳤다. 문호를 개방하면 왕조가 무너질 것이라는 오판을 한 것이다. 조선은 대원군이 물러난 후 1876년 강화도 조약을 통해 일본에 의해 강제로 문호가 개방되었다. 고종 3년(1866)의 병인양요(프랑스에 의한 개항요구 사건) 직후가 문호개방의 좋은 기회였다. 이때 개국에 나섰으면 우리는 훨씬 빠르게 강대국 반열에 오를 수 있었을 것이다. 일본의 경우, 1634년부터 네델란드와 독점 교역을 통해 서구선진 문물을 도입하고 경제발전을 이루기 시작했다. 이어 고종 즉위 5년 전인 1858년 미 · 일 수호 통상조약 체결을 통해 문호를 완전 개방, 일거에 강대국으로 도약하는 발판을 마련했다. 일본과 조선의 개항시점 차이는 양국의 국력(군사력, 경제력) 차이의 원인이 되었고, 이러한 국력 차이는 1910년 일본에 나라를 빼앗기는 수모로 이어졌다. 해방 이후 우리나라는 끊임없는 노력으로 경제발전을 이뤄 나가 일본을 추격하고 있으나 두 나라의 격차는 아직도 상당히 많이 벌어져 있는 상태이다.

PART 2

주요 리더십 이론

Chapter

3 고전적 리더십 이론

〈고전적 리더십 이론 발전과정〉

리더십 이론은 크게 고전적(전통적) 리더십 이론과 현대적 리더십 이론으로 분류하는데, 고전적 리더십은 아래와 같이 1940년대부터 1980년대까지 전개된 이론이다([그림 3-1]).

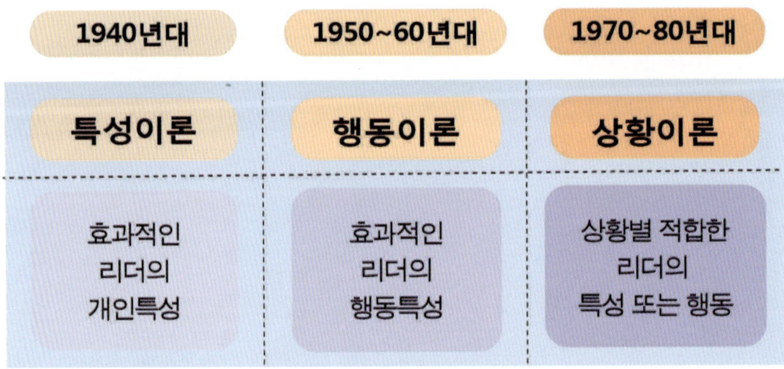

[그림 3-1] 고전적(전통적) 리더십 이론의 발전과정

"훌륭한 리더는 결과가 나쁠 때에는 거울을 들여다보며 자신에게 책임을 돌리고, 성공했을 때는 창문 밖을 내다보며 타인들에 찬사를 돌린다."

– 짐 콜린스(Jim Collins)

1절 리더십 특성이론(Trait theory)

1. 개요

특성이론은 1900년대 초반부터 1940년대까지 주로 연구되어졌다. 이 이론은 '개인의 타고난 자질과 특성이 리더로서의 성공을 좌우한다.'에 초점을 맞추고, 성공적인 리더는 남다른 특성을 가지고 있으므로 이 특성을 추출하여 리더십에 적용하자는 것이다. 어떤 특성을 가진 사람이 리더가 되는가의 문제는 인간의 문명화와 더불어 오랜 과제였으므로 우리는 '리더십'이란 용어를 접할 때, 자연스레 리더의 특성이나 자질을 떠올리게 된다.

2. 리더십 특성 분류

1) 일반적 특성분류

많은 학자들이 리더의 특성 분류를 하였는데 이 중 가장 보편적인 것으로 평가받는 배스와 스토그딜(Bass & Stogdill, 1981)의 '리더의 일반적인 특성'은 〈표 3-1〉과 같다.

〈표 3-1〉 리더의 일반적인 특성

육체적 특성	사회적 배경	지능	성격	과업특성	사회적 특성
연령	교육	판단력	독립심	성취욕구	관리능력
체중	사회적 지위	결단력	자신감	지구력	협동성
신장		표현능력	지배성	책임감	대인관계기술
외모			공격성	결과지향성	권력욕구
					성실성

리더의 일반적인 특성을 분석해 본 결과, '지능, 성격, 과업특성, 사회적 특성 등'의 리더십 특성은 효과성과 높은 상관관계를 가졌다. 그러나 '육체적 특성'의 경우 리더십에 효과적인 경우는 드물었으며, '사회적 배경'은 전반적으로 효과를 주지만 강도는 낮은 것으로 나타났다.

훌륭한 리더가 되기 위해 상기 바람직한 특성을 모두 가지고 있다면 좋겠지만 아무리 훌륭한 리더라고 해도 이러한 특성을 모두 갖기는 쉽지 않다. 일반적으로 직업에 따라 그 분야에 필요한 특성을 보유하는 것이 좋다고 할 수 있다. 예를 들어, 연구소장은 '높은 교육 수준과 성취욕구', 마케팅 담당 임원은 '표현능력과 대인관계 기술', 장군은 '결단력과 자신감' 등을 중요한 특성으로 분류할 수 있을 것이다.

2) 성공하는 리더십 특성

어떤 조직이든 그 리더가 미치는 영향은 매우 크며, 리더의 자질과 역량이 그 조직의 운명에 큰 영향을 미치게 되는 것을 우리 모두 숱하게 보아 왔다. 성공하는 보편적인 리더십 특성 5가지를 추려 보았다(www.babeltop.net).

① 뚜렷한 비전 제시: 리더십의 본질은 조직의 미래와 희망, 즉 비전을 제시하고 이를 구성원에게 강하게 확신시킴으로써 그들의 역량을 한 방향으로 모아 큰 성과를 창출해 내는 데 있다. 비전을 향한 구성원의 협력을 이끌어 내기 위해서는 리더가 그 누구보다 먼저 솔선수범해야 한다.

② **자신의 분야를 최고의 위치로 끌어올리려는 뜨거운 열정:** 성공한 리더는 예외 없이 자신과 조직의 발전을 위해 뜨겁게 매료되어 있는 사람들이다. 이 세상에 열정 없이 이루어진 위대한 일은 하나도 없다. 훌륭한 리더들은 하나같이 자신의 내면에서 솟구치는 열정과 진취성, 긍정적인 태도를 팀 전체를 전염시킨다. 제대로 된 열정은 꿈에 부풀어 현실을 미화하거나 망상을 품는 것이 아니다. 냉철하고 현실적으로 접근하는 열정이 진짜 열정일 것이다.

③ **동기부여 능력:** 한 조직의 성공과 실패는 구성원들의 재능과 열정을 끌어내는 리더의 능력에 달려 있다. 따라서 개개인의 자발적인 몰입과 헌신을 유도하는 동기부여 능력은 리더가 반드시 갖추어야 할 덕목이다. 좋은 리더는 구성원들에게 일방적이고 강압적인 방식으로 노력을 강요하지 않는다. 대신 구성원들에게 조직의 성장과 가치가 자신들의 그것과 같다고 스스로 믿게 해 줌으로써 그들에게 무한한 동기를 부여해 준다.

④ **혁신과 열린 마음:** 현대처럼 복잡하고 역동적인 시대에는 혁신이 가장 중요한 가치이다. 변화하지 않고 머물러 있는 조직은 뒤처지고 쇠퇴할 수밖에 없기 때문이다. 조직 전체가 변화와 혁신에 주도적으로 참여하여 경쟁력을 갖추도록 하는 것은 리더의 가장 중요한 책임과 역할이다.

⑤ **소신과 유연성의 밸런스 유지:** 리더는 소신이 있어야 한다. 한번 결정한 것을 상황에 따라 자주 바꾸면, 즉 줏대가 없으면 조직에 혼란을 일으켜 궁극적으로 조직 목표달성이 어려워진다. 그러나 변화가 심하고 그 속도 또한 빠른 현대 사회에서 원래 예상과 달리 상황이 완전히 바뀌었는데도 기존 생각을 고집하는 것도 문제다. 소신도 중요하지만 이에 못지않게 유연성도 필요하다는 얘기이다. 매순간 현명한 결정과 판단을 강요받는 현대 조직에서, 지금까지의 뜻을 굳게 지키는 '소신'과 반대로 과감한 전환을 시도하는 '유연성'의 선택을 잘해야 한다. 이는 '경쟁력'이라는 평가로 직결되고, 때로 조직 성패를 가름하기 때문이다.

사례 조선 위정자들의 유연성 부족

조선 시대 유교 사상 중 대표적인 것이 선비 정신이다. 선비 정신은 의리와 지조를 중요시한다. 어떻게 인간으로서 떳떳한 도리인 의리를 지키고, 그 신념을 흔들림 없이 지켜 내느냐가 최대 관심사였다. 조선 위정자들은 분명 과도하게 경직된 사고(선비 정신)를 가지고 있었다. 유연성이 너무 부족했던 것이다. 그들의 과도한 소신의 부작용 사례를 살펴보도록 한다.

오랫동안 명나라를 사대했던 조선은 청나라가 급부상하는 상황에서 청을 오랑캐라 업신여긴 반면, 망해 가는 명에 대해서는 의리를 지켜야 한다면서 숭배하였다. 국제 정세의 흐름에 대한 유연성이 결여된 것이다.

청의 수도 선양에서 홍타이지의 황제 즉위식이 열렸다. 각 지역의 사절들이 모두 절을 하는데, 조선의 두 사신만 허리를 굽히지 않았다. 오랑캐 황제에게 복종하지 않겠다는 의미였다. 조선 사신의 한심한 외교 결례였다. 청의 신하들이 두 사신을 집단 폭행하면서 죽이자고 건의하자 홍타이지는 그럴 가치가 없다며 쫓아 버리라고 했다. 조선 조정에서는 한 술 더 떠 두 사신이 오랑캐의 국서를 받은 즉시 던져 버려야 했다며 그들의 목을 베어 홍타이지에게 보내라고 촉구했다. 또한, 조선의 인열왕후에 대한 청의 조문단을 홀대하는 사건도 발생하였는데 심지어 조문단에게 오랑캐라며 돌팔매질까지 하였다.

이러한 조선의 태도에 청이 노골적인 불만을 터트린 것이 정묘호란과 병자호란이다. 조선이 국제 사회 변화에 유연하게 대응하지 못해 발생한 손실은 엄청났다. 병자호란에서만 죽은 백성이 수십 만을 헤아리고, 약 60만 명(대부분은 여성으로 성적 노리개가 되었음)이 청나라로 끌려갔다. 당시 조선인구가 1천 만~1천 5백 만 명으로 본다면, 총인구의 5~10%가 죽거나 끌려간 것이다. 인조는 홍타이지에게 항복하면서 세 번 절하고 아홉 번 머리를 조아리는 수모도 당하게 된다.

그렇다면 조선이 어떻게 대응했어야 이렇게 끔찍한 변란을 피할 수 있었을까? 당연히 명과 청에 대해 등거리 외교를 펼쳐야 했으며, 꼭 한 나라를 택해야 한다면 망해가는 명이 아닌 힘 있는 청을 선택했어야 할 것이다.

이렇게 한심한 명나라 숭배 사상은 명나라가 망한 후, 청나라를 사대하면서도 계속되었다. 명나라가 망한 지 60년이 지난 1704년, 명의 신종과 의종의 사당인 만동묘(萬東廟)를 짓고 극진한 예우로 제사를 지내기 시작한 것이 대표적인 사례이다. 이 행사는 조선이 망하기 직전까지 204년 동안 지속되다 일본에 의해 비로소 강제 철폐되었다.

3) 실패하는 리더십 특성

LG경제연구원은 '실패하는 리더, 이렇게 행동한다.'라는 보고서에서 실패하는 리더의 행동 특성을 다음과 같이 분석했다(국제제자훈련원, 2004).

① **'시키는 대로 해라'식 리더**: 이들은 구성원들이 아이디어를 내면 이를 무시하며 '시키는 것이나 제대로 해라'와 같은 반응을 보이고, 부하가 이견을 제시하면 권위를 내세워 자신의 주장을 관철한다. 또한 반발하는 사람들을 설득하지 않고 동조하는 사람들만을 중심으로 일을 추진하고 부하 직원들의 업무 스타일을 인정하기보다 자신의 스타일에 맞추도록 강요한다.

② **변화에 둔감한 리더**: 기존의 업무 체제를 고집할 뿐 변화의 필요성을 외면하며 현재의 상황을 고려하지 않고 과거의 성공 경험을 그대로 적용하려 하는 성향을 보인다. 이들은 업무 수행에 차질이 생길 것을 우려하거나 실패에 대한 두려움으로 새로운 시도보다 현상 유지에 더 중점을 둔다.

③ **조직을 위해 개인 희생을 요구하는 리더**: 구성원들이 잠시 여유를 갖는 모습을 보면 불안해하고 실적을 위해 과도한 개인의 희생을 요구한다. 또한 개인의 자질과 능력을 충분히 고려하지 않고 구성원들에게 업무적 부담을 준다. 단기적인 업무 장애를 우려해 부하 직원의 직무순환 요구를 수용하지 않을 뿐 아니라, 구성원들의 개인 생활을 배려하지 않고 조직에 대한 충성심만을 강조한다.

④ **필벌(必罰) 중심의 사고를 가진 리더**: 업무상 난관에 부딪혔을 때 재발방지를 위한 지도와 격려보다 질타와 책임 추궁에 집중하는 등, 신상(信賞)과 필벌(必罰)의 밸런스를 유지하지 않는다.

⑤ **실행력이 부족한 리더**: 이런 리더들은 너무 많은 변수를 고려하다 제때에 기회를 포착하지 못한다. 즉, 자신이 옳다고 생각하더라도 상대방이 강하게 나오면 자신의 주장을 쉽게 굽히고 구성원들의 합의를 지나치게 중시하는 경향을 가진

다. 이러다 보니 업무의 실행 속도가 느려지고 한번 내린 결정에 대해 번복하는 경우가 잦다.

4) 기업에서 요구하는 리더십 특성

잡코리아에서 공기업과 사기업을 대상으로 분석한 '기업에서 요구하는 인재의 특성'은 〈표 3-2〉와 같다. 사기업의 경우 열정, 도전정신, 책임감과 같이 목표를 향해 강하게 치고 나가는 동적인 특성을 선호하는 반면, 공기업은 창의성, 고객 지향성 등 안정적이고 정적인 특성을 선호하고 있음을 보여 주고 있다.

한편, 성실성은 공기업과 사기업 모두에서 가장 중요시하는 특성이었다.

〈표 3-2〉 조직 구성원에 대한 기업군별 요구 특성

구분	요구 특성
공기업	성실성(72%), 창의성(40%), 고객지향성(36%) 글로벌인재(33%), 책임감/적극성(30%)
대기업	성실성(54%), 열정(49%), 도전정신(46%) 고객지향성(46%), 책임감/적극성(30%)
중소기업	성실성(77%), 책임감(47%), 열정(37%) 적극성(35%), 목표의식(34%)

1. 성실성 2. 책임감 3. 열정 4. 목표의식 5. 적극성
6. 도전정신 7. 도덕성 8. 팀워크 9. 고객지향성 10. 주인의식

3. 리더십 특성이론의 발전

초기 특성이론의 초점은 '리더는 만들어지는 것이 아니고 가지고 태어나는 것'이라고 보는 소위 위인론(great man approach)이었다. 이러한 위인론은 과학적 실증주의의

영향을 받아 '리더십 특성은 타고나는 면도 있지만, 경험과 학습을 통해 습득할 수도 있다'는 사실이 받아들여져 보다 성숙한 특성이론으로 전개되게 되었다.

4. 특성 이론의 기여와 한계점

① **기여점**: 효과적인 리더가 되기 위해 갖추어야 할 특성의 기준과 어떠한 특성이 상대적으로 타 특성보다 좋은지를 알 수 있어 리더십 개발에 기여했다고 할 수 있다.

② **한계점**: 연구되는 리더의 특성만도 100여 개로 너무 많아 관리가 어렵다. 또한, 리더의 특성을 리더의 행동으로까지 연결시키지 못하여 리더십 훈련을 육성시키는 데도 한계를 보였다. 게다가, 리더십의 효과성은 리더의 특성뿐만 아니라 상황에 따라 달라지는데 이를 간과하였다.

"지도자의 언행이 바르면 명령하지 않아도 백성이 잘 따르지만,
올바르지 않으면 명령을 해도 따라오지 않는다."

– 논어

2절 리더십 행동이론(Behavior theory)

1. 개요

1940년대에 이르러 "관찰 가능한 대상만 연구해야 한다."는 입장인 행동주의가 학문 전반에 큰 영향을 미치게 되었는데 이러한 학문은 리더십 이론에도 적용되었다. 이 이론에 의하면 리더의 심리적 특성은 직접 관찰이 불가하며, 심리검사를 통해 간접적으로 측정했다 하더라도 측정결과의 타당성을 확신할 수 없다. 이러한 이유로 밖으로 드러나는 리더의 행동을 관찰하는 쪽으로 전환하게 되었는데, 이러한 연구의 흐름을 리더십의 행동이론이라 한다. 행동적 접근은 '리더가 어떠한 사람이냐가 아니라 어떠한 행동을 하느냐'를 중시한다. 즉, 리더가 아무리 좋은 특성을 가지고 있다 하더라도 이를 행동으로 나타내지 않으면 의미가 없는 반면, 설사 지니고 있는 특성은 별로라도 바람직한 행동을 한다면 훌륭한 리더가 될 수 있다는 것이다. 연구되어진 많은 리더십 행동이론 중 대표적인 세 가지 이론을 소개한다.

2. 아이오와 대학의 연구이론

아이오와 대학의 연구팀은 리더십 스타일을 권위형, 민주형, 방임형으로 나누고, 지

능과 사회배경이 비슷한 소년들로 구성된 클럽을 대상으로 3가지 리더십 유형에 대한 반응과 성과를 분석하였다.

1) 3가지 리더십 유형

① **권위형(독재적) 리더십(authoritarian leadership)**: 명령적이고 부하의 참여를 허용하지 않으며, 모든 목표나 방침이 리더에 의하여 일방적으로 결정된다. 또한, 개인적인 감정으로 칭찬이나 비판을 행한다. 단기적 효과는 있으나 장기적 역효과를 초래한다.

② **민주형 리더십(democratic leadership)**: 집단의 토의에 의한 결정을 권장하고, 객관적 입장에서 칭찬이나 비판을 한다. 리더의 대폭적인 권한이 구성원들에게 위양되며 직무의 수행과정에서 구성원들의 자주성과 주체성이 허용된다. 구성원들의 권한 확대에 수반하여 책임감도 필연적으로 커지며 업무 추진 시 신속하고 조직적인 대응이 곤란하다는 단점이 있다.

③ **방임형 리더십(laissez-faire leadership)**: 집단에게 완전한 자유를 주는 유형 다시 말해, 사실상 리더십 행사를 거의 하지 않는 형을 말한다. 리더는 될 수 있는 한 의사결정에 참여하거나 간섭하지 않으며 구성원들이 필요로 하는 자료나 정보를 제공해 주는 수준에서만 머무른다. 구성원의 능력이 뛰어나거나 의욕적일 때는 효과적이나 그렇지 않을 경우 조직이 흔들릴 위험이 존재한다.

2) 연구결과 요약

일반적으로 구성원들은 세 가지 유형 중 민주형 리더십을 가장 선호하였으며 권위형 리더십을 가장 싫어하는 것으로 드러났다. 리더 부재 시 민주형 리더십하의 구성원들은 지속적으로 업무에 임하는 반면, 권위형 리더십에서는 업무에 대한 몰입도가 현저하게 저하되었다. 생산성의 경우 권위형과 민주형 리더십에서 비슷한 수준으로 향상되었으나 방임형 리더십의 경우 현저하게 떨어졌다. 평상시에는 민주적 리더십이 권위적 리더십보다 효과적이지만, 신속하고 단호한 의사결정이 요구되는 위기상황이나 긴급 상황에서는 권위적 리더십이 효과적일 수 있다.

3) 연구의 발전

아이오와 대학의 행동 연구는 탄넨바움과 슈미트(Tannenbaum & Schmidt)에 의해 연속체의 개념으로 발전되었다. 그들에 의하면, 독재적 리더십과 민주적 리더십은 극단적으로 양분되는 게 아니라 단지 각각의 비중이 다르게 존재한다. [그림 3-2]는 권위적 리더십과 민주적 리더십의 비중에 따른 7가지의 리더십 유형을 보여 주고 있다. 이들의 연구는 리더십 행동양식을 일반화할 수 있는 도구는 아니었으나 리더십 유형을 보다 세분화하여 관리할 수 있도록 하였다는 데 의의가 있다. 방임형의 경우 리더의 권한영역이 극단적으로 없어지는 지점을 말한다.

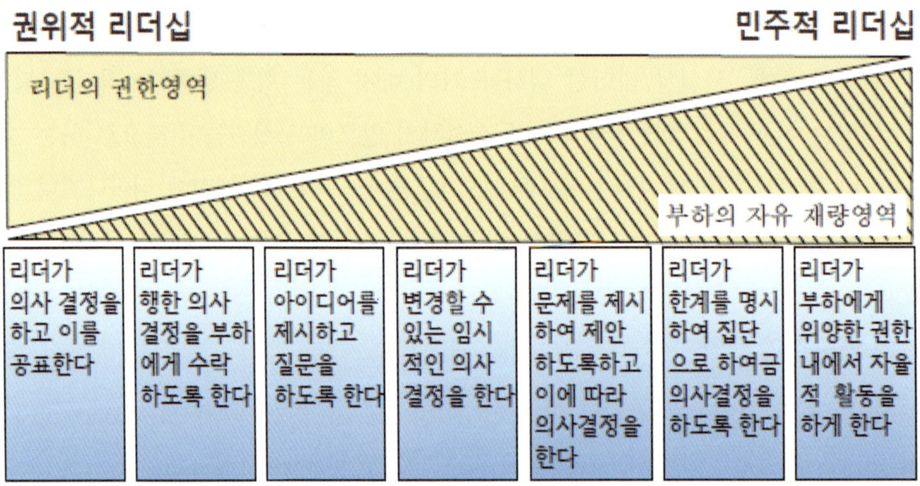

[그림 3-2] 리더십 유형의 연속선

3. 미시간 대학의 연구이론

미시간 대학 조사 연구소의 리커트(R. Likert) 교수팀은 '리더가 어디에 관심을 집중하고 있느냐'에 따라 크게 두 가지 기준을 두고 리더의 형태를 구분하였는데, '직무중심적 리더'와 '인간중심적 리더'가 그것이다.

1) 리더십 행동유형 분류

① **직무(과업)중심(job-centered)의 리더:** 직무중심의 리더는 종업원들을 조직 목표달성을 위한 도구로 여기기 때문에 부하들이 능동적으로 업무를 추진하지 않는다고 생각, 업무를 지정해 주고 간섭하며 지시한다. 따라서 그들은 XY이론[1)]에서 X이론적 인간관의 입장에서 조직을 관리하게 된다.

② **인간(종업원)중심(person-centered)의 리더:** 인간중심의 리더는 지시, 감독보다는 인간적이고 개인적인 배려를 통하여 직원 스스로 자발적인 직무자세를 취하도록 유인한다. 따라서 그들은 XY이론에서 Y이론적 인간관의 입장에서 조직을 관리하게 된다.

2) 연구결과 요약

미시간 대학교 연구팀은 직무중심적보다는 인간중심적 행동이 집단의 성과와 사기를 높이고 이직률 감소에 효과적이라고 발표했다. 성공적인 리더는 대인관계를 손상시켜 가면서까지 직무중심적 행동을 하지는 않았으며 달성해야 할 목표와 일반지침만 제공하고 방법은 부하의 자율에 맡겼다. 또한, 부하가 자신이 지지받고 있고, 자신이 가치 있고 중요하다는 생각을 갖도록 해야 효과적임을 알 수 있었다. 직무중심적 리더십은 단기성과에, 인간중심적 리더십은 장기성과에 효과가 있었으며, 구성원의 만족

---

1) **XY이론:** 인간을 두 가지 상이한 유형(X형과 Y형)으로 분류한 이론이다(상세 내역: 제10장. 동기부여 이론 참조). X형 인간은 태어날 때부터 타율적이라서 수동적으로 시키는 일만 할 수 있는 존재이며, Y형 인간은 적극적이고 능동적이므로 책임감을 가지고 자율적으로 일하는 존재이다.

도는 인간중심의 리더십이 훨씬 높게 나타났다. 직무중심적 리더십은 업무가 정형화되어 있지 않거나 불명확한 과업상황에서 성과를 내는 경향이 있었다. 직무중심적 행동을 해야 할 경우 그 행동 속에 배려적인 요소를 가미한다면 더욱 높은 리더십 성과를 거둘 수 있다.

4. 관리격자(managerial grid theory) 이론

관리격자 이론은 블레이크와 모우튼(Blake & Mouton)이 리더십 훈련 세미나를 진행하던 중 개발한 이론으로, 미시간 대학연구를 보다 구체적이고 현실적으로 진전시킨 것이다. 리더의 행동유형에 대해 수평축을 과업(직무)에 대한 관심으로, 수직축을 인간에 대한 관심으로 나누고 이들 두 행동측면을 각각 9개의 격자로 나누어 9 X 9 =81개 리더의 행동경향으로 자세히 분류한 후, 이 중에서 가장 기본적인 5가지 유형을 선정, 집중분석하였다.

1) 리더십 행동유형 분류

리더의 행동은 크게 두 가지로 나누며 미시간 대학 연구의 분류와 유사하다.

① 인간중심 리더

- 친구처럼 대해 주며 언제든 만날 수 있다.
- 부하들의 개인적인 형편까지도 신경 써 준다.
- 부하의 제안을 받으면 적극 검토한다.

② 직무중심 리더

- 하급자에게 할 일을 분명히 정해 준다.
- 하급자가 수행할 일에 대한 스케쥴을 짜 준다.
- 구성원들이 정해진 규칙, 규정을 따르도록 요구한다.

2) 리더십 행동유형의 세분화

리더의 2가지 행동의 조합에 의해 리더십 행동유형을 5가지로 세분화할 수 있다([그림 3-3]).

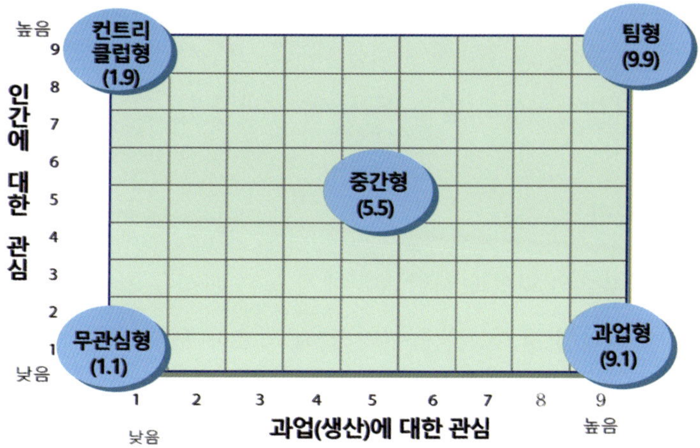

[그림 3-3] 관리격자에서의 5가지 리더십 유형

① 무관심형(1.1형): 과업(직무)이나 사람에 대해 거의 관심을 갖지 않고 오직 되어가는 대로 내버려 두는 리더를 말하며 가장 경계해야 할 유형이다.

② 과업형(9.1형): 인간관계를 무시하고 과업만을 추구하는 리더이다. 이런 리더들은 과업이 계획대로 이행되고, 부하들은 명령받은 대로 이행할 것을 기대한다. 사람들은 근본적으로 나태하고 일하기도 싫어하기 때문에 강압을 통해서만 해결할 수 있다고 생각한다.

③ 인기 추구형(country club형: 1.9형): 인기 추구형 리더들은 사람에 대해서 관심이 있지만 과업에 대해서는 관심이 적은 리더로, 인간관계에 중점을 두고 화기애애한 분위기에서 일할 수 있는 분위를 만드는 데 초점을 맞춘다.

④ 중도형(5.5형): 과업과 사람에 대한 관심에 균형을 유지하려고 노력하는 중도적인 리더이다. 중도형 리더들은 야단맞지 않을 정도의 성과만 달성하면 된다고

생각하며 최선의 해결책보다는 균형 잡힌 해결책을 시도하게 된다.

⑤ **팀형**(team style: 9.9형): 이상형 또는 통합형 리더로도 불리는 팀형 리더들은 과업과 사람을 통합하여 높은 성과를 가져오는 이상적인 리더이다. 이런 리더들은 가장 효과적인 해결책을 발견하려고 노력하며, 모두가 기여하고 모두가 성취감을 느낄 수 있도록 한다. 갈등이 발생할 경우 즉각 공개적으로 처리하며 사람의 창의성을 존중하고 격려하며 힘을 내도록 고무시킨다. 그러나 두 가지 조건을 모두 충족시켜야 하므로 많은 어려움을 수반한다.

3) 연구결과 요약

블레이크와 모우튼은 과업과 사람 모두에게 높은 관심을 갖는 통합형(9. 9형)이 가장 이상적이며, 리더십 효과성을 높이기 위해 필요하다면 다섯 가지 유형을 적절히 조합하여 사용하는 융통성을 발휘할 수 있다고 하였다. 산업조직에서 가장 전형적인 관리자 유형은 균형형(5. 5형)이고, 관리직에서 성공적인 사람의 행동유형은 팀형(9. 9형)이었다고 결론을 내리고 있다. 또한 군대조직의 리더에게는 높은 사기를 위해서 인간에 대한 관심을 강조하면서도 과업도 비교적 높게 중시하는 5. 9형이 적합하다고 하였다. 관리격자 모형은 리더가 현재 어느 좌표에 해당하는지 확인해 보고 미흡할 경우 자신의 목표좌표를 설정한 다음 목표에 다다르기 위해 노력하는 리더십 개발 프로그램 목적으로 활용될 수 있다.

5. 리더십 행동이론의 요약

이상에서 살펴본 리더십 행동 유형을 정리해 보면 [그림 3-4]와 같은 형태를 띠고 있다. 왼쪽으로 갈수록 직무중심 리더십과 X이론, 오른쪽으로 갈수록 인간중심 리더십과 Y이론의 성격을 더 크게 나타낸다.

구분	리더십 유형			
아이오와대 연구	독재형		민주형	자유방임형
미시간대 연구	직무중심형		인간중심형	
격자관리 이론	과업형	팀중심(중도)형	컨트리클럽(인기)형	무관심형
XY이론	← X이론		Y이론 →	

[그림 3-4] 행동이론의 비교

6. 행동이론의 기여점과 한계점

① 기여점: 추상적인 리더의 특성에서 탈피, 관찰 가능한 행동으로 연구범위를 확대하였다. 또한, 리더의 행동을 파악하고 변화방향을 제시함으로써 특성이론에서 제시하지 못한 리더십 훈련에 대한 실무적 지침을 제공했다.

② 한계점: 연구팀마다 다른 견해와 관점을 보여 모든 상황에 적합한 일관성 있는 리더십 행동유형을 찾지 못하였다. 또한, 특성이론과 마찬가지로 리더가 처한 상황을 고려하지 않고 리더의 행동에만 초점을 맞춘 한계를 가지고 있다.

3절 리더십 상황이론(Situational theory)

1. 상황이론 개요

1960년대까지 이루어진 대다수의 리더십 특성이론과 행동이론들은 보편타당한 리더의 특성과 행동을 파악하려 하였으나 어떠한 상황에도 모두 적용할 수 있는 이론을 찾아내지 못해 상황이론이 연구되기 시작했다. 상황이론에 따르면 리더는 상황에 따라 다르게 행동하며 누가 리더로서 적합한지는 상황이 결정한다. 즉, 어떤 상황에서나 유효한 리더십 유형을 부정하고, 리더십 스타일이 구체적 상황에 잘 부합될 때 리더십이 효과적으로 발휘된다는 이론으로, 특성이론이나 행동이론에 상황이라는 개념이 추가되었다.

[그림 3-5]에서 보는 바와 같이 '가, 나, 다'라는 특성 또는 행동을 가진 리더가 있고 'A, B, C'라는 상황이 있을 경우 '가'형 특성을 가지거나 행동을 하는 리더는 '상황 C'에, '나형 리더'는 '상황 A'에 적합한 리더가 될 수 있다. 즉, 리더십 상황과 리더십 특성(또는 행동)은 복수가 존재하며 서로 효과적인 것들끼리 연계되었을 때 효과를 발휘한다.

복수 종의 웨딩 드레스(리더십 유형)와 복수의 신부(리더십 상황)가 존재하고 신부의 아름다움을 극대화하는 것을 목표(리더십 효과)로 하는 사례를 살펴보자. 특성이론이나 행동이론은 가장 아름다운 드레스를 골라 모든 신부에게 입혔으나, 상황이론은 '각 신부의 신체 사이즈는 물론 각 신부의 이미지에도 맞는 드레스'를 골라 입혀(상황을 고려) 신부의 아름다움을 극대화한다.

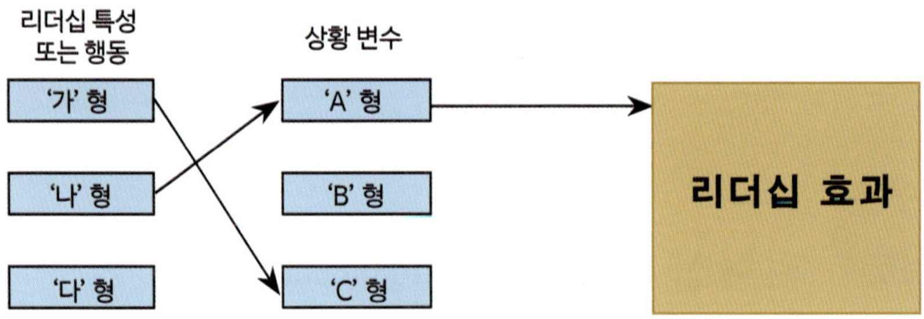

[그림 3-5] 리더십 상황이론 체계

[그림 3-5]를 단순하게 일반화하여 도식화하면 [그림 3-6]과 같다. 리더가 갖고 있는 특성 또는 행동 스타일이 바람직한 성과를 낼 수 있는가의 여부는 상황변수들의 조건에 따라 달라짐을 보여 주고 있는데 리더의 유형과 상황 변수들 간의 관계, 이것이

본 이론의 핵심이다.

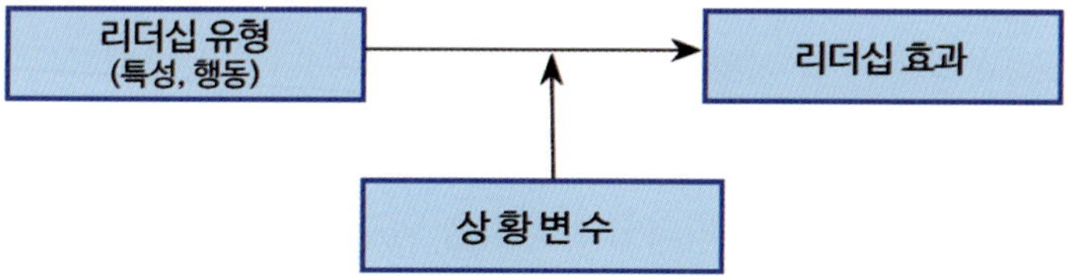

[그림 3-6] 일반화된 리더십 상황이론 체계

2. 주요 상황이론 요약

상황이론은 다소 복잡하므로 대표적인 3가지 이론을 간단히 요약하고 상세 내용은 심화학습을 할 수 있도록 한다.

1) 피들러(Fiedler)의 상황적합 이론

'리더와 부하 간 사이가 좋은 정도', '과업의 구조화 정도[2)]' 그리고 '리더의 권한 정도'를 조합한 세 가지 상황을 설정하고 '직무중심' 리더십을 구현하느냐 아니면 '인간중심' 리더십을 구현하느냐를 선택한다.

① '리더와 부하 간 사이가 좋고, 과업이 구조화되어 있으며 리더의 권한이 강한 상황'에서는 '직무중심'의 리더십을 구현해야 효과가 높다.

② '리더와 부하 간 사이가 나쁘고, 과업이 구조화되어 있지 않으며 리더의 권한이 약한 상황(상황 ①의 정반대되는 상황)'에서도 역시 '직무중심'의 리더십을 구현해야 효과가 높다.

2) 과업의 구조화(構造化) 정도: 구조화의 사전적 의미는 '구성요소들 간의 관계가 명확하여 전체 의미를 파악하기 쉬운 상태'를 말한다. 과업이 구조화되었다 함은 일을 구성하는 요소들 간의 관계가 명확하여, 즉 일이 정형화되어 있으므로 매뉴얼에 의해 기계적으로 과업을 수행할 수 있음을 의미하며, 구조화되지 않았다함은 일이 비정형화되어 있어 그때그때 상황에 맞게 과업을 수행해야 함을 의미한다.

③ '리더와 부하 간 사이, 과업이 구조화 그리고 리더의 권한 세 가지가 중간 정도의 상황'에서는 '인간중심'의 리더십을 구현해야 효과가 높다.

요약하면, 리더에게 유리(상황 ①)하거나 불리(상황 ②)한 상황에서는 '직무중심'이, 리더에게의 유불리가 중간 상황(상황 ③)에서는 '인간중심'의 리더십이 효과적이다.

피들러는 인간의 성격특성상 리더십 스타일을 바꾸는 것은 어려우므로 상황을 바꾸는 것이 효과적이라고 생각했다. 그러므로 상황특성에 적합한 리더를 배치해야 하는데, 리더와 상황특성이 맞지 않는다면 리더를 전환배치하거나 상황을 바꾸려는 노력을 해야 한다고 주장했다.

2) 허시와 브랜차드(Hersey & Blanchard)의 성숙도 이론

리더십 행동은 팔로어의 성숙도(발달수준) 상황에 맞추어 구사해야 한다. 즉, 부하의 '업무능력'과 '열심히 하려는 의지' 면에서 성숙해 가는 단계마다 점차적으로 업무위임의 정도를 높여 주면 리더십 효과가 커진다.

① **성숙도가 낮은 사람(수행능력과 의욕이 모두 낮은 사람, 주로 신입사원)**: 관계행동을 최소화하고 과업행동 위주로 행사, 즉 일일이 지시하고 간섭한다(지시형 리더십).

② **중하(中下)의 성숙도인 사람(수행능력은 없으나 의지가 높은 사람)**: 과업행동과 관계행동을 동시에 행사한다(설득형 리더십).

③ **중상(中上)의 성숙도인 사람(수행능력은 있으나 의지가 낮은 사람)**: 과업행동 비중을 낮추고 관계행동 비중은 높게 유지한다(참여형 리더십).

④ **성숙도가 매우 높은 상황(수행능력과 의지가 높은 사람)**: 과업행동은 물론 관계행동도 최소화, 즉 대부분의 업무를 위임한다(위임형 리더십).

3) 하우스(House)의 목표-경로 이론(Path-Goal Theory)

이 이론의 핵심은 조직원들이 목적달성을 위해 택해야 하는 경로를 명확히 제시하는 것이다. 즉, 조직목표 달성을 위해 구성원들이 걸어갔으면 하는 몇 가지 길(경로: 經路)을 제시하고, 구성원이 처한 상황에 적합한 경로를 선택해 걷도록 하여 동기를 부여시킨다는 이론이다. 리더는 상황변수(구성원들이 가지고 있는 특성과 조직의 환경적인 요인)를 고려하여 가장 적합한 리더십 스타일을 선택한다.

① 부하의 능력수준이 낮거나 직무가 구조적이지 못해 모호한 상황에서는, 구체적 지침과 업무스케줄을 제공하고 규정을 마련하여 직무를 명확히 해 준다(지시적 리더십).

② 일의 양이 많거나 난이도가 높아 자신감이 결여된 상황에서는, 구성원들과 만족스런 인간관계를 유지하면서 일이 즐겁도록 후원해 준다(지원적 리더십).

③ 부하의 자존욕구와 성장욕구가 강한 상황, 개인과 조직의 목표가 양립한 상황, 그리고 부하들의 업무지식이 높은 상황에서는 그들과 상의하고 아이디어를 구한다(참여적 리더십).

④ 부하가 업무 경험이 많거나 능력수준이 높은 상황에서는, 도전적 목표를 수립하고 자신의 능력에 대해 자신감을 갖도록 함으로써 구성원들이 최고의 성과를 달성할 수 있도록 한다(성취 지향적 리더십).

3. 상황이론의 기여점과 한계점

① **기여점**: 상황이론들은 리더십 특성이론과 행동이론에서 고려하지 못했던 '상황'을 적용했다는 점에서 높은 평가를 받을 만하다.

② **한계점**: 이론이 너무 어려울 뿐 아니라 다양한 상황을 모두 고려하지 못하는 한계를 가지고 있다.

심화학습

세 가지 상황이론을 좀 더 구체적으로 살펴보도록 하자.

I. 피들러의 상황적합성 이론

1) 개요

상황이론의 창시자인 피들러는 특성이론에 근거하여, 리더십 유형을 상황에 맞게 변화시킴으로써 조직성과를 높일 수 있다고 주장했다. 리더십 효과는 [그림 3-7]과 같이 리더십 특성이론에 의해 분류된 2가지의 리더십 유형과 3가지의 상황변수의 적절한 조합에 의해 결정된다.

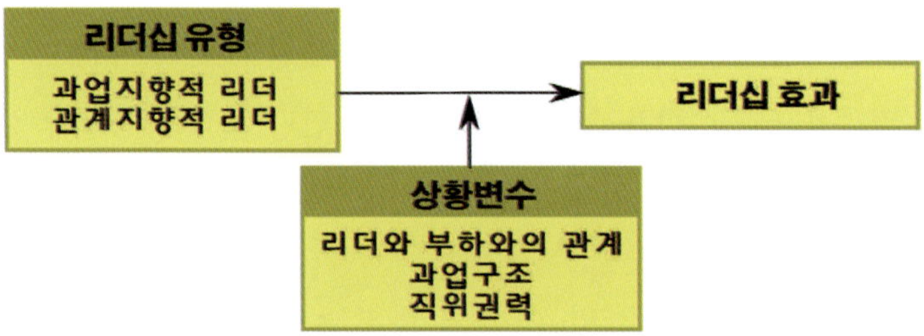

[그림 3-7] 피들러의 리더십 상황이론 체계

2) 리더십 유형

피들러는 리더의 특성을 과업지향 리더와 관계지향 리더로 분류하였다.

① 직무(과업)지향적 리더(task-oriented style): 직무를 제대로 수행하는 것에 1차적인 관심을 가진다. 부하들과 좋은 관계를 맺는다는 2차적 목적은 집단이 과업을 잘 수행할 때나 중대한 과업문제가 없을 때에만 추구한다.

② 인간(관계)지향적 리더(relationship-oriented style): 부하들과 잘 어울리는 것을 중요시하고, 부하들을 잘 배려하고 지원해 줌으로써 과업목표를 달성한다. 먼저 부하 및 동료들과 긴밀한 인간관계를 맺은 다음 과업목표 달성에 관심을 가진다.

3) 리더십 상황 변수

리더가 영향력을 행사할 수 있는 상황요인은 다음과 같이 세 가지가 있다.

① 리더와 부하의 관계: 집단의 구성원들이 리더를 신뢰하고 좋아하며 그의 말을 기꺼이 따르려는 정도를 뜻하며, 가장 중요한 변수이다.
② 과업 구조(일의 짜임): 과업이 어느 정도 명확하게 규정되어 있는가, 즉 어느 정도 표준화되어 있는가를 나타낸다.
③ 지위권력: 리더의 직위가 집단 구성원들로 하여금 명령을 받아들이도록 할 수 있는 능력의 정도를 말하며 권한이 강할수록 리더의 영향력이 높아진다.

4) 상황에 따른 리더십 유효성

피들러는 [그림 3-8]과 같이 8가지 리더십 상황요인을 도출하고 이에 적합한 리더십 유형을 제시했다.

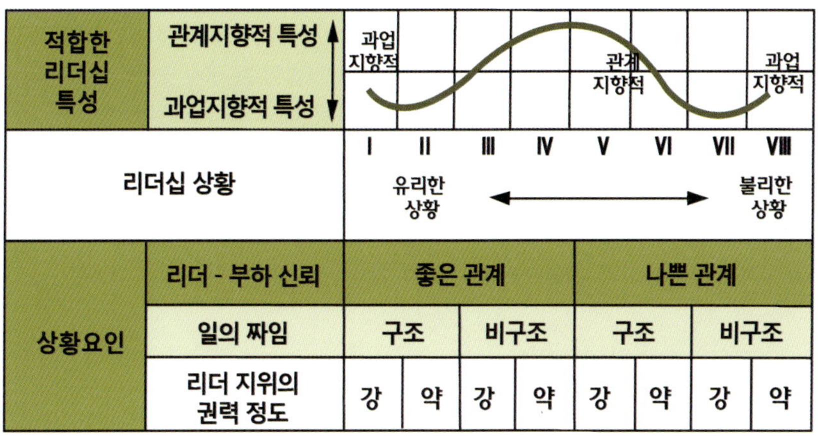

[그림 3-8] 각 상황별 적합한 리더십

① 상황요인: 리더-부하 간의 관계(신뢰), 과업구조(일의 짜임), 지위권력 등 세 가지 상황변수의 조합으로 이루어진 경우의 수는 [그림 3-8]과 같이 총 8가지이다.
② 리더십 상황: 대체적으로 상황 I쪽으로 갈수록 리더에게 유리하고, 상황 VIII쪽으로 갈수록 리더에게 불리하다.
③ 적합한 리더십 특성: 다양한 분석 결과, 리더십 상황요인별 적합한 리더십 특성은

리더에게 유리한 환경일수록(상황 Ⅰ쪽으로 갈수록) 그리고 불리한 환경일수록(상황 Ⅷ쪽으로 갈수록) 과업지향적 리더가 더 좋은 성과를 나타내며, 유리함의 정도가 중간 정도인 상황에서는 관계지향적 리더가 더 좋은 성과를 나타내는 것으로 나타났다.

(예제) 리더와 부하와의 사이가 좋고, 부하가 하는 일은 잘 바뀌지 않는 정형화된 일이며, 리더가 부하의 바람막이를 제대로 못해 줄 때 어떤 리더십이 요구되는가?

(해답) [그림 3-8]에 대입하여 보면 리더-부하 사이의 신뢰가 좋고, 일의 형태(짜임)이 구조적이며 리더의 지위 권력이 약하므로 상황Ⅱ에 해당되어 과업지향적 리더가 적합함.

2. 허시와 블랜차드의 성숙도 이론

1) 개요

피들러가 리더 유형으로 '리더의 특성'을 채택한 반면, 허시와 블랜차드는 '리더의 행동'을 채택했다. 그들은 '리더십 수준은 부하의 성숙도(발달수준)에 맞추어야, 즉 악기를 처음 배우는 사람에게 연주 방법을 가르칠 때 숙달수준에 따라 가르치는 방법을 달리하는 것처럼 팔로워의 경우도 그들의 발달수준에 맞추어야 한다.'고 주장한다. 다른 이론이 특정시점의 상황을 중심으로 정적인 관점으로 전개되는 데 비해 성숙도 이론은 상황이 점차 성숙할 때 마다 다른 리더십 유형이 필요하다는 동적인 관점으로 전개된다. 리더의 유형을 4가지로 분류하고 상황변수로 부하의 성숙도를 설정하였다[그림 3-9].

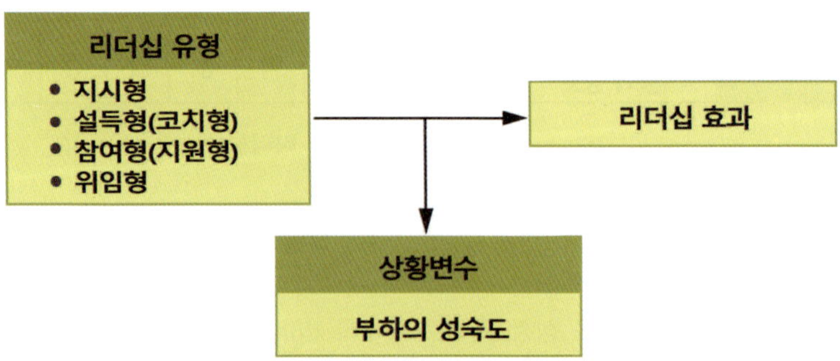

[그림 3-9] 성숙도 이론의 체계

2) 리더십 유형

리더십 유형은 목표 설정이나 역할을 지정해 주고 일하는 방법을 지시하는 '지시적 행동'과 구성원들이 스스로 과업을 수행할 수 있도록 도와주는 '지원적 행동'으로 구분되며, 이 두 행동을 조합하여 4가지 유형으로 나누었다.

① 지시형 리더십: 리더는 구체적인 지시와 명령을 내리고 면밀하게 감독하는 지시적 행동을 주로 하고 지원적 행동은 부수적으로 한다. 부하 직원에게 업무의 목표가 무엇이고 업무처리에 관한 좋은 방법을 이야기하며, 어떤 방법으로 업무를 완수할 수 있는지에 대한 계획도 세워 준다. 리더가 혼자서 모든 문제를 해결하고 결정하며 부하직원은 리더의 결정에 따르기만 하면 된다.

② 설득형(코치형) 리더십: 리더가 계속 지시와 명령을 내리고 업무 수행을 면밀하게 감독을 하지만, 결정 사항에 대해서는 설명하고 부하직원의 제안을 받아들여 전진할 수 있도록 지원하는 리더십이다. 설득형은 지시와 지원 모두를 포함하므로 일방통행이 아닌 쌍방향의 커뮤니케이션 방법을 사용한다.

③ 참여형(지원형) 리더십: 리더가 업무 달성을 향해 부하직원의 노력을 촉구하고 지원하며 의사결정에 관한 책임을 부하와 나누는 리더십이다. 지원적인 행동을 주로 하고, 지시적인 행동을 부수적으로 한다. 리더는 부하직원들의 자신감을 북돋기 위해 격려하고 칭찬할 필요가 있다.

④ 위임형 리더십: 리더가 의사결정과 문제해결의 책임을 부하 직원에게 믿고 맡기는 리더십이다. 리더가 일일이 지시하고 감독할 필요가 없고 스스로 알아서 할 수 있는 분위기를 만들어 주면 된다. 이런 경우에 가장 필요한 것은 따르는 사람에 대한 신뢰와 인정이다.

3) 리더십 상황변수: 부하의 발달수준(성숙도)

부하의 성숙도란 부하들이 조직에 처음 들어와서 점차 조직과 직무에 적응해 나가는 과정이라 할 수 있으며 과업수행능력을 나타내는 "직무관련 성숙도"와 부하가 기꺼이 직무를 수행하고자 하는 "심리적 성숙도"로 구성된다.

① 직무상 성숙도(능력: ability): 조직의 목표달성을 위한 업무에 익숙한 정도를 말한다. 직무와 관련된 지식, 기술, 실무경험, 보다 높은 목표 설정능력, 문제해결 능력, 책임감이 해당된다.

② 심리적 성숙도(의지: willingness): 업무수행에 긍정적인 자세로 근무에 임하는 정도를 말한다. 독립심, 열정, 성공 동기, 자기 존경심이 해당된다.

상기 두 가지 성숙도는 〈표 3-3〉과 같이 네 가지 성숙단계로 조합될 수 있다.
M1: 직무를 수행할 능력도 의지도 없는 사람
M2: 직무를 수행할 능력은 없으나 의지는 있는 사람
M3: 직무를 수행할 능력은 있으나 의지는 없는 사람
M4: 직무를 수행할 능력도 의지도 있는 사람

〈표 3-3〉 부하의 성숙도에 의한 상황분류

상황분류								
구분	능력	의지	능력	의지	능력	의지	능력	의지
수준	높음	높음	높음	낮음	낮음	높음	낮음	낮음
성숙도 (maturity)	M4		M3		M2		M1	

4) 상황에 따른 리더십 유효성

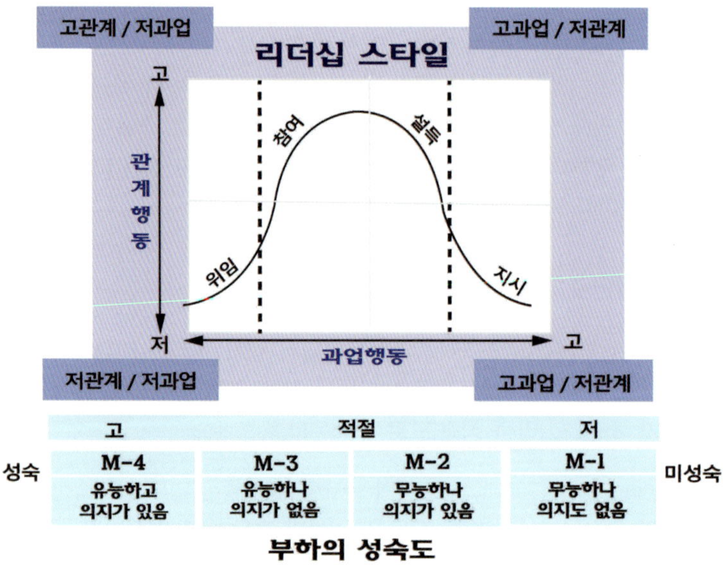

[그림 3-10] 허시와 블랜차드의 성숙도 이론

성숙도 이론을 요약해 보도록 하자. 성숙도에 따른 리더십 적용을 살펴보면 [그림 3-10]과 같이 마치 부모가 자식을 양육하는 과정과 같다.

① M1: 조직 구성원들이 업무(task)에 아주 미숙한 단계(능력과 의지가 낮은 사람)에서는 지도자가 일일이 지시하고 간섭하는 '지시형' 리더십을 행사한다.
② M2: 점차 성숙해져 가는 단계(능력이 없고 의지가 있는 사람)에서는 이에 따라 높은 관계성과 높은 과업지향성을 가진 '설득형' 리더십으로 수정한다.
③ M3: 성숙해져 특별한 지도 없이도 해낼 수 있을 단계(능력은 있으나 의지가 낮은 사람)에서는 높은 관계성과 낮은 과업지향성을 가진 '참여형' 리더십으로 수정한다.
④ M4: 스스로 혼자서 모든 일을 해낼 수 있을 만큼 완전히 성숙한 단계(능력과 의지가 높은 사람)에서는 낮은 관계성과 낮은 과업지향성을 가진 '위임형' 리더십으로 수정한다.

본 이론은 상식적으로 의미를 잘 전달하므로 직관적인 설득력을 가지고 있어 리더십 훈련의 기초로 많이 활용되는 장점을 가지고 있다.

3. 하우스의 경로-목표 이론

1) 개요

리더가 어떻게 하면 구성원들의 요구와 그들의 작업환경에 적합한 행동을 하여 구성원들이 목표 달성의 경로를 잘 따라가도록 도울 수 있을 것인가를 설명하기 위한 이론이다. 따라서 리더가 구성원의 동기를 유발시키려면, 먼저 목표 달성의 대가로 부하가 취득하게 될 보상의 가치와 가능성을 증가시켜야 하며, 부하가 그러한 보상을 획득하는 과정상의 어려움이 없도록 장애물을 제거하고 자신감을 심어 주어 과업 달성에 대한 기대감을 높여 주어야 한다.

2) 주요 내용[그림 3-11]

(가) 리더의 행동 유형
하우스도 성숙도 이론처럼 '리더의 특성' 대신 '리더의 행동'을 채택하고 리더십 유형을 지시적, 후원적, 참여적, 성취지향적 네 가지로 나누어 설명하였다.

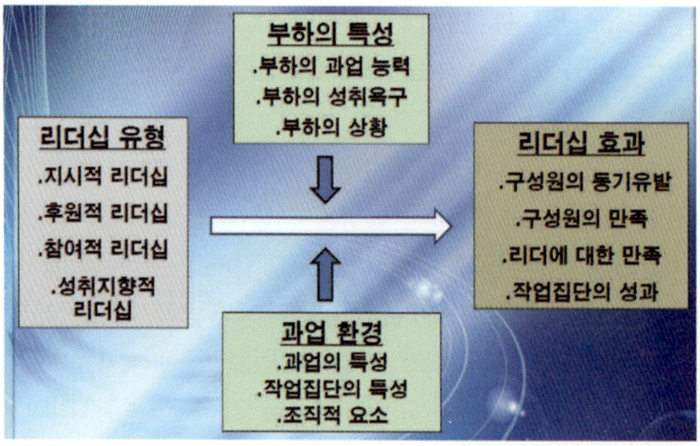

[그림 3-11] 경로-목표 이론의 체계

① 지시적 리더십: 구체적 지침과 표준 그리고 업무스케줄을 제공하고 규정을 마련하여 직무를 명확히 해 주는 리더 행동이다.

② 지원적(후원적) 리더십: 구성원들의 욕구와 복지에 관심을 보이고 모든 구성원을 평등하게 대하는 등, 인간관계를 중시하는 리더의 행동을 말한다.

③ 참여적 리더십: 의사결정을 할 때 구성원들을 참여시켜 그들과 상의하고 그들의 아이디어를 진지하게 고려해 주는 리더의 행동을 말한다.

④ 성취 지향적 리더십: 도전적 목표를 수립하고 자신의 능력에 대해 자신감을 갖도록 함으로써 구성원들이 최고의 성과를 달성할 수 있도록 하는 리더십 행동이다.

(나) 상황 변수

경로-목표이론에서는 리더가 네 가지의 유형 중에서 어느 하나를 자유롭게 선택할 수 있으며, 이 점은 리더십을 고정적으로 본 피들러의 상황이론과 대조적이다. 상황요인으로 구성원 특성과 환경적 요인 두 가지를 제시하고 있다.

① 부하의 특성: 부하가 가지고 있는 특성으로 능력, 상황, 욕구로 나뉜다.
- 부하의 과업 능력: 구성원이 자신의 능력에 대해 지각하는 정도를 의미한다. 어떤 과업을 효과적으로 완성할 수 있다고 지각되는 능력이 크면 클수록 구성원은 리더의 지시적 행동을 그만큼 덜 수용하려고 한다. 왜냐하면 그런 구성원은 리더의 지시를 받을 필요가 없다고 생각하기 때문이다.
- 부하의 상황(통제위치): 구성원이 자신의 신변에 일어나고 있는 일들을 자신이 통제할 수 있다고 믿는 정도를 나타낸다. 자기의 주변 환경을 자신이 통제할 수 있다고 믿는 사람은 상사의 참여적 리더십을 더 선호한다. 반면, 그러한 일들이 자신의 통제 범위 밖에 있다고 믿는 사람들은 상사의 지시적 리더십을 더 선호한다.

- 부하의 성취 욕구: 구성원이 내면에 갖고 있는 욕구는 리더의 행동에 영향을 미친다. 예를 들면, 안전 욕구가 강한 부하는 리더의 지시적인 행동을 수용할 가능성이 높지만, 자존 욕구가 강한 부하는 리더의 지원적인 행동에 대하여 더 호의적으로 반응할 것이다.

② 환경적 요소(과업환경 특성): 부하의 통제 범위 밖에 있으면서 만족이나 능력에 매우 중요한 요소를 내포하고 있는 요인을 환경적 요소라고 한다.

- 과업 특성: 과업의 구조화 정도가 낮고 모호성이 큰 과업을 수행하는 구성원은 리더의 지시적 행동을 더 잘 수용하게 될 것이다. 반면, 구조화 정도가 높아 일상적으로 반복되는 과업을 수행하는 구성원에게 지시적 행동을 하는 것은 부적절하다.
- 과업 집단 특성: 과업 집단이 형성 초기에 있을 경우 리더가 지시적 행동을 하는 것이 효과적이지만, 집단이 안정되어 확고한 규범이 갖추어진 상황에서는 지원적 행동과 참여적 행동이 더 효과적일 것이다.
- 조직적 요소(성격): 조직 특성이란 규칙 · 절차 등이 표준화되고 문서화되어 있는 정도, 시간적 압박감이 존재하는 정도 등 조직이 가지고 있는 특성을 의미한다. 공식화 정도가 높은 조직에서는 지시적 행동이 별다른 효과를 내지 못할 것이나, 시간적 압박감이 큰 상황에서는 효과를 발휘할 수 있을 것이다.

(다) 목표를 향한 리더십 경로

〈표 3-4〉는 리더가 어떠한 경로를 거쳐 최종적으로 리더십 효과(목표)를 달성할 수 있도록 부하를 인도하는가에 대한 몇 가지 사례를 보여 주고 있다.

첫 번째 칸의 목표를 향한 경로의 예를 들어보자. 부하들이 자신감이 떨어진 상황일 경우, 리더가 구성원을 적극 후원해 주면 구성원이 목표달성을 위한 자신감이 커지면서 열심히 노력하여 좋은 성과를 거두게 된다.

〈표 3-4〉 리더십 경로 사례

상향 (구성원 특성, 작업환경 특성) →	바람직한 리더십 유형 →	부하 영향 (구성원 지각)	리더십 효과 (목표)
부하의 자신감 결여	지원적 행동	목표달성을 위한 자신감 증가	노력 만족도 성과 향상
직무가 모호한 상태	지시적 행동	보상에 이르는 경로 명확히 이해	
능력 수준이 높거나 경험이 많은 상태	성취지향적 행동	높은 목표 설정	
부적절한 보상	참여적 행동	부하의 욕구에 맞게 보상 재설계	

〈현대적 리더십 이론〉

고전적 리더십 이론은 기존의 안정적 경영환경하에서 효과를 발휘할 수 있었다. 그러나 1980년대 초반이 되면서 경영환경이 불안하고 변화 또한 극심해 가면서 기존의 고전적 리더십 이론이 변화하는 경영 패러다임에 적합지 않다는 지적이 대두되었다. 이로 인해 특성, 행동, 상황 등 다양한 요소에 근거한 다차원적이고 복합적인 리더십, 소위 현대 리더십 이론이 소개되기 시작하였다.

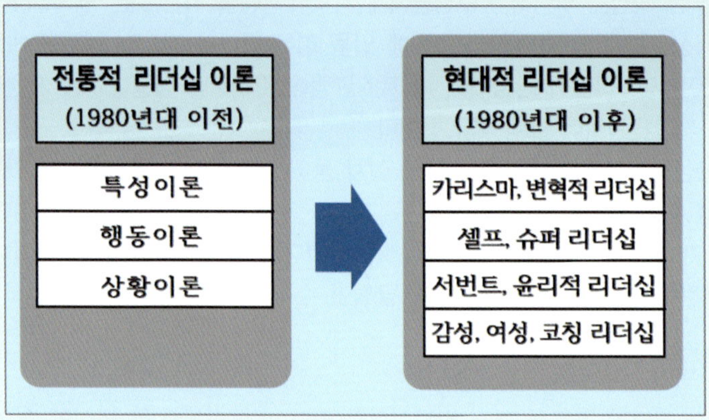

이러한 현대적 리더십 이론은 아래와 같이 고전적 리더십의 문제점을 타개하기 위한 것이었다.

① 고전적 리더십 이론은 대부분 중간 관리자의 리더십을 연구 대상으로 삼고 있는데, 그 결과를 최고 경영자 층으로 확장하지는 못했다. 그리고 괄목할 만한 탁월한 성과에 대한 리더십은 기존 고전적인 리더십으로 한계가 있었다.

② 고전적 리더십 이론에서는 다분히 상사와 부하 간의 수직적 상호관계에 초점을 둠으로써 그 효과에 한계를 드러냈다. 현대 리더십 이론에서는 부하의 중요성을 인식하여 리더와 부하 간의 신뢰를 바탕으로 한 수평적 상호관계를 강조한다.

③ 고전적 리더십 이론들은 변화에 큰 비중을 두지 않아 혁신 없이는 생존이 불가능한 현대 조직 환경에 부적합하다. 반면, 현대 리더십 이론들은 조직이 궁극적으로 지향해야 할 비전을 창출하고 이를 구성원에게 구체화하여 구성원의 변화와 혁신을 추구하고 있다.

Chapter

4 카리스마 리더십과 변혁적 리더십

카리스마 리더십과 변혁적 리더십은 구성원을 변화시켜 조직의 목표를 달성하는 공통점을 가지고 있다. 차이점을 살펴보면 카리스마적 리더는 부하들로 하여금 무조건적으로 복종케 하고 신뢰하게 하는 반면, 변혁적 리더는 비전 제시를 통해 동기부여함으로써 추종자를 변화시키고 이를 통해 목표를 이뤄 낸다.

이러한 차이로 인해 두 가지 형태의 지도자는 요구되는 상황이 각기 달라진다. 예를 들어, 육체적이고 감정적인 노력을 요구하는 상황이나 전투 상황 같은 급박한 경우에는 카리스마적 리더가 적합한 반면에, 급변하고 불확실한 환경에 대한 적응력이 요구되는 상황, 창의력이 요구되거나 부하들의 자발성과 책임성이 요구되는 상황에서는 변혁적 리더가 적합하다.

| 1절 | 카리스마 리더십

| 2절 | 변혁적 리더십

"진정한 카리스마란 실력과 내공을 갖춘 사람이 강하게 말하고
권위로 제압하는 것이 아니라 부드러움, 덕(德) 그리고
겸손한 품성으로 상대를 리드하는 것이다."

– 정법정도

1절 카리스마 리더십

1. 개요

1) 카리스마 리더십 정의

카리스마(Charisma)는 신이 주신 재능이란 뜻의 그리스어 'Kharisma'에서 유래했다. 기독교 교리에서는 미래를 예측하거나 기적을 행하는 능력과 같이 신이 부여한 영적 능력을 의미하나, 대중적 의미의 카리스마는 '타인의 자발적인 복종을 유도하는 힘', '타인에게 주문을 걸어 자기를 좋아하게 만드는 힘', '밀고 당기는 싸움 없이 상대를 무릎 꿇게 하는 힘'을 의미한다. 한편, 카리스마 리더십(Charisma leadership)이란 '비범(非範)하고 초인(超人)적인 능력을 보유한 지도자가 구성원들의 헌신적인 복종과 충성을 바탕으로 구성원들을 원하는 방향으로 이끌어 가는 강력한 영향력'을 의미한다.

독일 사회학자 막스 베버(Max Weber)는 "위기에 직면했을 때 사람들을 구원할 수 있는 해결책을 지니고 출현하는 신비로우며 사람들을 끌어들이는 흡인력을 지닌 인물"이라고 카리스마적 리더를 정의했다. 그는 리더가 가질 수 있는 정당성 있는 권력(Authority)의 원천에 대해 우리가 알고 있는 '합법적 권한(공식적인 법에 근거한 권력: 민주주의의 리더의 권력 등)'이나 '전통적 권한(과거부터 행해 온 관습에 근거한 권력:

세습되는 왕의 권력 등)' 외에 '카리스마적 권한(예외적이고 탁월한 개인의 능력에서 나타나는 권력)'을 추가시키고 카리스마적 성향의 인물은 자연스레 정당성 있는 권한을 갖게 되고 그러한 권한을 사용해 구성원들을 지배할 수 있다고 주장했다.

2) 이론의 발전

1947년 웨버가 카리스마의 개념을 처음 소개한 이래, 많은 사회학자, 정치학자들이 카리스마 리더십에 대해 관심을 가지고 연구하기 시작했다. 1970년대 중반부터 웨버의 이론을 조직 내의 리더십 현상에 적용시키고자 하는 시도를 하게 되었으며, 1980년 이후 미국 기업들이 외국 기업들과의 경쟁에서 생존하기 위해 카리스마적 리더의 필요성을 인식, 본격적으로 연구가 시작되었다.

2. 카리스마 만들기

카리스마는 타고나는 면도 있지만 훈련을 통해 육성되는 측면이 더 강하다. 그렇다면 구체적으로 어떻게 하면 카리스마를 만들 수 있을까? 먼저 리더 자신의 카리스마 능력을 향상시켜야 하며, 아울러 자신의 능력여부와 관계없이 구성원이 자신의 능력을 믿게 만드는 노력도 필요하다.

1) 리더 자신의 카리스마 능력 향상

① 카리스마 리더의 가장 중요한 능력은 추종자에게 현 상황을 타개하기 위한 명확한 비전을 제시하고 이를 성공시키는 것이다. 콩거(Conger)가 주장한 카리스마 리더십 전개과정을 살펴보자([그림 4-1]).

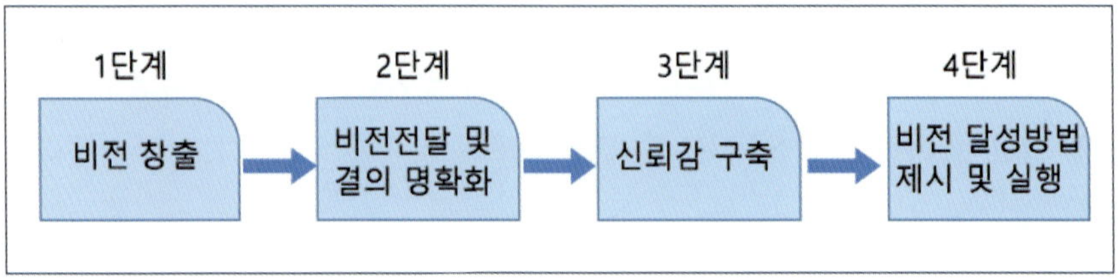

[그림 4-1] 카리스마 리더십 전개 단계

㉠ 1단계. 비전 창출: 1단계에서는 조직의 개선해야 할 취약점을 찾아낸 후 이를 획기적으로 해결할 수 있는 전략적인 비전을 개발한다. 비전은 직원 개개인의 힘을 한 방향으로 모으는 마력을 가지고 있다.

㉡ 2단계. 비전의 전달 및 결의 명확화: 분명하고 충분하게 동기부여가 될 수 있는 비전이 제시되었다 할지라도 그것이 팔로워에게 충분한 공감을 이끌어 내는 데 실패한다면 아무 의미가 없다. 조직 구성원들에게 현 상태의 문제점과 새로운 비전의 매력을 확실하게 각인시키고 잘해 보자는 결의를 명확히 한다.

㉢ 3단계. 신뢰감 구축: 리더에 대한 강한 믿음이 없으면 카리스마 리더십은 성공을 거둘 수 없다. 리더 자신이 가지고 있는 통찰력, 강한 신념, 능력, 자신감 등을 내세워 구성원들이 비전의 성공을 강력히 믿게 만든다.

㉣ 4단계. 비전 달성 방법 제시 및 실행: 비전을 달성할 수 있는 구체적인 방법을 제시하고, 강력하고 효율적인 추진을 통해 성과를 극대화한다.

② 남들과 비교되는 특출한 능력, 능숙한 설득력 그리고 개인적인 매력을 보유하고 있어야 하며 지속적인 성공을 통하여 이러한 능력을 입증할 수 있어야 한다.

③ '열정과 겸손'을 겸비하려는 노력이 필요하다. 강한 열정은 타인의 주목을 끌게 하고 겸손은 사람들이 호감을 갖고 쉽게 다가오게 해 준다. 그러나 열정이 너무 강하면 활동과잉이라는 인상을 주며 심지어 무모하다는 느낌마저 풍길 수 있으며, 겸손만으로는 나약하다는 인상을 줄 수 있다. 하지만 두 자질이 결합되면

사람들의 존경과 호감을 한 몸에 받을 수 있다.

2) 리더가 초월적인 능력을 지니고 있다고 구성원이 믿게 만들기

카리스마란 자기를 강하게 보이게끔 만드는 '고도의 이미지 전략'이라고 말할 수 있다. 하우스에 따르면, 카리스마 리더는 자신의 능력 유무와는 별도로 자신이 완벽하다는 인상을 심어 주려고 계산된 행동을 하면 추종자들이 이를 믿게 되는 피그말리온 효과[1)]에 의해 카리스마 리더십이 형성되는 것으로 보았다.

3. 카리스마가 형성되기 위한 구성원 요건과 상황 요건

리더가 카리스마 능력을 보유하는 것도 중요하지만 구성원들이 카리스마를 받아들일 수 있는 요건을 많이 가질수록, 그리고 구성원이 처한 상황이 카리스마를 간절히 요구하는 상황일수록 카리스마 효과는 배가 된다.

1) 카리스마가 형성되기 위한 구성원 요건

① 리더에 대한 강한 애정을 가지고 있어야 하고 리더의 권위에 복종하는 의지를 가지고 있어야 한다.

② 리더를 따르면 자신들이 원하는 것을 얻을 수 있다는 높은 기대감을 가지고 있어야 한다.

③ 어떤 이유로 인해 구성원들 간 또는 구성원들과 다른 집단 간의 갈등이 고조되어 있어야 한다.

---

1) **피그말리온 효과(Pygmalion effect)**: 무언가를 간절히 원하면 실제 원하는 방향으로 잘 풀리는 경향을 말한다. 피그말리온이라는 명칭은 그리스 신화 속의 피그말리온 왕에서 유래되었다. 피그말리온 왕은 자신이 조각한 여성상을 진심으로 사랑하게 되었고, 이를 지켜본 미의 여신 아프로디테가 그의 소원을 들어주어 조각상을 인간으로 만들어 주었다. 간절히 바라면 원하는 대로 일이 잘 풀린다는 '샐리의 법칙'(머피의 법칙의 반대 개념)과 유사한 개념이다.

2) 카리스마가 형성되는 상황 요건

① 사회적 위기 또는 절망적 상황이 존재해야 한다. 이러한 상황에서 사람들은 자신들을 구해 낼 수 있는 리더를 찾게 되며, 카리스마적 리더십 효과는 배가된다. 심각한 위기가 존재하지 않더라도, 카리스마 리더는 현 상황을 과장시킨 후 자신이 나서서 완벽히 해결할 수 있다는 믿음을 제시함으로써 구성원을 현혹시킬 수 있다.

② 현 상황에 대해 추종자들이 불만을 가지고 있을 때 또는 변화의 욕구가 높은 조직에서 리더가 불만을 해소시켜 주면서 추종자들을 맹목적으로 따르게 할 수 있다.

③ 소속집단 구성원 간의 상호의존도가 높을 경우, 서로 의지하는 성향이 강하므로 힘 있는 리더를 따르는 경향을 갖게 된다. 자연스레 그 집단의 리더는 카리스마적 리더가 될 수 있다.

4. 카리스마 리더십의 문제점과 이에 대한 대응

1) 카리스마 리더의 양면성

카리스마 리더십은 양날의 칼과 같다. 간디, 예수 등과 같은 긍정적인 카리스마도 존재하지만 스탈린, 히틀러, 사이비 종교 교주와 같이 부정적인 카리스마도 존재하기 때문이다. 긍정적 결과를 가져오는 카리스마인가 부정적인 결과를 가져오는 카리스마인가를 구별하기 위해서는 리더가 사리사욕을 추구하는가, 공공의 선을 추구하는가를 따져 보아야 한다. 사리사욕을 추구하는 리더는 자신의 권력을 강화하기 위해 구성원들을 교묘하게 이용한다. 반면에 공동체 이익을 도모하는 리더는 구성원들에게 권한을 위임하고 평등주의적이며 지원적이다.

2) 부정적 측면의 카리스마 리더십과 이에 대한 대응

카리스마 리더의 경우 개인의 특성에 의해 조직이 좌우되기 때문에 바람직하지 않은 특성을 가진 리더일 경우 많은 문제점이 나타나기 마련이다. 부정적인 카리스마 리더에게서 가장 보편적으로 나타나는 문제점과 이에 대한 대책을 살펴본다.

① **구성원들의 주인의식 약화 및 창조성 저하:** 카리스마 리더는 구성원을 수동적 인간으로 전락시키고 구성원들의 창의적인 아이디어를 무시할 수 있다. 따라서 리더는 구성원들에게 적절히 권한을 위임시킴으로써 책임의식과 주인의식을 가지고 창의적인 활동을 적극적으로 할 수 있도록 해야 한다.

② **자만감에 빠져 잘못된 판단을 내릴 우려:** 자기도취에 빠진 독재자일 경우 잘못된 의사결정으로 조직을 위험에 빠트릴 수 있다. 따라서 무조건적인 예스맨 대신 리더의 잘못에 대해 직언할 수 있는 분위기를 조성해야 한다. 또한, 의사결정 시 충분한 검토시간을 갖고 구성원들과 기타 이해관계자들의 의견을 수렴함으로써 리스크를 최소화해야 한다.

③ **후계자 불인정 및 장기집권 우려:** 장기집권을 위해 유능한 후계자를 양성하지 않거나 심지어는 제거하는 등 자신의 존재를 유일시하고 독단적으로 권력을 쥔 채 장기 집권할 수 있다. 이를 방지하기 위해서는 리더 선출 단계에서 민주주의의 요소를 도입하고 선출 후 과실에 대한 탄핵 제도가 마련되어야 한다.

④ **리더의 인격, 도덕적 의식 결여:** 바람직하지 못한 리더는 자신의 권력을 이용해 부도덕적인 행위를 할 수 있다. 이를 방지하기 위해서는 리더 자신이 '도덕적 리더십'을 결부시켜 도덕과 규범에 맞는 행위를 해야 한다. 또한 구성원들이 리더의 잘못을 지적해 줄 수 있는 조직문화도 미리 구축되어야 한다.

사례 거스 히딩크(Guus Hiddink, 1946.11.08.~)의 카리스마 리더십

1) 주요이력

히딩크는 네덜란드 출신 축구 감독이다. 1998년 FIFA 월드컵에서 네덜란드를 4위, 2002년 FIFA 월드컵에서 대한민국을 4위, UEFA 유로 2008에서 러시아를 4강에 진출시켰다. 그의 위대한 업적 중에서 단연 돋보이는 것은 2002년 월드컵에서 축구 약체 한국을 세계 4강 반열에 올린 것이다.

2) 히딩크의 카리스마 리더십

2002년 한 · 일 월드컵에서 거스 히딩크의 카리스마를 확인할 수 있다. 조직 구성원이 절대 복종만 하고 리더를 우러러보지 않는 카리스마는 독선에 지나지 않는다. 그는 자신만의 카리스마를 통해 국가대표 선수들로 하여금 자신을 철저히 따르게 했으며, 선수들 또한 그를 추종함에 있어 조금의 망설임도 없었다. 과연 히딩크는 어떤 카리스마로 국가대표팀의 조직을 장악했으며, 한국 축구 역사상 유례없는 월드컵 신화를 이루어 내었을까?

① 의사소통 활성화(협동심을 높여 시너지 효과를 극대화하는 카리스마): 히딩크는 감독과 선수가 수평적인 분위기에서 자유롭게 의사소통이 되게 하였다. 히딩크가 오기 전에 선배가 후배 위에 군림함으로써 후배는 선배에게 말도 제대로 걸 수도 없을 만큼 선수들 간 벽이 높았다. 그는 의도적으로 선후배를 한 자리에 모아 선수들 간 의사소통을 유도했으며 권위주의적인 '00선배' '00님'이라는 호칭 대신 아무리 나이가 많은 선배라도 이름을 부르도록 했다. 이를 통해 권위주의를 배제함으로써 협동심을 향상시켰고 이러한 협업체계는 골(goal)로 결실을 맺었다.

② 배려(선수들의 고충을 들어주고 배려해 주는 따뜻한 카리스마): 진정한 리더십은 '따뜻한 카리스마'에서 나온다. 그는 선수선발과 육성에는 냉철하였으나 개인적으로 선수들을 대할 때는 아버지처럼, 형님처럼 행동했으며 선수들의 고충을 수시로 듣고 이를 원활하게 해결해 주어 선수들을 감동시켰다. 그는 진정 차가운 두뇌와 따뜻한 가슴을 가진 전형적인 카리스마 리더였다.

③ 의욕 고취(구성원들에게 자신감을 불러일으켜 주는 카리스마): 자신의 승리 경험, 정확한 판단력, 체계적인 체력강화 프로그램, 강팀과의 평가전 개최 등 여러 수단을 통해 한국 선수들에게 할 수 있다는 자신감을 불어 넣었다. 그는 항상 강조했다. "스스로에 대한 자신감이 중요하다. 자기 능력과 자기 믿음이 분명하고 강해

야 한다. 주어진 목표를 향해 매진할 수 있는 추진력이 필수적이다. 실수해도 좋으니 소심하게 슈팅을 자꾸 미루지 마라. 겁내지 말고 너희들 생각나는 대로 마음껏 해 보라."

④ 꿋꿋한 소신(어떠한 어려움에도 굴복하지 않는 소신의 카리스마): 그는 월드컵 본선을 치르기 직전까지 여러 가지 구설수에 오르내렸다. 프랑스와 체코와의 평가전에서 모두 5대 0으로 참패함으로써 오대영이라는 별명을 갖게 되었다. 또한 대표팀의 전력강화 방안모색을 이유로 한 잦은 외유, 속 시원한 변화를 보여 주지 못한 나이지리아와의 평가전 등을 치르며 히딩크는 국정감사의 도마에까지 올랐다. 그러나 그는 남들이 뭐라 하든 신경 쓰지 않았다. 여론을 수렴하다 보면 자신의 축구 철학이 흔들릴 수 있고 전술적인 완성도 방해받을 수 있다는 것이 이유였다.

⑤ 공정성(압력에 굴하지 않고 실력 위주로 선수를 기용하는 카리스마): 그는 기존 축구계의 고질적인 병폐인 '학연과 지연 위주의 선수 선발'을 철저히 배제했다. 기존 대표팀은 특정학교 출신 선수들이 선발되어졌었고 심지어 감독마저도 유소년팀, 청소년팀, 올림픽대표팀, 국가대표팀 등 특정학교 출신들이 나눠 먹기식으로 부임해 오던 것이 사실이었다. 하지만 히딩크 감독은 철저히 실력 위주로 선수선발을 하였고 기존 스타선수라도 계속적인 자기발전이 없으면 탈락시키는 한편, 이전에 거들떠 보지도 않았던 고졸 출신 선수들도 실력만 있다면 주저 없이 끌어들였다. 이렇게 하여 발탁된 선수들은 그를 실망시키지 않았다.

이러한 히딩크 감독의 리더십은 축구와 무관한 다수의 기업에서 벤치마킹하는 대표적 사례가 되었다(출처: 삼성경제연구소 히딩크식 기업환경 경영, 2002).

사례 **아돌프 히틀러**(Adolf Hitler, 1989.4.20.~1945.4.30.)**의 카리스마 리더십**

1) 주요이력

히틀러는 오스트리아의 하급 세관원의 아들로 태어났다. 민족국가에의 염원이 어릴 때부터 타올랐고 이러한 민족에의 광적인 집념이 싹트기 시작한 히틀러는 제1차 세계대전이 발발하자 독일군에 지원병으로 입대하였다. 독일이 패전한 후 1919년에는 독일노동자당에 가입하였다. 1923년 뮌헨에서 봉기를 획책했으나 실패하고 란츠베르크 형무소에 투옥되었는데 이때 『나의 투쟁』을 출판하였다. 1933년 수상으로 임명되고 일당독재체제를 확립하였으며 나치즘(반유대주의, 백색인종주의, 제국주의, 민족주의 사상)을 당의 공식 이념으로 채택하였다. 정권을 장악한 히틀러는 각종 긴급조치와 법률개정을 통해 독일을 광란의 도가니로 몰고 갔다. 1937년부터 오스트리아, 체코슬로바키아, 폴란드 공격을 시작으로 약 5,000만 명의 희생자를 낸 2차 세계대전을 일으켰다. 패색이 짙어지자 1945년 4월 베를린 함락 직전에 자살했다(네이버 지식백과).

〈아돌프 히틀러〉

2) 히틀러의 카리스마 리더십

히틀러는 뛰어난 카리스마를 가진 리더였으나 바람직하지 못한 방향으로 리더십을 발휘하여 인류 역사에 크나큰 오점을 남긴 리더이다. 그는 뛰어난 웅변술과 인위적인 조작을 통해 강한 카리스마를 연출함으로써 국민들을 현혹시켜 전 독일 국민을 참혹한 전쟁의 구덩이로 몰아넣었다.

① 뛰어난 웅변과 선동을 통한 대중의 열광 유도: 히틀러는 선동가이자 뛰어난 웅변가였다. 그는 자신에 앞서 전체주의 체제를 공고히 한 이탈리아의 무솔리니에게서 대중을 현혹시키는 방식을 배웠다. 유니폼을 착용하거나 팔을 쭉 편 인사법 등이 파시스트 지도자인 무솔리니의 작품이었다. 히틀러의 정치적 리더십은 전적으로 카리스마적 권위에 의한 것이었다. 대중의 심리를 통찰하는 히틀러의 탁월한 선동술은 대중들로부터 자신의 자질을 인정받는 동시에 충성을 유도했다. 그

가 1920년, 당의 1인자의 지위를 확보하고 있던 드레크슬러를 제치고 점차 당내 입지를 굳히게 된 배경에는 그의 능숙한 선동 연설이 있었다. 그는 선동 방법과 말솜씨에 있어 천재적인 재능을 가진 선동의 제왕 괴벨스를 선전부 장관에 임명, 각종 매체를 통해 국민들을 그의 광신도로 변모시켰다. "거짓말도 100번 하면 진실이 된다."는 괴벨스의 말은 그가 얼마나 끈질기게 반복적으로 국민을 세뇌했는지를 단적으로 보여 준다. 괴벨스의 선전 방송을 들은 당시 독일인들은 패전의 상황에서도 승리를 확신했다고 한다.

② 인위적인 조작에 의한 신격화 유도: 히틀러는 카리스마를 얻기 위해 인위적인 조작을 수반했다. 히틀러는 전당 대회 연설과 '국민 라디오'를 통해 미디어를 통제했다. 찰리 채플린이 '위대한 독재자'에서 풍자하고 있듯이, 어린아이를 품에 안고 카메라를 향해 포즈를 취하는 히틀러의 행동은 전 독일 국민의 감성을 자극하는 일련의 계산된 행위였다. 마치 자신이 나라를 구하기 위한 구세주라는 이미지를 부각시켰고, 자신의 초상화 및 흉상을 전국에 설치함으로써 국민들의 충성을 이끌어 냈다. 그는 복장이나 표정을 통해서도 카리스마를 연출하였다. 그가 상대방을 뚫어져라 응시할 때 눈동자에서 신비함이 느껴졌으며 그의 툭 튀어 나온 눈동자에 압도돼 오금을 펴지 못하는 사람이 많았다. 그는 위압감을 나타내기 위해 군복을 즐겨 입었으며, 자신을 신성시하기 위해 뒤쪽에서 빛을 비추게 함으로써 부처님의 후광효과도 연출했다.

이처럼 히틀러의 카리스마적 권위는 '천부적인 웅변술이 인위적인 조작 장치에 의해 증폭되어 형성'되었다고 볼 수 있다. 더 나아가, 그 권위는 선거라는 합법적인 절차를 통하여 법적-합리적 권위를 획득할 수 있었고, 이를 통해 카리스마 권력의 정당성을 확보할 수 있었다(출처: African voices: '위대한 독재자', 아돌프 히틀러).

"인생의 비극은 실패가 아닌 현실 안주에서 시작된다."

– 벤자민 메이스(Benjamin Mays)

2절 변혁적 리더십

1. 변혁적 리더십의 개요

1) 혁신(革新)과 변혁(變革)의 정의

혁신(革新)이라는 단어는 가죽 혁(革)과 새로울 신(新)으로 이루어져 있다. 따라서 혁신은 '가죽을 벗겨 내 새롭게 변신하는 것처럼 고통스럽고 어려운 것'이라는 의미로 해석할 수 있다. 혁신은 '고쳐서 착해진다는 뜻'을 가진 改善(고칠 개, 착할 선)과는 질적으로 다르다. 집을 사례로 들어 볼 때, 개선은 현재의 집을 보수하는 것이며 혁신은 완전히 허문 뒤 새집을 짓는 것을 의미한다. 변혁(變革)은 말 그대로 '어떤 것을 혁신(革新)적으로 바꾸는 것'을 가리키는 말이다.

2) 변혁적 리더십(Transformational Leadership)의 정의

변혁적 리더십이란 '조직변화의 필요성을 감지한 후 그러한 변화를 이끌어 낼 수 있는 새로운 비전을 제시하고, 비전이 지향하는 목표를 달성토록 조직원을 변화시키는 리더십'이라 할 수 있다. 더 쉽게 설명하면 변혁적 리더십이란 '조직의 변화를 이끌어 내는 리더십'이라 할 수 있다. 변혁적 리더십은 단순히 현 상황을 개선하는 것이 아니라, 자신의 특성과 행동 스타일에 맞도록 상황 자체를 변혁하는 것을 더 중요시한다.

3) 변혁적 리더십의 중요성

내외적인 환경변화를 체계적으로 관리하는 것은 기업의 성장과 생존에 필수적이다. 찰스 다윈(Charles Darwin)은 그의 저서 『종의 기원』에서 '지구상에서 마지막까지 살아남는 종(種)은 가장 강한 종도 아니고 가장 똑똑한 종도 아닌 가장 환경변화에 잘 적응하는 종이다.'라고 적자생존(適者生存)을 주장했는데 이를 기업 조직에 대입시켜 보면, '21C에 살아남는 기업은 크고 강한 기업이 아니라, 끊임없이 혁신하는 기업이다.'라고 '혁자생존(革者生存)'론을 주장할 수 있다. 그동안 기업에서 변화를 추진하려는 노력이 없지는 않았으나 비효율적으로 추진된 경우가 많았다. 문제는 경영진이 강도 높은 변화를 요구할 때마다, 많은 구성원들이 변화 노력의 요구가 길어야 2~3년 동안 일시적으로 지속되다가 끝날 것으로 인식하는 데에 있다. 결국 많은 변화의 노력은 실패하거나 소기의 목적을 달성하지 못했다. 따라서 기업은 자신이 처한 환경을 면밀히 분석, 자신에 맞는 변화관리 체계를 구축하고 지속적으로 강도 있게 추진해야 한다.

4) 등장 배경 및 이론의 발전

1980년대를 전후하여 극심한 불황에 허덕이던 미국 기업들은 생존을 위해 전면적인 변혁을 시행해야 했는데 이때 변혁적 리더십 이론이 태어났다. 학자들은 규칙이나 일하는 방법을 분석, 조정하기보다는 보다 중요한 특질, 즉 '비전, 공유되는 가치들 그리고 의식'들을 혁신하는 데 초점을 맞추게 되었다. 변혁적 리더십은 하우스, 콩거 등을 통해 연구되어 오다 번즈(Burns)가 미국을 변화시킨 리더들을 분석한 저서 『역사를 바꾼 리더십』을 통해 체계화하였고 배스에 의해 조직에 활용가능토록 발전되었다.

2. 거래적 리더십과 변혁적 리더십 비교

1) 거래적 리더십

변혁적 리더십은 이전의 모든 리더십 이론들을 거래적 리더십이라고 규정한다. 거래적 리더십은 리더가 부하에게 목표와 그 목표를 달성했을 때의 보상내용을 명확히 알리고, 부하는 보상받을 만큼만 노력하는 과정으로 이뤄지게 된다. 이 리더십하의 구성원들은 업무성과에 대한 보상을 받고, 리더는 일의 완성으로 이익을 얻는다. 즉, 상사와 부하 사이에 거래관계가 성사되는 것이다. 거래적 리더십은 규칙을 따르는 것에 초점이 맞추어져 있기 때문에 리더들은 변화를 촉진하기보다 조직의 안정유지를 중시하게 되며, 부하는 수동적으로 행동하는 한계를 가지고 있다. 이로 인해 거래적 리더십하에서 성과는 잘해 봐야 목표를 달성하는 수준으로 획기적인 향상은 기대하기 어렵다.

2) 변혁적 리더십

변혁적 리더십은 미래의 비전을 강조함으로써 부하들을 리더가 원하는 방향으로 부하의 신념, 욕구, 가치를 변화시켜 궁극적으로 장기적 목표를 초과 달성해 나가는 데 초점을 맞춘다. 이는 일한 만큼의 보상을 통해 부하들의 동기를 유발하려 하는 거래적 리더십과 큰 차이를 보인다. 즉, 부하가 주어진 목표 달성에 안주하는 것이 아니라 목표를 보다 높게 설정하고 이의 달성을 위해 자신을 혁신적으로 변화시키도록 하는 리더십이다. 그러므로 부하들은 거래적 리더십하에서와 반대로 능동적이고 적극적으로 업무에 임하게 된다. 〈표 4-1〉는 거래적 리더십과 변혁적 리더십의 차이를 비교 설명해 준다.

〈표 4-1〉 거래적 리더십과 변혁적 리더십 비교

구분	거래적 리더십	변혁적 리더십
현상	현상을 유지하기 위해 노력함	현상을 변화시키고자 노력함
목표지향성	현상과 괴리되지 않은 목표지향	현상보다 매우 높은 이상적인 목표지향
효과시점	단기적	장기적
동기부여 전략	부하들에게 즉각적이고도 가시적인 보상으로 동기부여	부하들에게 자아실현과 같은 높은 수준의 개인적 목표를 동경하도록 유도
문제해결	부하들을 위해 문제를 해결하거나 해답을 찾을 수 있는 곳을 알려 줌	질문을 하여 부하들이 스스로 해결책을 찾도록 격려하거나 함께 일함

3. 변혁적 리더십 4대 실천전략

배스에 따르면 변혁적 리더는 다음 4가지 형태의 행동으로 리더십을 실천한다.

1) 이상적 영향력(idealized influence) 행사

카리스마와 동의어인 이상적인 영향력(理想的 影響力)이란 구성원들로 하여금 리더 자신이 제시하는 비전을 따르도록 만드는 특별한 능력을 말하는데, 리더가 이를 보유할 때 강력한 리더십이 발휘된다. 즉, 리더가 이상적이고 성취 가능한 비전을 가지고 있고, 높은 수준의 업무 능력과 도덕성 그리고 존경받을 만한 인품을 보유하고 있으면 구성원들이 리더를 롤 모델(role model)로 삼고 동일한 인물이 되고 싶어 하게 된다. 이러한 영향력 없이 자신만을 따르도록 한다면 그 효과는 한계에 부딪히게 될 것이다.

사례 아이아코카(Iacocca)의 이상적인 영향력 행사

이상적 영향력을 행사할 때 꼭 필요한 자기희생을 드라마처럼 실천해 조직 구성원 모두에게 감동을 준 인물이 클라슬러 회장이었던 아이아코카다. 그는 파산지경에 이른 클라슬러를 회생시키기 위해 국회에 구제 금융을 요청할 때 자신의 연봉을 1달러만 받겠다고 선언했다. 기업의 고통을 공유하겠다는 자기희생의 상징인 셈이다. CEO의 자기희생이야말로 위기 상황에서 조직 구성원들에게 힘과 열정을 만들어 줄 수 있는 가장 강력한 수단이다. 직원들은 리더의 자기희생을 보면서 스스로 결전의 의지를 다지고 주인의식을 유지할 수 있다.

2) 영감적 동기부여(inspirational motivation)

영감(靈感; Inspiration)이란 '신의 계시를 받은 것 같은 느낌'을 의미하므로, '영감적 동기부여란 구성원들로 하여금 신의 계시를 받는 듯한 느낌의 매우 높은 동기 유발'을 의미한다. 지시와 독려만으로는 조직 구성원들을 변혁시킬 수 없다. 구성원들의 동기를 자극할 만한 매력적인 비전 제시와 고무적인 격려를 통해 구성원들이 변화에 몰입하도록 열정을 쏟아야 한다.

3) 지적 자극(intellectual stimulation)

지적(知的) 자극이란 새로운 아이디어, 새로운 방법론은 찾아내도록 독려하는 것으로 구성원 스스로 변혁토록 장려하는 행위를 말한다. 지적 자극이 잘 된 구성원들은 과거 업무방식에 대해 의문을 제기함으로써 조직 내 문제점을 스스로 찾아내 혁신적인 방법을 개발하게 된다. 이런 활동들은 경쟁사보다 탁월한 제품과 서비스를 만들어 낼 수 있어 궁극적으로 더 높은 성과를 창출하는 데 큰 도움이 된다. 이를 위해 리더는 지속적으로 구성원들에게 학습하고 문제를 찾아낼 수 있는 분위기와 문화를 구축해야 한다.

4) 개별적인 배려(individualized consideration)

리더들은 자신이 속한 구성원들 전체에 대해서 일괄적으로 관심과 배려를 하는 경우가 많다. 그러나 사람은 각자 처한 상황이 달라 그러한 배려는 그다지 효과가 크지 않을 때가 많으므로, 부하를 1:1 관계에 기초하여 개별적으로 세심하게 다루어야 한다. 익숙하지 않은 업무를 하는 직원들에게는 숙련될 때까지 개별적으로 코치와 조언자 역할을 수행하고, 어느 정도 업무에 능숙함을 보이는 직원들에게는 과감히 권한을 위임한다. 또한 업무 외적인 것, 즉 사적인 애로사항을 직극 청취하고 이를 해결해 주려는 노력도 병행해야 한다.

4. 거래적 리더십과 변혁적 리더십 4대 전략과의 관계

거래적 리더십은 독자적인 리더십 이론이 아니라 변혁적 리더십의 우월성을 강조하기 위해 만든 상대적 이론이다. 고로 거래적 리더십과 변혁적 리더십은 어떤 일을 이루어 내는 데에 있어서 반대되는 관계가 아니라 보완적 관계로 인식되어져야 한다.

즉, 변혁적 리더십은 거래적 리더십을 바탕으로 달성될 수 있다. [그림 4-2]는 거래적 리더십과 변혁적 리더십 4대 전략과의 관계를 나타낸 것이다. 거래적 리더십은 기대된 성과만 달성할 수 있으나 여기에 변혁적 리더십 4대 전략을 추가하면 기대를 초월한 성과를 달성할 수 있음을 보여 주고 있다.

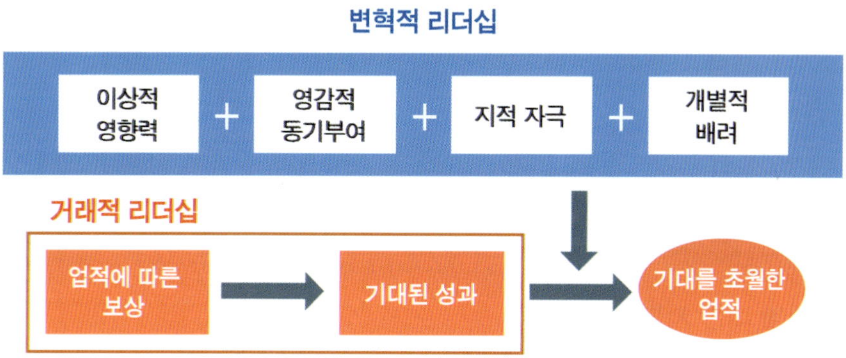

[그림 4-2] 거래적 리더십과 변혁적 리더십 관계도

5. 변화저항과 저항관리

대부분의 조직은 변화를 계획하고 실천하는 과정에서 저항(抵抗)에 부딪힌다. 이러한 저항은 변화과정의 필연적인 반작용이므로 그 본질과 개념을 명확히 파악하여 적절한 대응을 해야 한다.

1) 저항 원인

① **새로운 업무 방식에 대한 두려움:** 인간은 기본적으로 변화를 싫어하는 특성이 있다. 현재 익숙해져 있는 방식을 버리고 굳이 새로운 일을 힘들게 배우기를 싫어한다. 더구나 새로운 상황에 적응할 때까지는 업무량이 과거보다 많아지게 되므로 변화를 더욱 저항하게 만든다.

② **기득권 상실과 경제적 위협:** 조직이 변화하면 직위의 이동이나 변경이 있을 수

있고 심지어 직위가 불필요해지기도 한다. 기존에 가지고 있는 지위와 권력을 잃게 되는 사람들은 변화에 저항할 가능성이 높다. 또한, 변화가 조직에는 이익이 될지 몰라도 개인의 수입이 줄거나 직업의 안정성에 문제가 될 수 있는데 이 경우에도 당연히 저항하게 된다.

③ **변화에 대한 인식 부족:** 변화의 필요성을 모를 경우, 변화의 목적이 불명확할 경우는 물론, 변화에 대한 커뮤니케이션이 부족할 경우에도 저항이 발생할 수 있다.

④ **위기의식의 부재:** 현재 잘되고 있으므로 향후에도 문제가 없을 것이라는 식의 위기의식이 부족할 경우에도 변화를 원하지 않게 된다.

2) 변화에 대한 저항 극복방안

① **변화의 필요성 강조 및 위기의식 고취:** 변화의 필요성을 구체적으로 설명해야 하며, 무엇보다도 변화를 하지 않았을 때 조직과 개인에게 어떤 위기가 닥칠 것인가를 인식시키는 것이 중요하다.

② **커뮤니케이션 강화:** 의사소통의 강화는 구성원들에게 변화의 필요성을 인식시켜 주고 변화에 대한 헛소문, 오해를 예방한다. 리더가 혁신의 전 과정에서 반복적이고 설득력 있는 의사소통을 할 때 구성원들은 일체감을 갖게 되며 궁극적으로 원하는 변화를 할 수 있다.

③ **구성원 참여 확대:** 변화의 설계 단계는 물론 시행 모든 단계에 구성원들을 참여시켜야 한다. 이는 구성원 자신들에게 변화를 주도하고 있다는 생각을 심어 주게 되어 변화관리에 적극적인 동참을 이끌어 낼 수 있다. 한발 더 나아가 혁신 실행에 대한 아이디어를 적극적으로 요청한다면 그만큼 더 책임감을 느끼게 될 것이며 이로 인해 저항은 없어지게 될 것이다.

④ **인센티브/페널티 제도 시행:** 변화관리에 성공한 사람에게는 물질적, 정신적 포상(인센티브)을 하고, 그렇지 못하는 사람에게는 보상을 줄이거나 질책하는 등의 페널티를 준다.

⑤ **적극적인 지원**: 적절한 투입 없이 좋은 결과를 기대할 수 없다. 리더는 혁신에 필요한 모든 자원, 즉 인력, 자금, 설비 심지어 정신적인 칭찬과 배려까지 아낌없는 지원을 하여야 변화를 성공시킬 수 있다.

⑥ **강제력 행사**: 아무리 저항을 없애려는 노력을 해도 통하지 않을 경우 강등, 해고와 같은 위협을 가하여 구성원들의 저항을 극복할 수 있다. 그러나 이런 강경조치는 조직 분위기를 경직시키는 부작용을 초래하므로 불가피한 경우가 아니면 취하지 않는 것이 바람직하다.

6. 변화관리 성공전략

진정한 리더가 되려면 불확실성하에서 변화에 대처하는 능력을 키워야 한다. 기업 내외적 환경특성이 바뀔 경우는 물론, 내외적 변화가 없다 할지라도 경영자가 필요하다고 판단될 경우, 리더는 경쟁적 우위를 확보하기 위해 조직의 전략, 구조, 시스템, 그리고 문화를 바꾸어야 한다. 변화관리란 '목적을 달성하기 위해 조직 구성원의 의식, 행동 그리고 업무 수행방식을 원하는 방향으로 바꿔 가는 모든 관리활동'을 말한다.

1) 르윈(Lewin)의 조직변화 3단계

르윈은 변화란 '부적합하게 고착화된 형태를 녹여(해빙: 解氷), 바람직한 새로운 형태로 만든 다음(변화: 變化), 이를 단단하게 재고정(재결빙: 再結氷)하는 것'이라는 조직변화 3단계를 주장했다([그림 4-3]).

[그림 4-3] 르윈의 조직변화 3단계

① 해빙(Unfreeze): 부적합하게 굳어진 형태를 녹이는 단계, 즉 새로운 운영체계 구축을 위해 기존의 현상(사고, 행동, 접근방식)을 모두 깨 버리는 단계이다. 이 단계의 핵심은 구성원들에게 조직구조, 기술, 행동양식 등 기존의 관습과 제도가 가진 문제점을 부각시키고, 환경변화에 조직이 새롭게 대응해 나갈 것을 강조하는 것이다.

② 변화(Change): 녹여진 상태를 바람직한 형태로 다시 만드는 단계, 즉 실제로 변화시키는 단계이다. 리더는 변화가 자신들에게 유리하다는 확신을 구성원에게 심어 줌으로써 의도하는 방향으로 조직원 행동양식을 바꿔야 하고 조직 변화를 효과적으로 수행할 수 있는 기법도 개발해야 한다. 이 시기에 조직은 일시적인 업무 효율 감소를 경험하게 된다.

③ 재결빙(Refreeze): 굳어진 형태가 원상태로 다시 녹지 않도록 견고히 하는 단계, 즉 변화노력에 의해 새로이 형성된 가치관과 행동을 계속 반복, 강화함으로써 영구 패턴으로 정착하는 단계이다. 리더는 새로운 변화가 조직문화에 스며들어 체질화할 수 있도록 관련 제도를 잘 정비해야 한다.

2) 존 코터(Kotter, J. P.)의 조직변화 8단계

하버드대 교수인 존 코터는 6~8년여 동안 조직의 변화관리를 수행하여 실패하거나 성공한 100여 개 회사들을 집중 분석하여 르윈의 3단계를 8단계로 세분화하였다.

① **위기감 조성**: 변화관리 단계에서 위기감을 조성하는 것이 매우 중요하다. 현실 안주를 방치할 경우 구성원들 참여도가 낮아 변화관리에 실패할 수 있기 때문이다. 기업 50% 이상이 이 단계에서 실패하므로 향후 다가올 위기를 구성원들에게 정확히 전달하여 변화에 적극 참여토록 해야 한다.

② **강력한 변화 선도팀 구성**: 강력한 추진 구심체를 갖추지 못한 변화의 노력은 단기간의 진전을 보일 수 있지만, 변화에 대한 저항세력이 결집되면 개혁은 바로 중단되고 만다. 변화의 구심체는 기존 조직체가 아닌 특별조직을 구성하는 것이

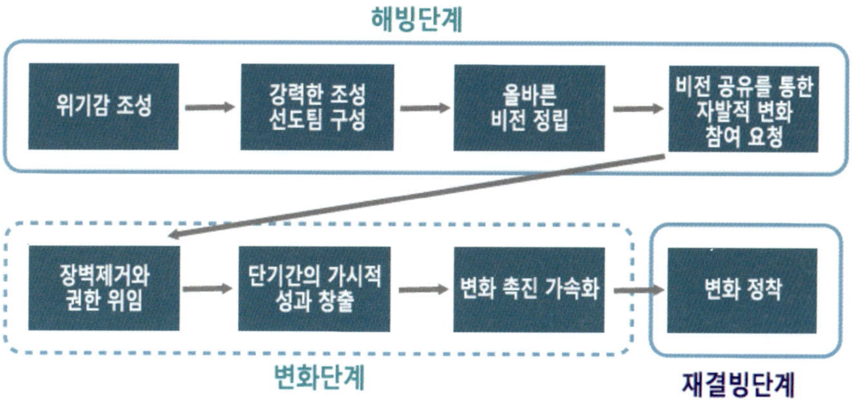

[그림 4-4] 존 코터의 변화관리 8단계

일반적이다.

③ 올바른 비전 정립: 변화에 실패한 기업을 보면 개혁의 절차, 방법 등은 상세히 구성되어 있으나 기업의 비전이 결여된 경우가 많다. 비전은 5분 안에 설명할 수 있는 간결한 문장이 필요하다.

④ 비전 공유를 통한 자발적 변화 참여 요청: 비전을 정립했어도 이를 전 구성원들에게 공유시키지 않을 경우, 즉 경영진만 비전에 심취하고 대부분은 무관심할 경우 비전은 무용지물이 된다. 그러므로 비전을 구성원들에게 확실히 전달하여 그들의 마음속에 각인시켜야 한다.

⑤ 장벽 제거와 권한위임: 리더는 비전 달성에 방해되는 장애물이 발견되면 제거시켜 주어야 한다. 한발 더 나아가 적극적인 권한위임을 통해 구성원들이 새로운 시도, 새로운 아이디어를 개발할 수 있는 여건도 마련해 주어야 한다.

⑥ 단기간의 가시적 성과 창출: 리더가 큰 꿈에만 사로잡혀 단기적 성과를 보여주지 못하면 많은 사람들이 변화를 쉽게 포기하거나, 저항하게 된다. 그러나 단기성과를 보여 준다면 변화 가능성을 믿고 적극적으로 변화에 동참할 수 있다.

⑦ 변화 추진 가속화: 단기적인 성과로 형성된 신뢰를 활용해서 더욱 방대한 새로

운 변화 프로그램을 도입한다. 즉, 성공에 대한 자만과 안주를 경계하고 후속변화에 과감히 도전함으로써 변화를 가속시킨다.

⑧ **변화 정착**: 마지막 단계는 앞의 7단계가 확고한 조직문화로 정착되도록 필요한 모든 조치를 하는 단계이다. 새로운 행동이 조직 내 공유가치로 뿌리내리지 못하면, 변화 압력이 제거되자마자 조직은 원상복귀하게 된다.

3) 계층별 변화관리 성공전략

최고 경영자부터 말단 조직원까지 모두 변해야 궁극적인 목표를 달성할 수 있다. 변화관리를 성공적으로 수행하기 위한 계층별 전략을 소개한다.

① **최고 실권자(강력하고 효과적인 리더십 발휘)**: 어떤 조직이건, 어떤 일이건 성공 여부는 최고 지도자의 의지에 달려 있다고 봐야 한다. 조직 구성원들은 자신을 평가하는 사람의 생각이 틀려도 인사권력 때문에 그의 의지를 따르는 속성을 가지고 있기 때문이다. 최고 지도자는 반드시 변화를 이루겠다는 강한 신념을 구성원들에게 인식시켜야 한다. 아울러 변화에 대한 구체적인 방향을 제시해 주어야 하며, 변화관리 과정의 현 위치도 알려 주어야 한다. 또한 어디에서 성과가 우수하며 어디에서 성과가 저조한지, 어떠한 지원을 해 주어야 하는지 깊숙이 이해하고 직접 챙겨야 한다.

② **변화주도팀(변화의 구체화)**: 변화주도팀은 변화 추진방향과 이에 대한 세부실행계획을 수립하고 이를 충실히 전개해야 할 뿐 아니라, 변화에 따른 문제점들도 해결해 나가야 한다. 변화주도 태스크포스팀 설치 시 가장 중요시해야 하는 점은 현업 부서에서 가장 능력 있는 핵심인력을 차출해야 한다는 것이다. 비핵심 인력으로 구성된 변화주도팀은 팀의 질을 떨어뜨려 실패할 확률이 높아진다. 이때 리더는 이 조직이 경영진이 추구하고자 하는 변화의 구심체가 될 수 있도록 강한 힘을 실어 주어야 한다.

③ **중간관리자(변화의 실행)**: 변화관리의 전략을 수립하는 건 최고 경영진이지만,

최고 경영자와 구성원들 사이에서 변화를 조직에 스며들게 하는 것은 중간관리자의 몫이다. 전체 구성원들을 잘 독려하여 변화를 이끌어 나가야 하며, 최고 지도자의 지시와 구성원들의 애로사항 사이에서 갈등을 풀 수 있는 가교역할을 해야 한다. 무엇보다 직원들을 변화로 이끌어 내기 위해서는 중간관리자의 솔선수범이 중요하다.

④ **구성원(전 직원의 참여)**: 변화가 진행되는 동안 꾸준히 전 직원의 참여를 유도해야 한다. 변화관리 성공의 핵심요소는 직원들의 제안을 듣고 이를 변화 프로그램에 반영시키는 것이다. 최고 지도자와 변화전담팀에서 아무리 좋은 변화프로그램을 개발했다 할지라도 구성원들이 등을 돌린다면, 설사 등을 돌리지 않는다 할지라도 변화의 내용을 모르면 원하는 변화를 기대할 수 없기 때문이다.

사례 박정희(1917.11.14.~1979.10.26.)의 변혁적 리더십

고(故) 박정희 대통령에 대한 평가는 극단적으로 엇갈린다. 그는 독재를 통해 민주주의를 후퇴시킨 과오를 범했으나 대한민국 경제발전을 획기적으로 이룬 변혁적 리더였다. 그의 집권 18년(1961~1979년) 동안 경제성장률 연평균 9.2%의 고도성장을 이룩했다. 이에 따라 1961년 85달러이던 1인당 국민소득은 그가 세상을 떠나던 1979년에는 1,747달러로 20배나 뛰어올라 당시 최빈국이었던 대한민국을 오늘날 세계 10대 경제강국으로 도약하는 토대를 세웠다. 반면, 비슷한 시기 집권하여 장기 독재를 한 북한의 김일성과 필리핀의 마르코스는 그들의 나라를 최빈곤국으로 전락시켰다. 고(故) 박정희 대통령은 개발도상국들의 무수한 독재자들 중 거의 유일하게 경제를 발전시킨 인물이다. 에즈라 보걸 하버드 명예 교수는 2011년 『박정희 시대: 한국의 변혁』이란 저서에서 "박정희 전 대통령은 높은 애국심과 강한 비전을 갖고 경제 발전을 이루었다는 점에서, 중국의 덩샤오핑과 공통점이 있으며 지난 수십 년만 놓고 보면 한국이 일본을 이겼는데, 그 바탕에는 박정희의 강력한 리더십이 있었다."고 주장했다. 박정희 전 대통령의 경제 리더십을 조갑제닷컴의 '박정희 리더십 12계명' 중 일부를 통해 소개한다.

1) 철저한 확인과 일관된 실천: 경제에 대해 계획수립에 20%, 실천과정 확인에 80%의 시간을 썼다고 한다. 중앙부처 및 지방 순시 등 현장시찰을 자주한 것도 집행의 확인과 사기진작을 위한 것이었다.

2) 국민의 각성과 참여 유도: 국민들이 자조(自助)정신을 발휘하여 자발적으로 경제 부흥에 참여하도록 유도했다. 그는 경부고속도로 건설 같은 눈에 뜨이는 구체적 업적을 통해서 국민들의 체념을 자신감으로 교체해 갔다. 의욕을 불어넣기 위해 '새마을 노래', '나의 조국'도 직접 작사 작곡했다.
3) 정부는 맏형, 기업은 전사(戰士): 경제 관료와 기업인이 이견을 보이면 대부분의 경우 기업인 편을 들어주었다. 그는 정부 주도형 경제개발정책을 채택했으나 기업이 엔진이고, 경제전선의 전사는 기업인이라고 생각했다. 그는 기업인을 존중해 주었고, 기업인은 대통령은 우리 편이라고 생각했다.
4) 경제발전 우선주의: 경제발전이 결국은 안보와 민주주의 발전으로 연결될 것이라고 생각하고 先 경제발전, 後 민주화의 소신을 굽히지 않았다. 독재에 대한 비난에 대해서는 '내 무덤에 침을 뱉어라'로 대응했다.
5) 시장의 한 멤버로서의 정부: 朴대통령 시절의 정부는 시장의 일원으로서 시장기능을 촉진시키는 역할을 했다. 전력, 철강 등 민간 기업이 감당하기 어려운 부분은 정부가 공기업을 만들어서 맡아서 하되 경영은 민간기업 방식으로 운영되도록 했다. 관치(官治)경제가 아니라 대통령이 CEO로 뛴 주식회사 대한민국이었다.

사례 **GE의 경영혁신**(변화관리)

1) GE 개요 / 잭 웰치(Jack Welch, 1935~2020) 주요이력

1876년 에디슨(Edison)이 설립한 GE는 1970년대까지 사업 다변화를 통한 성장전략을 추구한 결과, 150개가 넘는 방대한 사업 분야를 가진 복잡하고 거대한 사업집단을 형성하게 되었다. 방만한 조직과 비효율적인 경영으로 GE는 곧 큰 위기에 직면하게 되었다. 잭 웰치는 1935년 매사추세츠 주에서 태어났다. 일리노이 대학교에서 박사학위를 취득한 해에 GE에 엔지니어로 입사했다. 1972년에 부사장으로 승진, 1979년에는 부회장직을 맡았으며, 1981년에는 GE 역사상 최연소 회장 겸 최고 경영자가 되었다. GE는 위기에 빠진 기업회생을 위해서 보수적인 선임 부회장들은 제쳐 놓고, 공학박사 출신의 젊고 과감한 성격의 웰치를 선택한 것이다. 그는 1999년 『포춘』지에서 "20세기 최고의 경영자"로 선정되었다.

2) GE의 경영혁신

GE는 경영혁신을 2단계로 시행하였는데 H/W 혁신(사업과 조직 혁신)과 S/W혁신(의식과 업무 수행능력 혁신)이 바로 그것이다.

〈1단계 혁신(Hardware 개혁)〉

사업 분야의 재편과 조직 재정비로 설명되는 GE의 Hardware 혁신은 다음과 같은 5가지 전략으로 구성되었다.

① No.1 or No.2 전략: 객관적 평가에 따라 경쟁력이 세계에서 1위 또는 2위인 사업(500억 불 규모)만을 남겨 놓고 나머지는 처분하였다.
② 3가지 주요 사업에 역량집중: 시너지 효과를 높이기 위해 핵심사업, 서비스사업, 첨단 기술 사업에 포함되지 못한 사업들은 처분하거나 정리하였다. 그 결과 150개 넘는 사업 분야가 13개로 축소되었다.
③ 적극적 감량경영: 불필요한 기구를 통폐합하고 적극적이고 창의적인 간부에게는 성장기회를 제공하는 반면 무사안일한 자세의 간부는 정리하였다. 이 기간 동안 GE의 총 인원은 40만 명에서 30만 명으로 감축되었다.
④ 관리계층의 단순화: 최고 경영자와 평사원 간의 계층간격을 10~15개 계층에서 평균 4계층으로 극소화하였다.
⑤ 자율경영체제 구축: 대기업의 강점(기술력, 인력, 자금)을 최대한 활용하되 각 사업부의 경영은 중소기업 방식으로 운영하여 신속성과 신축성을 추구하였다.

〈2단계 혁신(Software 개혁)〉

Hardware 개혁과 동시에 종업원 의식을 변화시키는, 즉 기업풍토 혁신운동을 전사적으로 추진하게 되었는데 이것이 2단계 Software의 개혁이다. 이 운동을 통해 GE를 지구상에서 가장 비관료적이고 장벽이 없는 조직으로 변신시켰다.

① 의식개혁: 상사 위주의 미팅 방식을 사원과 상사가 자유롭게 토론함으로써 좋은 아이디어를 도출할 수 있는 미팅방식(town-meeting)으로 변모시켰다. 아울러 불합리한 낭비요소를 일상 업무에서 제거하는 워크아웃(work-out) 운동도 적극 추진하였다.
② 적극적인 벤치마킹[2]: 우수 경쟁사는 물론, GE 내 다른 우수 부서로부터 우수사례(best practice)을 적극적으로 벤치마킹하게 함으로써 단기간에 관리수준을 향상시켰다.

③ 6시그마 경영혁신: 6시그마란 제품 100만 개당 3.4개 이하의 불량이 나오는 최고 수준의 품질을 의미한다. GE는 제품 품질뿐 아니라 영업, 관리, 서비스, 구매, 지원, 개발 등 기업 활동 전 분야에 이러한 개념을 도입해 모든 프로세스 수준을 6시그마 개념까지 끌어올리는 6시그마 경영혁신운동을 전개하였다.

④ 변화의 가속화: GE의 모든 경영자와 관리자를 변화의 리더(Change leader)로 육성하여 전 분야에서 변화를 가속화시켰다. 또한, 조직원들에게는 변화가 자신들의 힘으로 일어날 수 있다는 것을 느낄 수 있도록 교육하여 혁신이 조직의 상하좌우에서 동시에 이루어지게 하였다.

이러한 활동을 통해 1981년에서 1990년 사이에 인당 생산성이 320% 성장하였고 시가총액이 30배로 증대되었으며 전통적인 제조업 비중이 크게 줄어드는 대신 기술 산업과 서비스 산업부분이 확대되는 결과를 가져왔다(출처: 월간 인재경영, 2008.06.).

심화학습

1. 적극적인 벤치마킹을 통해 경쟁사의 수준을 뛰어넘은 사례를 들어 보자.

2. 자신의 약점을 살펴보고 벤치마킹을 통해 단기간에 개선시켜 보자.

2) 벤치마킹(bench marking): 벤치마킹이란, "경쟁상대의 우위요소를 분석하고 모방하여 단기간에 자신의 역량을 끌어올리는 경영혁신 활동"을 말한다. 최고수준의 경쟁사를 따라잡으려면 많은 시간을 필요하나 벤치마킹을 하면, 즉 경쟁사의 우수한 프로세스를 모방하여 자사에 뿌리내리는 변화관리를 하면 단기간에 경쟁사와 비슷한 수준까지 다다를 수 있다. 이러한 벤치마킹 결과를 바탕으로 하여 자사의 프로세스를 적극 혁신시킴으로써 경쟁사와 동일한 수준에 오르거나 심지어 압도할 수도 있다.

Chapter

5 셀프 리더십과 슈퍼 리더십

팔로워 본인이 자신의 리더가 되어 스스로 통제하고 행동하는 것을 셀프 리더십, 리더의 입장에서 팔로워들이 셀프 리더가 되도록 지원하는 것을 슈퍼 리더십이라고 한다.

| 1절 | 셀프 리더십

| 2절 | 슈퍼 리더십

"스스로 깨면 병아리가 되지만 남이 깨면 계란 후라이가 된다."

1절 셀프 리더십(self leadership)

1. 개요

1) 셀프 매니지먼트(self management): 자기관리

셀프 매니지먼트(자기관리)란 '자신의 발전을 위해서 스스로를 훈련하고 조절하는 행위'를 의미하며, 이를 통해 더 나은 나로 발전시킬 수 있다. 피터 드러커는 『21세기의 지식경영』에서 "보다 나은 삶을 소망하는가? 그렇다면 먼저 자기 자신부터 돌아보라!" 하며 자기관리의 중요성을 강조한 바 있다.

2) 셀프 리더십(self leadership)

셀프 리더십이란 셀프 매니지먼트를 리더십의 개념으로까지 확대 발전시킨 개념으로 다른 사람을 효과적으로 리드하기 위해서는 자신을 먼저 리드할 줄 알아야 한다는 것을 기본 전제로 한다. 셀프 리더십에 대한 가장 일반적인 정의는 "리더가 구성원들에게 실행하는 일반적인 리더십과 달리, 자기 자신에게 실행하는 리더십"이라 할 수 있다. 다시 말해, 셀프 리더십은 '보다 높은 욕구를 스스로 자극함으로써 자기 자신에게 지속적인 영향력을 행사하는 자기경영 마인드'이다. 이러한 셀프 리더십은 개인의 특성이므로 개인에 따라 차이가 있으며 학습에 의해 발전될 수 있다.

2. 이론의 등장 배경

20세기 후반부터 세계가 복잡해지고 정보화 사회가 급진전되면서 조직은 수평조직, 유연조직으로 바뀌었고 학력이나 위계질서보다는 창의력과 성과위주의 경영으로 바뀌게 되었다. 이와 같은 환경의 변화는 리더 몇 사람과 명령만 하달받는 구성원들로 이끌어 가는 경영은 한계에 봉착하게 만들었다. 리더의 도움 없이 구성원 스스로 주인의식을 가지고 적극적으로 조직을 이끌어 나가는 리더십이 필요하게 된 것이다. 이러한 흐름은 셀프 리더십을 출현시켰는데, 이는 리더십의 관점이 리더에게서 조직 구성원에게로 옮겨져야 함을 뜻한다.

3. 전통적 리더십과의 비교

전통적 리더십과 셀프 리더십의 뚜렷한 차이는 외부통제와 내부자율이다. 전통적 리더십과 달리 셀프 리더십은 인간 내면의 자기 통제 시스템을 자극하여 스스로 동기를 유발하게 한다는 차이가 있다. 〈표 5-1〉은 두 이론의 차이를 보다 구체적으로 비교 설명해 준다.

〈표 5-1〉 전통적 관리기능과 셀프 리더십

전통적 관리기능	셀프 리더십
외부관찰	자기관찰
주어진 목표	자기설정 목표
외부 보상에 의거한 열의	일 자체의 자연적인 보상에 근거한 열의
외부로부터의 비판	자기비판
외부로부터의 문제해결	스스로의 문제해결
조직비전에 의존	종업원이 함께 창조한 비전에 헌신

출처: Manz & Sims(1995).

4. 셀프 리더에 요구되는 능력

셀프 리더십을 구현하기 위해서는 [그림 5-1]과 같이 4가지 능력이 요구된다.

1) 자기이해

자기이해의 핵심은 자기의 능력을 파악하는 것, 즉 자기 자신을 아는 것이다. 자신의 장점과 단점, 성격적 특성, 가치관 그리고 행동 특성을 파악하고 이해하는 것이다.

2) 자기통제능력

사람들은 자기가 원하는 생각, 감정, 행동 등을 함부로 행해서는 안될 경우가 많다. 이러한 것들이 자신뿐만 아니라 주변에도 문제를 일으킬 수 있기 때문이다. 따라서 이러한 요소를 중심으로 스스로 원하는 방향으로 자기를 통제하고 조절해야 한다.

3) 자기주도능력

자기주도란 남에게 끌려다니거나 우유부단한 행동을 하는 게 아니라, 내가 주인이 되어 나를 이끄는 특성을 말한다. 주도적이지 못한 사람은 기분, 분위기, 그리고 주변 여건에 따라 행동한다. 이에 반해 주도적인 사람은 심사숙고하고 자신의 내면화된 가치기준에 따라 행동한다.

4) 자신감

자신감은 '할 수 있다'는 도전적이고 긍정적인 자세를 말한다. 그러기 위해서는 작은 성취경험에 대해서도 스스로 축하하고 자신의 유능함을 느낄 수 있어야 한다. 이러한 자신감은 결국 힘들고 어려운 여건 속에서도 당당하게 대처할 수 있는 힘을 가지게 한다.

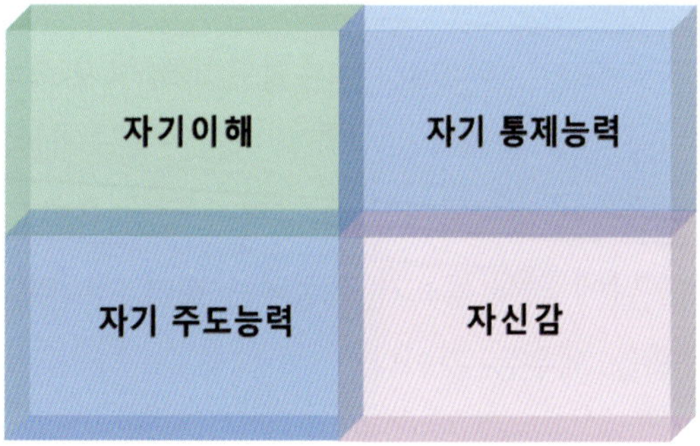

[그림 5-1] 셀프 리더에 요구되는 능력

5. 셀프 리더십 정착을 위한 개인차원의 실천전략

개인적으로 셀프 리더십을 학습하고 실천할 수 있는 행동 개발전략과 건설적 사고 개발전략을 소개한다.

1) 행동 개발전략

자신의 행동과 그 결과를 관찰하여 셀프 리더십을 발전시키는 방향으로 자신의 행동을 변화시키는 것을 말한다. 바꿔 말하면, 사람들이 행동을 할 때 어떤 기준을 가지게 되는데 그 행동의 결과가 자신의 기준과 불일치할 경우, 불일치를 없애기 위해 스스로 자신의 행동을 바꾸는 것이다.

① **자기관찰(self-observation)**: 변화가 필요한 자기 자신의 행동을 관찰하는 것을 말하는데 이를 분석함으로써 자신이 무엇을 어떻게 바꿔야 하는지에 대한 실마리를 발견하게 된다.

② **자기존중(self-respect)**: 자신이 가치 있는 소중한 존재이고 어떤 성과를 이루어 낼 만한 유능한 사람이라고 믿는 마음이다. 자존감(自尊感)으로도 부르는데 자존감이 높은 사람은 자신에게 닥친 어려움과 문제를 슬기롭게 대처하고 자신감을 갖는 반면, 자존감이 낮은 사람은 쉽게 자기 자신을 포기하게 되고 일에

대한 의욕도 낮다.

③ **자기설정 목표(self-goal setting)**: 목표설정이론(제10장. 동기부여 참조)에 의하면 인간의 성취에 가장 직접적인 영향을 미치는 변수가 목표라고 한다. 목표는 그것이 인간의 마음속에 받아들여질 때 강력한 동기 유발요인이 되기 때문이다. 이때 중요한 것은 남에 의해 목표가 결정되는 것이 아니라 스스로 구체적이면서도 도전적인 목표를 세우는 것이다.

④ **자극에 의한 관리(management of clue)**: 바람직한 행동을 유도하는 자극을 많이 받도록 하여 동기를 유발시키는 행위를 말한다. 자극을 받기 위해 벽에 붙인 격문, 간단한 팻말, 표지 등의 것에서 일일 점검 목록에 이르기까지 다양한 통제 수단을 사용한다. 이것들은 개인의 주의를 환기시키고, 새로운 의욕을 주기도 하며, 잊기 쉬운 사항을 기억하게 해 주는 역할을 한다.

사례 **자극에 의한 통제, 와신상담**

와신상담(臥:누울 와, 薪:섶나무 신, 嘗:맛볼 상, 膽:쓸개 담)은 '장작 위에 누워 자고 쓰디쓴 쓸개를 맛본다.'는 뜻의 고사성어로 복수나 어떤 목표를 이루기 위해 자신을 자극함으로써 어떠한 역경도 이겨 낸다는 말이다. 춘추전국시대 오나라와 월나라가 서로 대립했을 때 생긴 고사성어로 사마천의 『사기』에 기술되어 있다. 오왕 합려는 월왕 구천을 공격하다가 대패하고 전사했는데, 아들 부차가 이를 원통해했다. 부차는 매일 밤 '가시가 많은 장작 위에 누워 잠을 청하면서 복수를 다짐'했다(와신: 臥薪). 그는 매일 밤 눈물을 흘리며 아버지의 원한을 되새긴 끝에 월을 침공하여 구천을 굴복시키는 데에 성공했다. 이때 굴욕을 맛본 구천 또한 치욕을 잊지 않기 위해, 방 천장에 '쓰디쓴 쓸개를 매달아 놓고 매일 핥으면서 복수를 다짐'했다(상담: 嘗膽). 결국 구천은 오를 함락시키고 부차를 자결하게 만들어 복수에 성공했다.

⑤ **자기보상(self-reward)**: 바람직한 행동을 해냈을 때 그것에 대해 자기 자신이 가치 있게 여기는 보상을 자기 자신에게 제공하는 것이다. 스스로에게 "너는 참 잘했어. 너에게 상으로 2박3일 여행을 보내 줄게"라는 식이 필요하다. 자기보상

에 있어 가장 강력한 것은 물질적 보상이 아니라 '인정, 참가의 기회부여, 도전 기회, 중요한 일을 하고 있다는 느낌' 등의 정신적 보상이다.

⑥ **자기처벌(self-punishment)**: 바람직하지 못한 방법으로 행동했을 때 자신에게 일정한 벌을 가함으로써 실수를 반복하지 않도록 하는 것이다. 그러나 자기처벌이 지나치게 되면 동기 유발이나 노력을 손상시킬 수 있는 '파괴적 자기처벌'이 된다. 따라서 실패의 원인을 분석하고 그로부터 교훈을 얻어 다시는 실패하지 않도록 노력하는 '건설적 자기 처벌'이 바람직하다.

심화학습 스티븐 코비(Stephen Covey)의 개인의 잠재력 개발

셀프 리더십 수준을 향상시키는 또 다른 방법으로 스티븐 코비의 잠재력 개발 방법이 있다. [그림 5-2]와 같이 개인의 잠재력은 의존에서 독립, 독립에서 상호의존으로 나아가는 7가지 습관을 기름으로써 극대화될 수 있다.

[그림 5-2] 팔로워 잠재력 개발도

1) 의존에서 독립으로의 단계

자신의 잠재력을 극대화하려면 먼저 남에게 의존하는 것에서 탈피, 즉 독립심을 키워야 한다.

① 자신의 삶을 주도하라.(습관 1): 주도성(Proactivity)이란 남에게 끌려다니지 않고 모든 사건에 대해 본인 스스로가 주체가 되어 행동하는 것을 말한다. 자신의 운명을 스스로 결정하고 스스로 개척해 나가야 함을 강조하는 원칙이다.

② 목표를 세우고 행동하라.(습관 2): 목표를 분명히 해야만 당신에게 중요한 것이 무엇인지를 분명하게 해 주어 개인적인 비전에 기여할 수 있는 방향으로 매일매일 살아갈 수 있게 한다.

③ 중요한 것부터 먼저 하라.(습관 3): 우리의 활동을 결정하는 요소는 '긴급성'과 '중요성'이므로 가장 우선적으로 해야 할 일은 긴급하고 중요한 일이다.

2) 독립에서 상호의존으로의 단계

훌륭한 팔로워는 의존에서 독립단계로 옮겨 간 다음, 다른 사람과 협동하는 단계로 나아간다.

④ 상호 이익을 추구하라.(습관 4): 나와 상대방 모두가 이기는 것을 추구하는 습관을 가져야 하는데, 이러한 Win-Win을 추구하기 위해서는 끊임없는 협의를 통해 합의를 이끌어 내야 한다. 만약 서로 수용할 만한 해결책을 찾지 못한다면 의견일치에 도달할 때까지 모두가 만족할 수 있는 해결책을 찾아야 한다.

⑤ 경청한 다음에 이해시켜라.(습관 5): 공감적 경청이란 말 그대로 상대의 말에 관심을 갖고 그들의 입장에서 이해하고자 노력하는 것, 즉 상대방의 말을 존중하며 듣는 것을 의미한다. 남의 말을 잘 듣는 것만으로도 갈등, 오해, 언쟁이 해소된다.

⑥ 시너지를 활용하라.(습관 6): 조직 구성원들의 힘을 효율적으로 합하면 개별적으로 사용한 힘을 합한 것보다 훨씬 큰 힘(Synergy)을 얻음으로써 기대 이상의 큰 효과를 거둘 수 있다.

3) 자기쇄신의 습관

⑦ 심신을 단련하라.(습관7): 자신의 4가지 심신을 단련시킴으로써 앞서 언급한 6가지 습관을 보다 높게 향상시킬 수 있다. 즉, 신체적 차원(운동, 식단조절, 스트레스 관리 등), 영적차원(자기 사명서, 봉사 등), 정신적/지적 차원(다독(多讀), 취미개발, 지속적인 학습 등), 사회/감정적 차원(가족 관계, 원만한 대인관계 등)을 쇄신함으로써 원하는 목표 달성의 밑거름이 되게 한다.

2) 건설적 사고 개발전략

사고 개발전략은 보다 건설적이고 효과적인 방향으로 자기 자신의 사고패턴을 변화시키는 전략으로, 바람직한 방향으로 생각을 바꾸는 데 초점을 두고 있다. 즉, 사고개발 전략은 행동의 습관을 개발하는 것처럼 사고방식에도 습관을 개발할 수 있다는 전제에서 출발한다.

① 믿음(신념: belief): 어떤 어려운 상황에 대한 부적절한 대처는 자신에 대한 믿음 부족 때문이라고 할 수 있다. 일을 성공적으로 수행할 능력이 있다는 긍정적인 믿음이 실제로 그것을 잘할 수 있는 가능성을 증대시킨다.

② 성공적 수행에 대한 상상(visualizing successful performance): 어떤 업무를 수행하기 전에 극적인 성공을 거두고 있는 자신의 모습을 상상하면 자신감을 증대시켜 실제 업무에 직면했을 때 성공할 가능성이 더 높아진다.

③ 자신과의 긍정적 대화(self talk): 자기에게 설득, 격려, 질책, 비판, 위로 등 적절한 대화를 하며 자신을 이끌어 가는 것을 말한다. 업무 전체 과정에 대해 긍정적인 부분에 대해서는 칭찬을 하며, 실패에 대해서는 건설적인 질책을 해야 한다. 그렇지 않으면 자기 질책이나 비판이 자칫 자기 비하로 바뀌어 역효과를 낼 수도 있다.

6. 셀프 리더십 정착을 위한 조직차원의 변화

셀프 리더십 향상을 위해 개인적으로만 노력하면 될까? 그렇지 않다. 개개인이 셀프 리더십을 효과적으로 정착시킬 수 있도록 조직차원의 지원이 전제되어야 한다. 셀프 리더십을 주창한 맨즈(Manz)는 셀프 리더십의 정착과 확산을 위해서는 [그림 5-3]과 같은 세 가지를 조직차원에서 변화시켜야 한다고 주장했다.

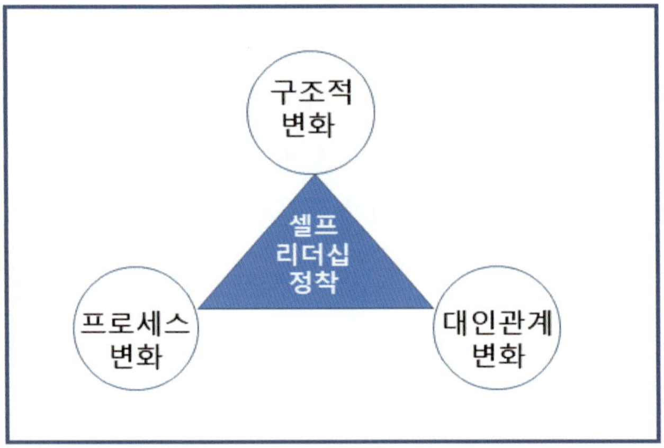

[그림 5-3] 셀프 리더십 정착을 위한 조직차원의 변화

1) 구조적 변화

이는 조직의 구조를 셀프 리더십 행사에 용이하도록 변화시키는 것을 말한다. 예를 들어, 수직적이고 위계적이며 중앙 집권적인 조직은 셀프 리더십의 확산을 가로막으므로 자율관리팀 만들기, 조직 계층 최소화, 임원의 기능 축소 등을 추진할 수 있다.

2) 프로세스 변화

셀프 리더십은 업무 프로세스(일하는 방법이나 절차)를 변화시킴으로써 효과를 극대화할 수 있다. 불합리한 프로세스나 리더 위주의 프로세스는 셀프 리더십에 방해가 될 수 있다. 이를 해소하기 위해서는 관리자 주도가 아닌 집단 구성원이 주도하는 주간회의 개최, 굳이 소모적인 명령계통을 통하지 않고 업무 핵심 담당자에게 직접 보고하는 프로세스 구축 등이 필요하다.

3) 대인관계 변화

리더와 추종자들 간의 인간관계를 긍정적인 방향으로 변화시킴으로써 추종자들이 스스로 움직일 수 있는 분위기를 조성하는 것을 말한다. 모든 구성원들 간의 사이가 원만할 때 각 구성원들의 셀프 리더십은 더욱 효과를 발휘할 수 있기 때문이다.

나의 셀프 리더십 실천 전략

학생 여러분이 부모로부터 독립하여 자신의 삶을 스스로 개척해 나가는 셀프 리더가 되는 방법(목표수립 및 목표달성을 위한 전략)을 생각해 보자.

7. 셀프 리더십의 장점과 단점

여느 이론과 마찬가지로 셀프 리더십도 장점 외에 단점도 존재한다. 장점을 살리되 단점은 보완하는 전략이 필요하다.

1) 장점

① 주인의식과 책임의식 제고: 조직 구성원들에게 주인의식과 책임의식을 갖게 함으로써 구성원의 능력향상은 물론 성과향상도 도모할 수 있다.

② 독립성의 함양: 셀프 리더십을 발휘하는 구성원은 더 높은 자율성을 경험하게 됨으로써 독립성 또한 더 높은 수준이 된다.

③ 빠른 의사결정: 불필요한 결재과정이 생략됨으로써 시간을 절약하고 상황에 민첩하고 유연하게 대처할 수 있다.

④ 리더의 업무부담 및 관리원가 감소: 권한위임을 통해 리더의 업무부담을 감소시킴으로써 리더는 보다 전략적인 업무에 집중할 수 있다. 또한, 지시, 점검, 감독, 감시, 연락, 조정 등에 필요한 노력과 비용이 줄어들기 때문에 관리원가도 감소된다.

⑤ 변화의 수용: 조직 구성원들이 능동적이고 적극적인 사고를 보유하게 되므로 변화와 혁신을 두려워하지 않고 받아들일 수 있다.

2) 단점

① **조직과의 충돌**: 개인의 역량이 확대되고 파워가 커짐에 따라 자기주장이 커져 조직운영의 조화에 악영향을 미칠 수 있다.

② **좌절감의 확대**: 개인 스스로 목표를 설정하고 의사결정을 하게 되면서 예상했던 결과가 도출되지 않을 경우 큰 좌절을 경험할 수 있다.

③ **목표 불일치**: 리더 대신 구성원 중심으로 업무가 이루어지므로 상사의 의도와 다른 목표가 설정될 수 있으며 이로 인해 혼란이 야기될 수 있다.

④ **셀프 리더십 정착에 긴 시간 소요**: 각각의 특성에 맞는 리더십을 개발하고 정착시키는 데 많은 시간이 소요될 수 있다.

사례 **발레리나 강수진**(1967.4.24.~)**의 셀프 리더십**

1) 주요이력

강수진은 선화예술고등학교 1학년이던 1982년에 모나코의 공립발레학교 교장의 눈에 띄어 모나코로 유학을 떠나 3년간 공부하였다. 1986년에 독일 슈투트가르트 발레단에 최초의 아시아인이자 최연소로 입단하여 2015년까지(49세) 활동하고, 2016년 단원평가와 승진심사에서 면제되어 원할 때까지 수석 무용수 자격으로 무대에 오를 수 있는 아시아 최초의 종신 단원이 되어 은퇴하였다. 2016년 7월 예브게니 오네긴의 독일 공연을 끝으로 완전히 은퇴했으며, 2014년부터 임기 3년의 대한민국 국립발레단의 예술 감독에 취임하였고 2017년 다시 연임되었다. 1985년 아시아인으로서 2번째로 로잔 콩쿨에서 공동 우승하였다. 1999년 무용계의 아카데미상이라 불리는 브누아 드라 당스(Benois de la Danse) 상을 받았다. 당연히 한국인 최초이다. 2007년에는 독일 바덴뷔르템베르크 주정부로부터 궁중 무용가에 해당하는 캄머탠처린이라는 상을 받았다. 우리나라로 따지자면 인간문화재이고, 이 역시 아시아 최초이다. 이러한 그녀의 기록은 한국 출신 발레리나 중에서는 거의 최초고, 그런 만큼 최고의 평가를 받고 있다. 그녀는 20대 여성이 가장 존경하는 리더 1위, CEO가 뽑은 13시간 미국행 비행기 옆자리에 앉고 싶은 인물 1위에 선정되기도 했다(네이버 지식백과).

2) 강수진의 셀프 리더십

그녀는 철저한 셀프 리더십을 통해 세계적인 명성을 얻은 대표적인 인물이다. 혹독한 연습으로 인해 발의 형태가 흉한데, 한 시인은 그녀의 발이 대한민국에서 가장 아름다운 발이라며 찬양한 바 있다. 그녀는 한 TV 프로그램에 출연해 자신의 수면시간에 대해 '2~3시간만 자도 행복하다. 살아 있는 게 신기하다'고 했다. 알려진 대로 그녀는 체지방 제로에 수면 시간이 5시간을 넘지 않기로 유명하다. 그녀는 밤이면 토슈즈를 안고 잠이 들었으며 새벽이면 어머니보다 먼저 일어나 혼자 찬밥을 먹고 연습하러 갔다. 9시면 불을 끄는 규칙에 따라 밤에 연습할 곳이 없어, 아무도 없는 불 꺼진 작은 연습실에서 2년간 도둑 연습을 했고 지금까지 연습한 시간의 총량만 20만 시간이 넘는다. 그녀는 "잠은 무덤에 가서 자면 된다."는 말을 자주 했다.

강수진의 셀프 리더십 전략을 맨즈의 셀프 리더십 실천전략에 대입하여 보자.

① 자기설정목표: 그녀는 세계 최고의 발레리나가 되겠다는 목표 대신 최선을 다한다는 목표를 가졌다. "최선을 다해 오늘을 사는 것이 제 꿈이어요. 그 작은 꿈이 모여 지금의 큰 꿈을 이루었어요. 거창한 목표를 세워 놓고 실패하고 좌절하기보다는 하루하루 열심히 살겠다는 소박한 목표를 세우는 것이 나을 수 있습니다."

② 자기관찰: 그녀는 화가 나면 제3자의 눈으로 자신과 상황을 객관적으로 보려 노력하였고 정신과 육체, 일과 삶의 균형과 조화를 유지하려고 노력하였다.

③ 자기보상: 그녀는 스스로에게 부여된 한계를 넘어선 뒤 마시는 와인 한 잔, 영혼을 위로하는 음악, 열심히 훈련한 뒤 흘리는 땀으로 자신을 보상해 주었다.

④ 신념관리(믿음): 발레리나에게 부상이나 슬럼프는 자주 있는 일, 부정적인 생각이 들면 과감히 잘라 버리고 할 수 있다는 신념으로 그 자리에서 일어나 다시 자신의 일을 시작하였다.

⑤ 자신과의 대화: 그녀는 마음이 약해질 때마다 '난 할 수 있다'라고 외치며 마음을 바로 잡았다(출처: 강수진, 2017).

"최고의 리더는 아무 것도 하지 않는다."

– 후지사와 구미(藤沢久美)

2절 슈퍼 리더십

1. 슈퍼 리더십(Super Leadership)의 정의

슈퍼 리더십이란 '일련의 과정을 통하여 하급자가 셀프 리더가 될 수 있도록 지원하는 리더십, '리더 없이도 구성원들이 스스로를 리드해 나갈 수 있도록 만들어 주는 리더십'을 말한다. 이는 탈무드의 "생선을 잡아 주지 말고 생선 잡는 방법을 가르쳐라."는 명언과 일맥상통한다. 이제 "나를 따르라!"는 리더 중심의 솔선수범형 리더는 그 중요성이 하락하고 있다. 반면에 부하직원들이 마음껏 실력을 발휘할 수 있도록 환경을 조성해 주고 동기를 부여해 주는 동기부여형 리더, 즉 슈퍼 리더가 부상하고 있다.

2. 슈퍼 리더십의 핵심요인, 임파워먼트

1) 임파워먼트(empowerment)란?

임파워먼트(empowerment)는 '주다'라는 의미를 가진 'em'과 권력이란 의미의 'power'가 결합된 용어이므로 '권한(Power)를 부여하는 것'으로 직역되며, '기본 방향을 설정하고 일정한 가이드라인을 제시한 상태에서, 관리자의 일부 권한을 실무자에게 위임함으로써 그들이 보유하고 있는 잠재력을 최대한 발휘토록 코치하고 배려하는 행위'라고 정의할 수 있다. 바꿔 말하면 임파워먼트란 '권한위임을 통해 부하의 자율역량을 강화시킴으로써 그 부하가 진정한 셀프 리더가 되게 하는 행위'이다. [그림 5-4]는 임파워먼트를 통해 평범한 부하를 자율능력을 갖춘 탁월한 셀프 리더로 육성하는 모습을 보여 주고 있다.

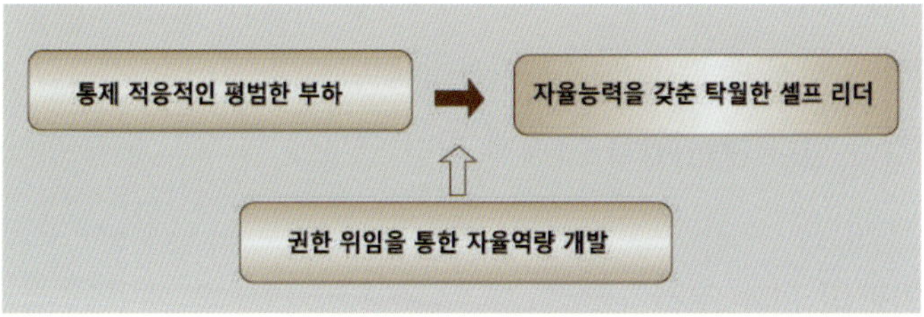

[그림 5-4] 슈퍼 리더십과 임파워먼트 관계

2) 임파워먼트의 효과

젠거 포크만(Zenger Folkman)의 연구에 따르면 권한위임이 낮을 때는 권한위임을 하지 않은 것에 비해 구성원의 4%가 추가적인 노력을 하지만 권한위임이 높은 경우에는 67%가 기꺼이 추가적인 노력을 한다. 즉, 임파워먼트는 구성원의 주인의식을 제고시켜 강한 셀프 리더로 성장하게 하는 원동력이다. 임파워먼트가 셀프 리더십을 갖추게 하는 행위이므로 임파워먼트 효과는 다음과 같이 셀프 리더십 효과와 맥을 같이 한다.

① 권한부여를 하면, 개인의 상급욕구를 충족, 즉 성취감과 보람을 느끼게 된다. 이러한 만족감을 바탕으로 과잉통제로부터 자유로워진 구성원들은 지금까지 얽매여 있던 재능과 능력을 마음껏 발휘하게 된다.

② 권한부여를 하면, 리더 자신은 보다 중요한 전략에 집중할 수 있다. 한심한 리더는 부하들이 해도 될 일까지 일일이 챙기다 정작 중요한 업무를 소홀히 하여 일을 그르친다.

③ 권한부여를 하면, 부하들의 창의성을 향상시킬 수 있다. 리더가 사소한 업무까지 일일이 챙기면 부하는 모든 의사결정을 리더에게 요청하게 되며 이럴 경우 부하

는 창의성이 없어져 리더가 유고를 당하거나 바뀌면 조직은 무너지게 된다.

④ 권한부여를 하면, 고객접점 구성원들은 의사결정을 위해 리더의 지시를 기다릴 필요 없이 자신의 판단하에 훨씬 빠르게 고객에게 적절한 품질과 서비스를 제공할 수 있다.

⑤ 권한부여를 하면, 책임감이 제고된다. 지시한 대로만 일한다면 결과가 좋지 않을 경우 책임은 상사에게 돌아가나 권한이 위임되면 자신이 결정한 것이므로 자신이 책임져야 한다. 책임감을 가지게 되면 업무에 열의를 가질 수밖에 없게 된다.

3) 임파워먼트의 전제 조건

임파워먼트 시 제대로 된 성과를 내기 위해서는 다음과 같은 전제조건이 필요하다.

① **구성원의 아이디어를 존중하라:** 구성원들의 아이디어와 의견을 경청할 때 권한부여 효과가 커진다. 구성원들은 훌륭한 아이디어를 가질 때도 있고 어리석은 아이디어를 낼 때도 있다. 어느 쪽이든, 정중하게 들어주면 구성원들은 자신이 가치 있고 존중된다는 느낌을 갖게 되며 창의력을 갖춘 셀프 리더로 성장할 수 있다.

② **구성원들을 적극적으로 육성하라:** 팀원들이 부여된 권한을 제대로 이행할 수 없다면 일 지식, 기술, 또는 경험의 부족일 수 있다. 리더는 구성원들의 새로운 역량을 개발할 수 있도록 적극 지원해야 한다. 팀원의 높은 역량 강화와 팀 성과와는 매우 강한 상관관계가 있다.

③ **적절한 보상 및 인정을 하라:** 권한을 위임받아도 구성원들이 성과 향상을 위해 노력하고 위험을 감수하지 않으면 소기의 목적을 달성할 수 없다. 추가적인 노력을 하게 하고 위험 감수를 감내하게 하는 방법은 직원을 인정하고 보상하는 행동을 더 많이 하는 것이다. 그러나 애석하게도 대부분의 관리자는 그렇지 않는다는 연구결과가 있다.

④ **구성원들이 만족할 수 있는 업무 환경을 갖춰 주어라:** 구성원들이 가치와 존중

을 느낄 수 있는 만족스러운 업무 환경이 조성될 때 권한위임 효과가 더 높아지므로 리더는 좋은 근무 환경 조성에 대한 열망을 가져야 한다.

⑤ **구성원의 수준에 맞게 임파워먼트 수위를 조절하라:** 임파워먼트의 최종 목적은 성과증진이다. 자질이 떨어지는 팔로워에게 통제 없는 지나친 자율성을 주는 것은 자칫 혼란을 초래하기 때문에 본래의 목적에 부합되지 못함을 명심해야 한다. 즉, 팀원의 성숙도가 낮을 때는 최소한의 임파워먼트가 이루어져야 하며 성숙도가 높아질수록 점차 비중을 높여 가야 한다.

심화학습 한비자와 노자가 생각한 임파워먼트의 중요성

1) 한비자

법가사상의 완성자인 한비자는 임파워먼트의 중요성을 다음과 같이 주장했다. "부하에게 임무를 부여했으면 그만한 일을 할 수 있게 권한을 위임해야 하고 결과가 나올 때까지 간섭하지 말고 기다려야 한다. 권한위임은 권력의 상실이 아니라 권력에 손과 발이 달리는 것이다." 그는 경영자를 세 등급으로 나누어 "삼류경영자는 자신의 능력을 쓰고, 이류경영자는 남의 힘을 쓰며, 일류경영자는 남의 머리를 쓴다. 부하 한 사람 한 사람이 갖고 있는 모든 능력을 발휘토록 하는 관리자가 일류 경영자다."라고 주장했다.

그는 적절한 권한위임의 수준까지 규정하였다. "군주가 신하에게 맡기면 되는 것까지 자기가 하려고 하면 국가, 군주, 백성들 모두에게 손실이다. 그렇다고 해서 핵심권한까지 위임해서는 안된다. 그렇게 되면 신하의 세력이 커져 군주는 격리된 상태에 놓이게 되고 최악의 경우 자신의 자리를 부하에게 내놓아야 하는 사태도 벌어질 수 있다. 그러므로 아주 중요한 권한은 위임하지 말고 직접 가지고 있어야 한다."

2) 노자

노자는 지도자의 수준을 4단계로 분류하였는데 가장 한심한 지도자는 구성원들에게 업신여김을 받는 지도자(무능한 지도자)이며 그보다 한 단계 나은 지도자는 두려운 지도자(독재형 지도자)이다. 뛰어난 지도자는 평판이 좋은 지도자(능력이 뛰어나고 구성원들을 잘 보살피며 도덕적으로 문제가 없는 지도자)이다. 그러나 노자는 가장 뛰어난 지도자로 '있는지 없는지 조차 모를 지도자'를 꼽았다. 리더를 그렇게 만드는 요인 중의 하나가 바로 임파워먼트를 통해 부하들을 키우는 것이다.

3. 슈퍼 리더에 이르는 단계

슈퍼 리더가 되기 위해서는 단계적인 조치가 필요하다. 맨즈와 심스(Manz & Sims)는 슈퍼 리더십에 이르는 과정을 [그림 5-5]의 좌측과 같이 7단계로 구분하였는데 [그림 5-5]의 우측과 같이 3단계로 간단히 표현할 수 있다.

1) 스스로 효과적인 셀프 리더가 됨

리더가 자신의 문제를 스스로 해결해 가는 모습을 보여 주지 않으면 구성원들의 신뢰를 얻을 수 없다. 먼저 스스로 높은 수준의 셀프 리더가 된다.

2) 부하들에게 역할 모델이 됨

부하들에게 셀프 리더 역할모델(role model)이 되어 자신과 같은 리더가 되겠다는 신념을 갖게 한다.

3) 자기목표설정 독려

조직과 리더의 비전에 기초하여 구성원 개인들이 자신들의 성장목표를 직접 설정하도록 장려하고 코칭한다.

4) 긍정적이고 적극적인 사고방식 독려

구성원들이 노력하면 보다 높은 수준의 능력을 갖출 수 있다는 믿음을 심어 주고 독려해 준다. 이러한 적극적인 사고방식의 창출은 커다란 자신감과 기대감을 불어넣어 궁극적으로 예상보다 높은 성과를 거두게 한다.

5) 보상과 건설적 질책을 통한 육성

보상과 질책은 셀프 리더십을 강화시켜 주는 유용한 전략이다. 이를 실행할 때는 적절하고 신속해야 하며 아울러 보상과 질책의 강도도 적절히 조절하여야 한다. 보상의 경우 외적인 보상보다 직무내적인 보상이 더 효과적이다. 질책이 필요한 경우 자존심과 자신감을 깎아내리지 않는 범위 내에서 실수 교정에 초점을 두어 스스로 자기통제를 하도록 유도한다.

심화학습 **보상과 질책의 원칙**

마키아벨리(Machiavelli)는 그의 저서 『군주론』에서 '부하를 질책하거나 처벌할 때는 후닥닥 해치우고 상을 줄 때는 조금씩 자주, 예기치 않게 베푸는 것이 좋다.'고 주장했다. 예를 들어, 회사가 어려워 종업원을 100명 해고할 경우 2~3명씩 오랜 기간 동안 자주 하면 종업원들이 불안해하므로 단 한 번에 끝내고 더 이상 해고는 없다고 선언해야 한다. 반면, 보너스를 줄 경우 조금씩, 예고 없이 자주 주는 게 훨씬 효과가 크다. 당연히 칭찬은 즉시즉시 하고 질책을 해야 할 경우 잘못한 점을 모아 두었다가 단 한 번에 시행하는 게 효과적이다. 이러한 원칙은 가족이나 친구 간에도 동일하게 적용될 수 있다.

6) 팀워크를 통한 자율 리더십 증진

팀워크를 통해 셀프 리더십을 배양하는 단계이다. 팀원 각자가 셀프 리더가 되는 것을 넘어서 전원이 셀프 리더가 되고 리더십 수준을 크게 끌어올림으로써 팀 전체가 자율관리를 할 수 있게 한다. 그렇게 되면 팀은 더 이상 리더에게 의존하지 않고 스스로 판단하고 결정하여 행동하게 된다.

7) 셀프 리더십 문화의 정착

셀프 리더십이 조직문화로 굳어지게 하는 단계이다. 끊임없이 교육하고 운영체계를 발전시킴으로써 전 구성원의 몸과 마음에 셀프 리더십이 지속적으로 배어 있도록 해야 한다.

7단계

1. 스스로 셀프 리더가 됨
2. 부하들에게 역할모델이 됨
3. 자기목표설정 독려
4. 긍정적 사고방식 독려
5. 보상과 건설적 질책을 통한 독려
6. 자율관리식 팀워크 배양
7. 셀프 리더십 문화의 정착

3단계

1. 스스로 셀프 리더가 됨
2. 부하를 셀프 리더로 만들 것
3. 조직을 자율경영체제로 만들 것

[그림 5-5] 슈퍼 리더에 이르는 단계

사례 징기스칸(1162~1227)의 슈퍼 리더십

〈징기스칸 동상〉

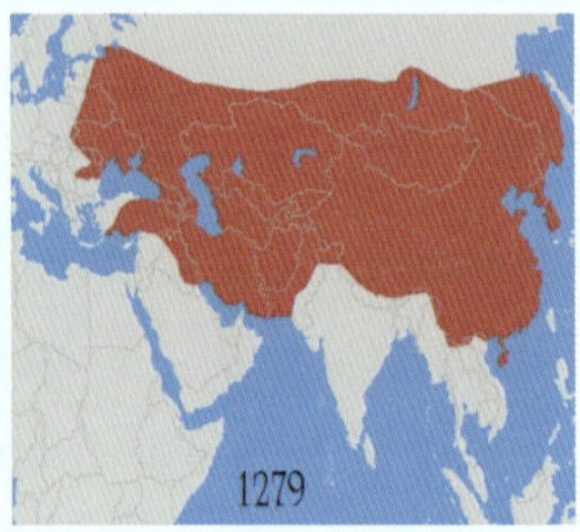

〈전성기의 몽골제국 영토〉

1) 주요이력

징기스칸은 세계 최대제국을 건설했던 역사적인 인물이다. 1206년에 대몽골국을 건립한 후에 여러 차례 대외정복전쟁을 벌여 대제국을 일으켰다. 서쪽으로 중앙아시아와 유럽의 폴란드까지 정복했으나, 1227년 서하를 정벌할 때 낙마 후유증으로 사망했다. 묘호(廟號)는 태조(太祖)이고, 시호는 성무황제(聖武皇帝)이다.

2) 징기스칸의 슈퍼 리더십

징키스칸은 혼자서 광대한 영토를 다스린 게 아니다. 대제국이 무너지지 않고 유지된 이유는 권한위임이 철저히 이루어졌기 때문이다. 징기스칸은 현지 부하에게 최대한 많은 권한을 부여한 진정한 슈퍼 리더이다. 중앙아시아며, 그리스 발칸반도, 모스크바, 베를린 등 엄청난 거리의 원정에도 불구하고 징기스칸 자신은 자신의 본토를 크게 벗어나 본 적이 없다. 그러나 그는 수십 년 전까지만 해도 벌판에서 말을 부리던 부하들을 대군사를 지휘하고 신출귀몰한 전략을 구사하는 대장군으로 변신시켰다. 그리고 서양세계 정신적인 지주인 교황을 어떻게 할 것인가를 숙의하는 것을 제외하고는 모든 권한은 현지에서, 그때그때의 상황에 맞게끔 현지의 지휘관이 알아서 하도록 위임하였다. 심지어 현지의 왕을 임명하고, 인접국가와의 전쟁 수행 여부까지 현지 지휘관이 결정할 수 있었다. 당시 거리가 멀고 통신체계에 한계가 있어 명령전달이 어려웠기 때문에 권한위임을 할 수밖에 없었을 것이라고 말하는 사람도 있으나 그렇지 않다. 당시 몽골제국의 통신체계는 현재와 비교해도 손색이 없을 만큼 매우 체계적이고 신속하였기 때문이다.

사례 제갈량(181~234)의 슈퍼 리더십 실패 사례

1) 주요이력

제갈량(자: 공명)은 소설 삼국지의 무대인 3국 시대의 유명한 촉한 전략가이다. 일찍 부모를 여의고, 자라서는 형주의 교외에서 초가를 짓고 밭을 일구고 글을 읽으며 세월을 보냈다. 관직에 오르지 않았을 때도 명성이 높아 와룡선생(臥龍先生)이라 일컬어졌고, 207년 유비가 삼고의 예를 갖추어 초빙하자 유비의 군사(軍師)가 되었다. 208년 적벽대전에서 승리한 유비가 형주를 차지했을 때 군사중랑장으로 임명되었고, 214년 유비가 파촉 땅을 평정했을 때는 군사장군으로, 221년 촉한을 세웠을 때는 승상으로 임명되어 국정을 도맡았으며, 유비가 죽은 뒤에는 유언에 따라 황제의 바로 아래 벼슬인 상국을 맡아 2대 유선을 보좌하였다. 수차례 북벌에 나섰지만, 뜻을 이루지 못하고 234년 오장원의 진중에서 병사했다.

〈제갈공명〉

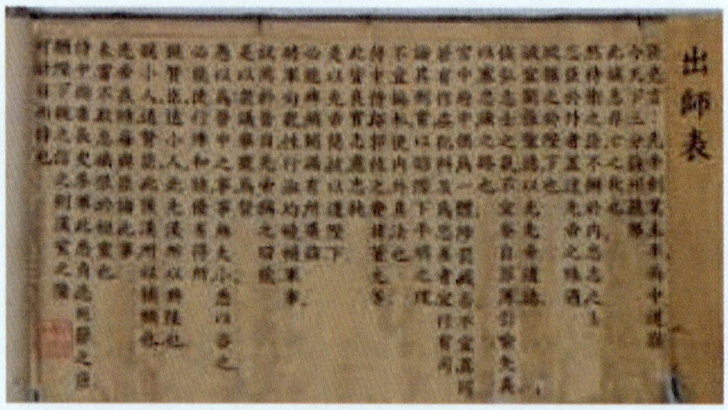

出師表

〈제갈공명이 황제에게 올린 출사표〉

2) 잘못된 슈퍼 리더십

제갈량은 유방을 도와 한나라를 건국한 장량, 주원장을 도와 명나라를 건국한 유기와 함께 중국 3대 책략가로 꼽힌다. 이들은 모두 국가가 쇠퇴하여 분열에 빠진 혼란기에 나타난 영웅들이다. 이들 중 장량과 유기는 천하통일의 과업을 이루었으나 제갈량은 실패했다. 왜 그럴까? 당시의 시대상황 등 여러 가지 요인이 있을 수 있으나 그가 임파워먼트를 제대로 하지 못한 것이 중요한 요인이라 할 수 있다. 1장에서 언급한 대로 그는 똑부(똑똑하면서 부지런한 리더)였다. 그는 본인이 똑똑하기 때문에 상대적으로 부족하다고 생각되는 부하들을 믿지 못해 처음부터 끝까지 모든 것을 직접 챙겨야만 직성이 풀렸다.

이러한 그의 특성은 삼국지 여러 곳에서 나타난다. "저희 승상(제갈량)은 너무 과로하셔서 제대로 자지도 먹지도 못하십니다. 곤장 20대의 벌조차 직접 챙기십니다." 제갈량의 맞수였던 위나라 사마의는 촉의 사신의 이런 말을 듣고 그가 얼마 못살 것이라는 것을 직감한다. 하루는 사소한 문서까지 직접 읽고 챙기는 것을 본 제갈량 측근은 그에게 다음과 같이 간한다. "승상! 그렇게 중요치 않은 것까지 직접 챙기시면 아랫사람들 할 일이 없어집니다."

이러한 유형의 리더는 단기적으로 조직을 부흥시키지만 장기적으로 조직을 병들게 하고 과로로 인해 자신도 병들게 한다. 제갈공명은 촉나라의 사실상 최고 실권자이면서 국무총리, 국방부 장관, 총참모총장, 군 사령관, 군사(軍師)을 겸했으므로 황제부터 중간관리자들까지 모두 그의 입만 쳐다보고 있었다. 이로 인해 부하들은 창의력이 상실되어 가고 있었다. 부하들만이 아니다. 유비의 뒤를 이은 유선은 실제 약간 모자라는 황제였으나 그 역시 제갈량의 말만 듣다 보니 더욱 심한 바보로 전락해 버렸다. 제갈량은 모든 일을 혼자 맡아 함으로써 극심한 스트레스를 겪었으며 이로 인해 결국 과로사 하게 된다. 국가는 중병에 걸려 있었으나 증상이 나타나지 않다가 제갈공명이 죽자 리더의 공백으로 시들시들하다가 곧 망하게 되었다. 자식이 미덥지 않아 생선 잡는 법을 가르치지 않고 잡아만 주다가 아비가 죽자 자식들이 굶어 죽은 격이다.

큰일을 하는 리더들이 종종 범하는 실수는 '눈에 보이는 것에 대한 해결에 급급하다 큰 그림을 놓치는 것'이다. '제갈공명이 많은 전쟁에서 승리하였고 중국 역사상 가장 위대한 책략가로 꼽히는데도 그의 나라 촉이 3국 중에서 가장 일찍 망한 이유 중 하나이다. 제갈공명은 눈에 보이는 단편적인 전쟁에서는 많은 성공을 거두었지만 임파워먼트를 시행하지 않아 당장은 문제가 되지 않으나 장기적으로 더 중요한 것을 놓쳤다. 즉, '그가 없으면 무너지는 조직'을 만든 것이다. '우리 조직에 아무개가 없으면 안된다는 조직'은 아무개가 조직을 떠나면 심각한 문제가 생긴다. 누가 조직을 떠나든 문제가 없는 조직, 즉 '특정인이 아닌 시스템에 의해 굴러가는 조직'의 구축이 바람직하다. 그러기 위해서는 평상시 적절한 임파워먼트를 통해 유능한 인재를 양성해야 하는데 그게 바로 슈퍼 리더십의 근간이 된다.

사례 수양제(재위, 604~618)의 슈퍼 리더십 실패 사례

〈수나라 양제〉

〈고구려 영양왕〉

1) 수나라의 고구려 침공

고구려와 수나라 전쟁은 수(隋)나라 양제가 고구려를 공격해 일어난 전쟁이다. 2대 황제에 등극한 양제는 주위의 소국들이 대부분 머리를 조아렸지만 고구려 영양왕만 굴복하지 않자 정벌을 시도하였다. 총 4차례 침공하였으나 가장 큰 규모는 서기 612년의 2차 침공으로, 수나라 원정군은 정규군 113만 명, 보급군은 226만 명에 이르는 엄청난 규모였는데, 1차 세계대전 이전까지 전 세계적으로 가장 많은 병력이 동원된 전쟁으로 꼽힌다. 당시 고구려 인구가 약 350만으로 추정되는 바 수나라의 고구려 침공병력 규모는 고구려 전체인구와 같은 규모인 셈이다. 이렇게 엄청난 병력 차이에도 불구하고 수나라는 참패하였다. 전쟁 실패를 통해 수나라는 극심하게 국력이 소진되었고 이로 인해 거대 제국 수나라는 결국 멸망하게 된다. 중국 강소성에 있는 수양제 묘비에는 다음과 같은 글귀가 있다. '요동에서 일을 벌이다 나라를 잃다.'

2) 수양제의 잘못된 슈퍼 리더십

그렇다면 이렇게 엄청난 병력 차이에도 불구하고 믿기 어려운 수나라 패배의 원인이 무엇일까? 영양왕과 을지문덕 장군의 수준 높은 리더십 외에 두 가지 큰 이유가 더 있다. 첫째, 먼 원정길이라 보급로가 길어 보급에 많은 어려움을 겪었었기 때문이다. 둘째, 제갈공명의 경우처럼 수양제가 슈퍼 리더십의 근간인 권한위임을 하지 않았기 때문이다. 엄청난 규모의 병력이 동원되었으므로 전장이 매우 넓고 상황이 시시각각 변하였는데 전장인 요동성에서 200km 떨어진 곳에 위치한 양제는 자신의 명령 없이는 절대로 움직이지 말라는 한심한 명령을 내렸다. '전쟁터에서는 왕의 명령을 따르지 않아도 된다.'는 병법의 기본을 따르지 않은 것이다. 이로 인해 상황이 변해 새로운 의사결정이 필요할 때 수나라 군이 황제의 결재를 받기 위해 지체되는 사이 고구려는 군사를 재정비를 하거나, 다시 대응할 기회를 가지게 되었다. 결과적으로 고구려 군은 적은 수로 수나라 군이 지칠 때까지 버틸 수 있게 되었으며 이는 전쟁에서의 승리로 이어졌다. 수나라 군사력이 월등하였으므로 두 가지 이유 중 한 가지만이라도 해결되었으면 수나라는 승리했을 가능성이 높다. 첫 번째 이유는 멀리 떨어진 지역을 공격할 때 나타나는 피하기 어려운 문제이나, 두 번째 이유는 황제가 권한위임만 했다면 피할 수 있었다는 점에서 슈퍼 리더십의 중요성을 실감할 수 있게 하는 사건이었다.

Chapter 6

서번트 리더십과 윤리적 리더십

윤리적 리더십과 서번트 리더십은 둘 다 기존의 리더십의 개념을 뒤집어 놓는다. 기존의 권위 중심적이고 강압적인 위치에서 조직 구성원들을 관리하던 리더의 모습이, 한쪽은 윤리적 의식을 가지고 조직을 통솔하는 모습(윤리적 리더십)으로, 다른 한쪽은 서번트의 위치에서 조직을 통솔하는 모습(서번트 리더십)으로 변화하였다. 두 이론의 공통점은 조직원들을 신뢰하고 타인을 배려하는 마음, 그리고 공정성과 정당성의 원칙을 기반으로 하여 발휘된다는 것이다.

| 1절 | 서번트 리더십

| 2절 | 윤리적 리더십

"너희들 중 높은 사람이 되려는 이는 타인을 섬기는 사람이 되어야 한다."

– 마태복음 20.26

1절 서번트 리더십

1. 서번트 리더십의 개요

섬김의 리더십 또는 봉사적 리더십으로 번역되는 서번트 리더십(servant leadership)은 'servant'와 'leadership'이 합쳐진 것으로 주인에게 봉사하는 하인(servant) 개념에서 출발하였다. 그러므로 서번트 리더십이란 '리더의 우위를 전제로 한 상태에서 부하들과 일방적 관계를 맺었던 과거의 방식과는 대조적으로, 리더가 봉사와 섬김의 정신으로 구성원의 아래에 위치하는 마음자세를 가짐으로써 부하들의 말에 귀를 기울이고 보살피는 리더십'이라 말할 수 있다. 한마디로 말하면 '부하를 섬김으로써 그들을 감동시켜 자발적으로 리더를 따르게 하는 리더십'을 의미한다. 많은 정치가들이 선거 때마다 자신들이 국민의 머슴이 되겠다고 외치면서 표를 호소하는데 이는 스스로 서번트 리더가 되겠다는 것을 의미한다. 대한민국 「헌법」 7조 1항에 "공무원은 국민 전체에 대한 봉사자이며 국민에 대해 책임을 진다."고 명시되어 있는데 이는 '모든 공무원은 국민의 공복(公僕)으로 봉사해야 함'을 의미한다.

사례 행복의 비결은 섬기는 일, 브라더 로렌스(Brother Lawrence)

어느 수도원에 한 늙은 수도사가 문을 두드렸다. 늙은 수도사가 왔다는 소문에 젊은 수도사들이 밖으로 몰려들며 백발이 성성한 노수도사를 보고 숨 돌릴 여유도 주지 않고 "노수도사가 왔구려! 어서 식당에 가서 접시나 닦으시오."라고 말했다. 이 수도원에서는 처음 부임한 수도사에게 그런 허드렛일을 시키는 것이 관례였다. 노수도사는 머리를 숙이며 "예, 그렇게 하겠습니다." 대답하고는 곧장 식당으로 갔다. 그는 한 번도 불평하지 않고 한 달, 또 한 달, 그리고 또 한 달을 접시만 닦았다. 젊은 수도사들은 말없이 그리고 불평하지 않고 일하는 노수도사를 얕잡아 보고는 그에게 멸시와 천대와 구박을 쉬지 않았다.

석 달이 지난 즈음에 수도원 감독자가 이 수도원을 방문하였다. 젊은 수도사들은 책잡힐 일이 있지나 않을까, 두려워하며 감독 앞에서 쩔쩔매고 있었는데, 감독은 그 수도원의 원장을 찾았다. "원장님은 어디 가셨는가?" "원장은 아직 부임하지 않았습니다." 그러자 감독은 고개를 갸우뚱거리며 큰소리로 말했다. "아니 무슨 소린가? 내가 로렌스 수도사를 이 수도원의 원장으로 임명하였고, 또 이곳으로 파견한 지 3개월이나 되었는데?" 이 말을 듣고는 젊은 수도사들이 아연실색하여 모두 식당으로 달려갔다. 그곳에 늙은 수도사가 식기를 닦고 있었다. 그 노수도사는 너무나 유명한 브라더 로렌스" 이었다. 어느 날 브라더 로렌스는 국왕 루이12세의 방문을 받았다. 루이12세는 그에게 행복의 비결을 물었다. 그러자 그는 이렇게 대답했다. "폐하, 행복의 비결은 섬기면서 감사하는 것입니다."

이 사건 이후로 이 수도원은 가장 모범적인 수도원이 되었다. 노수사는 어떤 명령도 설교도 하지 않았으나 그의 겸손과 섬김 앞에서 젊은 수사들은 무한한 감동을 느끼게 되었고 이로 인해 젊은 수사들은 그를 진정한 리더로 받들게 된 것이다. 대부분의 리더들은 높은 자리에 앉아 무게 잡고 있어야 진정한 리더인 줄 안다. 그러나 진정 영향력 있는 리더는 브라더 로렌스처럼 가장 낮은 곳에서 가장 낮은 자세로 팔로워를 섬기는 서번트 리더이다.(출처: 지도자는 브라더 로렌스처럼, Charles 2021. 1. 20, 편집)

2. 전통적 리더십과의 비교

전통적인 리더십과 서번트 리더십을 비교하면 다음과 같다(〈표 6-1〉).

1) 조직운영 시 우선사항

전통적인 리더는 사람보다 과업중심의 철학을 가지는 경향이 있으나, 서번트 리더는 과업이 사람보다 먼저일 수 없다는 사람중심의 리더십 철학을 가진다. 즉, 일보다는 사람을 더 우선시한다.

2) 부하에 대한 인식

전통적 리더는 부하를 자신이 활용할 수 있는 여러 가지 자원 중의 하나라고 생각한다. 이들에게 부하들은 자신이 지시한 것의 결과를 만들어 내는 대상이 될 뿐이다. 반면에 서번트 리더는 조직의 목적을 달성하는 데 있어서 가장 중요한 자원이 부하들이라고 생각하며, 자신은 부하들의 성장을 도와주고 능력을 육성시킬 의무가 있다고 생각한다.

3) 부하와의 커뮤니케이션 방법

전통적 리더는 상의하달식의 일방적 커뮤니케이션에 익숙해 있다. 반면, 서번트 리더는 쌍방향 커뮤니케이션을 통해 구성원들의 애로사항을 경청하고 이를 해결하기 위하여 많은 시간을 할애한다.

4) 부하와의 관계

전통적 리더는 자신의 경험과 지식이 부하보다 우위에 있다고 생각하기 때문에 부하들을 자신의 틀 안에 가두려 든다. 게다가 부하들의 비판이나 반대의견을 무시하는 경향도 있다. 반면, 서번트 리더는 업무와 관련하여 구성원들의 판단을 존중한다. 아울러 부하들에게 권한을 위임할 뿐 아니라 의사결정 시 부하들을 참여시키고 그들의 아이디어를 수용하는 개방적인 가치관을 가진다.

〈표 6-1〉 전통적 리더십과의 비교

범주	전통적 리더십	서번트 리더십
조직운영 시 우선사항	과업 중심	사람 중심
부하에 대한 인식	여러 자원 중 하나	가장 중요한 자원
커뮤니케이션	일방적 커뮤니케이션(상명하복)	쌍방향 커뮤니케이션
부하와의 관계	자기방식 강조	임파워먼트와 존중
경쟁의 시각	내부 경쟁을 조장	지나친 개인 경쟁 경계
평가	최종 결과 중심	노력 정도에 대한 평가

3. 서번트 리더십 습득방법

리더가 서번트 리더십의 개념과 역할을 이해했다고 해서 서번트 리더가 되는 것이 아니다. 서번트 리더십을 개발하기 위해서는 리더 자신의 노력이 필요하다. 그린리프 연구소장인 스피어즈(Spears)는 서번트 리더가 가져야 할 주요 특성 10가지를 제시하고 서번트 리더가 되려면 반드시 이를 이해하고 시행해야 한다고 강조했는데, 이 중에서 중요한 6가지를 소개한다([그림 6-1]).

1) 경청(傾聽: Listening)

경청의 사전적 의미는 '주의(注意)를 기울여 열심히 들음'이다. 경청은 서번트 리더십의 질을 결정하는 가장 핵심적인 요소로써 숙련된 경청자가 되지 않으면 부하들의 마음을 움직이기 어려워진다. 구성원을 존중하고 수용하는 태도로 적극적이고 능동적으로 경청함으로써 구성원이 바라는 욕구를 명확히 알아내고 이에 대응해야 한다.

2) 공감(共感: sympathy)

공감이란 '상대방의 입장에서 생각하거나 다른 사람의 감정에 대해 자기도 그렇다고 느끼는 것'으로, 감정이입(感情移入)과 동의어이다. 예를 들어, 부모를 잃은 슬픔 때문에 우는 친구를 보고 자신도 눈물을 흘린다면 당신은 공감을 하고 있는 것이다. 공감은 '구성원에 대한 리더의 보다 차원 높은 이해심'이라고 할 수 있는데 구성원의 입장에 서서 그들의 감정을 이해함으로써 그들과 더 가까워지려고 노력해야 한다.

공감하면서 경청하면 상대방과의 관계개선에 더욱 효과적인데 이를 공감적 경청이라고 한다.

3) 정서적 치유(治癒: Healing)

치유의 사전적 의미는 '심리적인 안정감을 주는 것'이다. 구성원들은 온갖 이유로 기가 꺾이고 정서적인 상처를 입는데 그들이 제대로 업무를 수행할 수 있도록 하기 위해서는 그들의 심리상태에 대한 관심과 배려가 선행되어야 한다. 다시 말해, 구성원들의 정신적인 상처를 이해하고 그들을 좀 더 밝고 긍정적으로 치유시켜야 한다.

4) 청지기 의식(Stewardship)

청지기(廳直이: Steward)란 '타인의 가사(家事)를 도맡아 처리하는 관리자'란 의미이므로 청지기 의식(Stewardship)이란 '리더의 개인적 욕구보다 구성원의 욕구를 먼저 생각하고 배려하는 섬김의 자세'를 말한다. 청지기 의식을 가진 리더는 자신에게 부여된 지위와 권한은 조직의 목적을 달성하기 위한 도구이기도 하지만, 부하를 위해 봉사하고 지원하기 위한 도구도 된다고 생각한다.

5) 부하의 성장을 위한 노력(Commitment to the growth of people)

리더는 부하들의 개인적 성장(정신적 성숙 및 전문분야에서의 발전)을 위한 기회를 주고 필요한 지원을 해야 한다. 아울러 구성원들이 제시한 아이디어와 제안에 대해 적극적으로 관심을 표현하고 의사결정과정에 구성원의 개입을 권장해야 한다.

6) 공동체 형성(Building community)

공동체 의식이란 구성원들이 '자신이 속한 공동체에 소속감을 가지며 이를 중심으로 똘똘 뭉치는 정신'을 말한다. 조직 발전을 위해서는 개인주의나 부서 이기주의로 인해 공동체가 무너지는 것을 경계해야 하는데, 이를 위해서는 경쟁을 부추기기보다 배려와 협력을 통하여 팀워크를 발휘시킴으로써 공동체 의식이 강화되도록 해야 한다. 서번트 리더는 해당 조직을 상호협력의 공동체로 만들고 구성원들을 공동체의 일원으로 편입시켜야 하는 의무를 가진다.

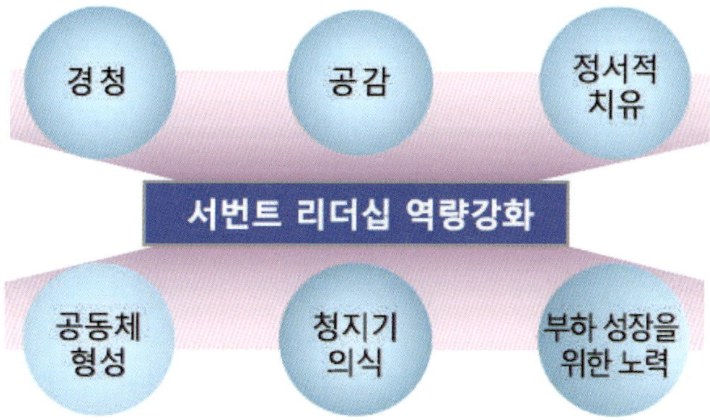

[그림 6-1] 서번트 리더십 역량 강화

4. 서번트 리더십의 부작용과 이에 대한 대응

1) 서번트 리더십 적용 시 나타날 수 있는 부작용

서번트 리더십은 구성원들의 업무 만족도와 리더에 대한 충성도를 향상시키고 조직 업무에 몰입케 함으로써 궁극적으로 조직성과를 극대화시키는 장점을 가진다. 반면,

다음과 같은 부작용이 존재하여 봉사와 희생의 리더십 발휘를 어렵게 한다.

① **일사불란한 조직운영의 한계**: 리더의 봉사와 희생적 헌신이 일상화될 경우, 공식적인 권한의 엄정한 집행이 어려워지거나 위급상황 시 강력한 리더십 실행이 어려워질 수 있다.

② **요구사항의 증가 우려**: 초기에는 낮은 수준의 봉사와 희생으로 효과를 얻을 수 있지만, 만성이 되면 부하들은 더 높은 수준의 봉사와 희생을 요구하게 된다. 또한, 리더의 희생에 감동으로 화답하지 않을 수 있을 뿐 아니라 일부는 이를 당연시하기도 한다.

③ **권한 행사 축소**: 업무에 있어서 리더의 전반적인 권한을 축소시킬 수 있다. 이로 인해 각자 지위에서 서로에게 필요한 것을 제대로 요구하지 못하는 경우가 발생할 수도 있다.

④ **업무효율 감소**: 업무를 수직적 관계하에 효율적인 방식으로 처리하던 전통적 리더십에 비해 많은 시간이 걸릴 뿐 아니라 일사불란한 처리가 안되어 결과적으로 업무효율을 감소시킬 수 있다.

2) 부작용에 대한 대응 방안

서번트 리더십 적용 시 나타날 수 있는 부작용은 상황을 무시하고 무턱대고 실시하거나 필요 이상으로 과하게 적용할 때 나타날 수 있다. 이러한 문제를 극복하고 리더십 효과를 극대화하기 위해, 리더는 상황에 맞게 융통성을 발휘해야 하며 해당 조직의 특성과 구성원의 지식이나 정서적인 수준을 고려하여 적용수위를 조절해야 한다.

사례 **서비스 마스터사의 서번트 리더십**

〈서비스 마스터스사 로고〉

〈윌리엄 폴라드 회장〉

서비스 마스터사는 건물 내 해충 구제와 욕실 및 변기 청소, 세탁, 조경, 보안 등 3D 분야의 각종 서비스를 제공하는 기업이다. 윌리엄 폴라드(William Pollard) 회장이 선임 부사장의 직책으로 서비스 마스터에 입사한 첫날, 직책과 무관하게 말단 직원들과 함께 거래업체의 계단과 화장실 청소부터 시작했는데 뜻밖에 업무성과가 향상되는 것을 발견했다. 그는 이 당시의 경험을 통해 서비스 일선에서 근무하는 직원들의 고충을 깨닫게 되고 직원을 섬기는 일이 기업경영에 어떠한 효과를 가져다주는 것을 분명하게 알게 되었다. 이후 서번트 리더십은 이를 몸소 실천한 윌리엄 폴라드 회장의 기본 경영방침이 되었다. 이 회사는 "회사의 중역이 가장 말단 사원들과 함께 바닥과 화장실 변기를 청소하는 기업, 사원 위에 군림하기보다 사원들이 변화하고 발전할 수 있도록 도와주는 기업"으로 인정되어 수차례에 걸쳐 『포춘』 100대 기업 중 '미국인이 가장 존경하는 기업 1위'로 선정된 바 있다(출처: Hunter, 2006).

사례 오기(吳起) 장군(BC440~BC381)의 서번트 리더십

〈오기〉

〈오자병법〉

오기는 춘추 전국시대 위나라의 장군이자 전략가로 손무의 손자병법에 버금가는 『오자병법』을 저술하여 오자(吳子)로도 불린다. 전쟁에서 76전 무패라는 대과업을 이루어 '상승(常勝) 장군'으로도 불리었던 오기 장군은 서번트 리더십의 전형적인 인물로 거론된다.

그는 군대의 최고위 리더였으나 항상 말단 병사들과 똑같은 옷을 입고 똑같은 음식을 먹으며 행군할 때에도 말을 타지 않았다. 병사의 다리에 종기가 생기자 직접 입으로 고름을 빨아 내서 '연저지인(吮疽之仁)[1]'이라는 고사성어까지 생겨나게 할 정도로 부하들에 대한 배려가 남달랐다. 어느 날 오기 장군이 병사의 종기를 빨아 주었는데 그 병사의 어머니가 이 얘기를 듣고는 통곡을 했다. 어떤 사람이 "당신 아들은 일개 병사에 지나지 않는데 장군이 직접 종창을 빨아 주었거늘 어째서 통곡을 하는 거요?"라고 묻자, 그 어머니는 "예전에 장군께서 그 아이 아버지의 종창도 빨아 준 적이 있는데, 그이는 물러설 줄 모르고 용감하게 싸우다가 전사하고 말았지요. 장군이 지금 내 자식의 종창을 또 빨아 주었으니 이제 그 애가 언제 죽을지 모르게 되었소이다. 그러니 통곡하지 않을 수 있겠소이까?"라고 말했다(손자오기열전).

대적관계에 있던 나라들의 장군들은 "장군은 위엄이 있어야 통솔을 잘할 수 있는 법인데 오기는 위엄이 땅에 떨어져 있으니 한심한 지도자다."라며 얕잡아 보았다. 그러나 그러한 서번트 리더십으로 인해 전장에서 부하들이 물러서지 않고 목숨을 다해 싸웠고 그 결과 모든 전쟁에서 전승을 거둘 수 있었다. 높은 자리에 있으면서도 그 자리에서 취할 수 있는 권력을 버리고 낮은 자리에 처해 부하들의 어려움과 애로사항을 함께 체험하면서 해결해 주고 격려해 주는 오기 장군이야말로 진정한 서번트 리더라 할 수 있을 것이다.

사례 한국의 슈바이처, 이태석 신부(1962.9.19.~2010.1.14.)의 서번트 리더십

1) 주요이력

이태석 신부는 1987년 인제대학교 의과대를 졸업하였다. 1990년 군의관으로 군복무를 마친 후 1991년 살레시오 수도회에 입회하였고, 1992년 광주 가톨릭대학교 신학대학에 입학하여 성직자의 길을 걸었다. 1994년 1월 첫 서원을 받았으며 1997년 이탈리아 로마로 유학하였다. 그 후 아프리카 수단에서 병원과 학교를 설립하여 원주민을 위해 헌신하였다. 이 신부는 그렇게 수단의 가난한 마을에서 아이들을 위해 밤잠을 자지 않고 헌신하였으나, 정작 본인의 몸을 돌보지 못해 대장암 말기 판정을 받았다. 그럼에도 치료 차 귀국한 그는 태연하게 '수단 어린이 후원의 밤'에서 아이들을 위해 밝은 웃음으로 노래를 부르기도 했다. 그는 2010년 1월 14일 세상을 떠났다(네이버 지식백과).

〈톤즈 어린이들과 이태석 신부〉

〈영화 '울지마 톤즈' 포스터〉

2) 이태석의 서번트 리더십 사례

① 선교활동과 치료활동을 하다: 아프리카에서도 가장 오지로 불리는 수단의 남부 톤즈는 오랫동안 내전(內戰)으로 폐허가 되었고 주민들은 살길을 찾아 흩어져 황폐화된 지역이었다. 이태석 신부는 이곳에서 가톨릭 선교활동을 펼쳤으며 말라리아와 콜레라로 죽어 가는 주민들과 나병환자들을 치료하기 위해 흙담과 짚풀로 지붕을 엮어 병원을 세웠다. 병원까지 찾아오지 못하는 주민들을 위해 척박한 오

1) 연저지인(吮疽之仁)－빨 연, 등창 저, 갈 지, 어질 인: 남의 몸에 난 종기를 빨아 고쳐 주는 어진 행동, 즉 남에게 신용을 얻기 위해서 험하거나 추한 일이라도 마다하지 않는 정성을 의미한다.

지마을을 순회하며 진료를 하였다. 그의 병원이 점차 알려지게 되자 많은 환자들이 모여들게 되었고 원주민들과 함께 벽돌을 만들어 병원건물을 직접 지었다.

② 학교를 세워 아이들을 가르치다: 이 신부가 톤즈에 뿌려 놓은 씨앗은 이뿐만이 아니다. 2005년 배움의 갈증을 느끼는 아이들을 위해 고등학교를 지어 직접 아이들을 가르치기도 했다. 아이들 1000여 명이 초등학교와 중 · 고등학교에서 공부하며 꿈을 키우고 있다. 이 신부는 처음 톤즈에 왔을 때 학교가 없어 나무 밑에 앉아 하는 일 없이 시간을 보내는 아이들의 모습을 보고 마음 아파했다. 아무것도 갖추지 못한 상황에서 하느님의 섭리만을 믿고 학교를 열었다. 첫 수업을 한 지 10년만에 그토록 짓고 싶어 하던 새 학교가 건립된 것이다.

③ 치료의 목적으로 원주민에게 음악을 가르치다: 이 신부는 음악을 좋아했으며 전쟁으로 상처받은 원주민을 치료하는 데 음악이 가장 좋은 효과가 있다는 사실을 알게 되었다. 치료의 목적으로 음악을 가르쳤으며 예상을 넘는 효과가 있자 학생들을 선발하여 브라스밴드(brass band)를 구성하였다.

그의 생애를 다룬 영화 '울지마 톤즈'는 이기심 많은 우리의 삶이 얼마나 부끄러운지를 깨닫게 해 주었으며, 사회 지도층 인사들에게 사랑과 헌신의 진정한 의미를 보여 주고 있다. 그는 남수단의 슈바이처였으며 진정한 서번트 리더였다. 힘들고 어려운 사람을 도와주면서도 그들의 위에 군림하거나 생색내지 않았다. 항상 그들의 눈높이에 맞춰 이야기를 들으려 하였으며, 그들이 원하는 것들을 찾아 해결해 주었다. "톤즈에서 여러 해 지내며 그곳 사람들에게 많은 것을 주었다고 생각했습니다. 그런데 되돌아보니 제가 그들에게서 얻은 것이 더 많았습니다. 톤즈 사람들은 작은 것에 감사할 줄 알았고, 부족한 가운데서도 나눌 줄 알았습니다. 저는 그들 안에서 하느님을 체험했습니다. 고맙습니다. 사랑합니다."(출처: 이태석, 2013).

"21세기 기업가나 정치가는 성직자에 준하는 고도의 도덕성을 가진 사람이 아니면 안 되며, 경영자의 도덕성이 기업의 성패를 좌우한다."

– 폴 케네디(Paul Kennedy)

2절 윤리적 리더십(Ethical leadership)

1. 개요

1) 윤리의 개념

윤리(倫理,Ethics)는 그리스어의 '관습, 관행 혹은 인격'을 가리키는 'ethos'에서 나온 말로, "옳고 그른 것과 좋거나 나쁜 것이 어떤 것인지 판단하여 의사결정을 하는 데 지침이 되는 법칙과 원칙 체계"를 의미한다. 윤리는 양심과 욕심이 조화를 이루어 인생이 가치 있는 삶을 이루도록 하는 것이다. 스스로 자신의 발목에 '윤리'라는 족쇄를 채우면 불편하고 힘이 드나 결국 '좋은 가치'로 되돌아오고, 나 자신뿐 아니라 기업, 국가 전체에도 좋은 영향을 미치게 됨을 명심해야 한다. 그렇다면 윤리는 도덕(道德: moral)과 무슨 차이가 있을까? 도덕은 '개인의 양심과 관련'이 있고 강제성이 없으나, 윤리는 '사회시스템과 관련'이 있고 강제성이 있다. 그러므로 도덕에 어긋나면 욕은 먹게 되나 처벌받지는 않는다. 그렇지만, 윤리에 어긋나면 경우에 따라 처벌을 받을 수 있다. 그런 의미에서 윤리는 도덕에 비해 법에 더 가까운 개념이라 할 수 있다. 하지만 일반적으로 도덕과 윤리를 혼용해서 사용하는 경우가 많다. 본 교재에서도 윤리와 도덕을 동일한 개념으로 간주키로 한다.

2) 윤리적 리더십 정의

한 나라를 이끄는 대통령으로부터 한 가정을 책임지는 가장에 이르기까지 도덕성으로 무장되어야 한다. 그러나 대부분의 인간은 돈과 권력 욕망에 사로잡혀 있어 타인의 권익을 해치고 사리사욕을 취하는 것이 현실이다. 실제로 우리는 매스컴을 통해 많은 정치인이, 기업인들이 그리고 개인들이 구속되거나 구설수에 오르는 것을 자주 접하고 있다. 아무리 뛰어난 능력을 가지고 있더라도 윤리적으로 문제가 있는 사람은 리더의 자리를 탐내서는 안된다. 또한, 선출된 리더의 성품이 어느 수준에 못 미친다고 생각되면 스스로 그 자리를 내놓아야 하며, 스스로 내놓지 않는다면 강제로라도 끌어내려야 한다. 윤리적 리더십이란 "먼저 리더 스스로 윤리적인 리더가 된 후 구성원들을 윤리적 리더로 만드는 리더십"이다. 다시 말해, 윤리적 리더십에는 두 가지 차원, "도덕적 사람"과 "도덕적 관리자"가 있는데 윤리적 리더가 되기 위해서는 도덕적 사람만으로는 부족하고 도덕적 관리자도 되어야 한다.

① 도덕적인 사람(moral person): 우선 리더 스스로 도덕적인 사람이 되어 직원들의 윤리적 롤 모델이 되어야 한다. 즉, '윗물이 맑아야 아랫물이 맑다.'는 속담처럼 윤리적 조직 풍토를 조성하는 데 가장 중요한 요소는 리더 자신이 윤리적 행동을 실천하는 것이다. 그러기 위해서는 윤리적 자질을 갖추어야 하고, 윤리적으로 행동해야 하며, 윤리적 기준에 따라 의사결정을 해야 한다. 구성원들은 리더의 윤리적 행동을 보면서 윤리를 학습하기 때문이다.

② 도덕적 관리자(moral manager): 다음으로 리더는 조직 구성원을 도덕적 인간으로 만들고 윤리적 조직문화를 정착시키는 도덕적 관리자가 되어야 한다. 부하직원의 윤리수준을 향상시키기 위해서는 윤리를 자신의 리더십 핵심가치로 받아들이고 부하들에게 그 중요성을 명확하게 전달해야 한다. 또한, 리더는 구성원들에게 무리한 성과를 요구할 경우 구성원들의 비윤리적 행동을 부추기는 결과를 초래할 수 있음도 고려해야 한다.

으며 에너지를 거래하지도 않았지만 이러한 분식회계를 통해 미국의 7대 기업이 될 수 있었다. 숫자만으로 에너지를 사고팔다 보니 조작이 가능했고, 전문가의 눈을 속일 수 있을 정도로 점점 교묘해졌다. 여기에 정계에 막대한 정치 자금을 헌납하는 등, 자신을 보호해 주는 지원그룹을 만드는 수완이 대단했다. 저명한 학자, 칼럼니스트, 경제전문가를 컨설턴트로 두었으며, 보수와 진보계 이론가들을 다 포용할 정도로 정재계를 쥐락펴락했다. 엔론 사태는 단순히 기업 스캔들이나 정치 스캔들이 아닌 사회 전반의 지식층, 화이트컬러 범죄라는 죄명을 달게 된 사건이다. 엔론의 비윤리적 행위는 한 기업의 몰락뿐 아니라 미국경제에 약 400억 달러의 손실을 안겼고 세계 경제마저 휘청거리게 만들었다. 미국에서는 엔론을 비롯한 미국발 금융위기 등 세계적인 경제 위기를 초래한 원인이 기업의 도덕적 해이에 있다고 보고 MBA 과정에 윤리교육 강화를 추진하고 있다. 국내에서도 부정부패 사건으로 조직 해체의 위기를 맞는 경우가 많은데 그 원인은 개인의 욕심을 채우려는 비윤리적인 행위 때문이다.

심화학습 우리나라의 윤리수준

우리나라 기업이 국제경쟁력을 강화하기 위해서는 윤리적 리더십에 따른 '윤리경영 선언'이 시급하다. 국제투명성기구(TI)가 2021년 1월 발표한 국가 청렴도 순위의 경우 OECD 37개 국가 중 2018년 30위에서 2020년 23위로 상승했으나 아직도 하위권에 머물러 있는 실정이다. 그렇다면 기업 측면에서는 어떨까? 세계경제포럼(WEF) '기업 윤리경영 평가' 순위에서 우리나라는 2016년 세계 137개국 중 98위를 기록했다. 우리나라 순위는 2009년 48위에서 2011년 58위, 2013년 79위, 2015년 95위에 이어 2016년 98위로 조사 때마다 하락했다.

SBS '그것이 알고 싶다'에서 조사한 설문내용은 대한민국의 암울한 도덕성을 다시 한 번 보여 준다. 전국 30~50대 성인 남녀 744명을 대상으로 조사한 결과 응답자의 절반인 50.7%가 10억 원 이상이면 양심을 충분히 저버릴 수 있다고 대답했다. 또 1천만 원 미만이라도 기꺼이 양심을 속이겠다는 사람이 4.3%였다. 그렇다면 우리 국민들이 생각하는 한국의 리더에 필요한 덕목은 무엇일까? 『시사저널』의 '차세대 리더'에 대한 설문조사에서 1위는 '도덕성'이 차지했다. 세 차례 조사에서 변함이 없었다. 리더에 대한 '도덕성'에 대한 요구는 갈수록 높아지고 있다. 분야별로 살펴도 마찬가지다. 10개 분야 모두에서 '도덕성'이 1위를 차지했다.

이러한 낮은 수준의 윤리의식으로 인해 분식회계, 협력업체에 우월적 지위 남용, 산업기술 유출, 고객정보 유출, 임직원 간 폭언 · 성폭력 및 '갑질' 사건이 잦은 상황이다. 윤리경영이 환골탈태하기 위해서는 경영자가 분명한 윤리적 철학으로 '윤리적 리더십'을 발현해 윤리적 조직문화를 구축해야 한다. 또한 기업을 비롯한 모든 국민이 스스로 윤리적 리더십을 발휘할 수 있도록 하는 국가차원의 대책도 필요하다.

토론

1) 「김영란법」의 의의와 효과에 대해 토론해 보자.
2) 요즘 이슈화되고 있는 갑질문화에 대해 토론해 보자.

3. 윤리경영(ethical management)

윤리경영이란 기업 경영활동의 적법성은 물론 사회적 통념까지 감안하여 기업윤리를 추구하는 경영방식을 말한다. 즉, 윤리경영을 실천하기 위해 윤리적 기준을 설정하고 이를 충실히 따르는 경영 활동을 윤리경영이라고 한다. 윤리는 리더십의 중심에 위치한다. 나이(Nye)의 "좋은 리더십이란 효과적이고 도덕적인 리더십이다."라는 말은 지도자의 업무능력(효과)과 도덕적 리더십이 기업경영을 떠받치는 양대 기둥임을 의미한다. 과거에는 리더 본인이 모범을 보이고 내부 구성원들에게 윤리경영을 실시하도록 하는 쪽으로 경영의 초점이 맞춰져 있었으나, 근래 외부의 윤리경영의 요구가 거세짐에 따라 수많은 외부 이해 관계자들의 윤리적 요구를 만족시키기 위한 쪽으로 확대되고 있다. 윤리경영은 지속성장을 가능하게 하는 21세기의 최고 신성장 동력이라 할 수 있다.

사례 지속가능경영(Corporate Sustainability Management, 持續可能經營)

어떻게 하면 기업이 건강하게 오랫동안 지속될 수 있을까? 과거에는 이윤을 창출함으로써 경제적 책임을 다하여야 하는 '경제적 지속가능성(Economic Sustainability)'이 중요하였으나 사회가 복잡해짐에 따라 환경에 대해 책임을 다하는 '환경적 지속가능성(Ecological Sustainability)', 회계구조의 투명성, 지배구조의 건전성, 윤리강령 및 법 준수 등 윤리적 책임을 다하여야 하는 '윤리적 지속가능성(Ethical Sustainability)'까지 3대 축(3E 경영)으로 확대시키지 않으면 기업이 지속될 수 없게 되었다. 쉽게 말해, 기업이 윤리와 환경을 고려하지 않는다면 본래 목적인 이익 극대화에 한계를 맞게 된다는 것이다. 이에 따라 선진 기업에서는 상기 3가지 측면에서의 지속가능경영을 새로운 경영 패러다임으로 인식하고 있으며 국내 일부 기업들도 지속가능경영을 위한 비전과 추진조직을 구축하고 있다. 국제기구는 기업에서 준수해야 할 환경과 윤리기준을 설정하고 이를 따르지 않는 기업과는 거래하지 말도록 권고하고 있어 환경과 윤리적 책임을 다하지 않는 기업은 오늘날과 같은 극심한 경쟁사회에서 살아남을 수 없게 되었다.

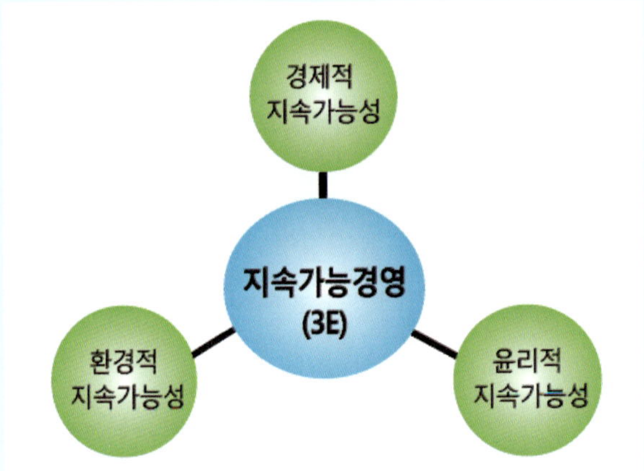

[그림 6-2] 지속가능경영의 조건

사례 허먼밀러(Herman Miller)의 윤리적 리더십

미국 미시건 주에 기반을 둔 가구업체 허먼밀러는 '이익이 되는 것' 보다 '옳다고 생각하는 것'을 추구하는 기업으로, 많은 경영 전문가들이 세계적인 모범기업으로 평가 내린 바 있으며, '일하기 좋은 미국 100대 기업' 안에도 올라 있다.

허먼밀러는 '훌륭한 환경 정책'과 '노사관계 개선'을 통해 지속경영의 기반을 구축하였다.

1) 환경분야의 윤리적 리더십

1990년, 허먼밀러의 대표 제품인 이메스(Eames)에 대한 사내평가가 이루어졌다. 장미나무로 외장을 마감한 독특한 의자인 이메스는 가격이 2천 277달러나 되는 고가의 제품이었다. 하지만 CEO였던 리처드 러치(Richard Rutch)는 미처 알지 못했던 중요한 사실 하나를 발견했다. 바로 이 의자에 사용되는 장미나무가 멸종 위기에 처해 있는 열대 우림의 나무라는 것. 그는 이미 가공해 놓은 재료를 다 사용하고 나면 더 이상 장미나무를 사용하지 말라고 지시했다. 당시 허먼밀러의 인기 제품이었던 이메스는 이렇게 생산이 중단됐다.

허먼밀러는 목재를 가공하는 과정에서 생기는 독성 솔벤트를 소각하기 위해 80만 달러라는 막대한 비용을 들여 소각로 두 곳을 설치했다. 이는 일반적인 소각로 설치용보다 훨씬 큰 액수로, 「미국 대기 오염 정화법」이 요구하는 수준보다 훨씬 높은 처리율(98%)이 가능한 소각로였다. 그러자 이사회에서는 지나치다는 지적이 있었다. 기준치보다 높은 독성 처리를 하기 위해 막대한 비용을 쓸 필요가 있었냐는 것이다. 이에 CEO 러치는 "그것이 윤리적으로 올바른 결정이었습니다."라고 망설임 없이 대답했다. 이러한 조치로 막대한 추가 비용만 들 거라고 생각했는데 이게 오히려 회사 회생의 발판이 되었다. 그들이 '과도한' 비용을 들여 설치했던 소각로를 통해 폐쓰레기 소각에너지를 이용한 냉난방 시설을 만들 수 있었고, 이게 막대한 경비절감으로 이어진 것이다.

허먼밀러는 연간 80만 개나 사용되는 1회용 스티로폼 컵 대신 직원들에게 5,000개의 머그컵을 나눠 주었다. 그 결과 140만 달러의 경비가 절감되었다. 이러한 환경정책으로 타 기업에 비해 환경에 관심을 갖는 기업이라는 홍보가 되면서 고객의 충성도가 증가되었다.

2) 노사분야의 윤리적 리더십

허먼밀러는 1923년 창업 당시부터 직원들과 가족 같은 관계를 유지하기 위해 노력해 왔다. 이들은 기본적으로 친절하고 온화한 태도로 직원들을 대했으며, 회사의 정책을 수립할 때 직원들의 의견을 수렴하는 참여적 경영을 실천했다. 일찍부터 수익 공유제도와 인센티브 제도도 갖추고 있었다. 회사가 직원들에게 존중으로 다가서자 직원들의 회사에 대한 충성도는 더 높아졌다. 노사 간의 신뢰는 더욱 질 좋은 제품의 생산으로 이어졌고, 이것은 고품질 고비용 제품을 생산하는 허먼밀러의 성장을 극대화시켜 주었다. 허먼밀러는 노동자 출신 부사장이 있을 정도로 노동자를 우대했으며, 관리자와 노동자가 6개월마다 서로를 평가하게 하여 권위보다는 존중의 문화가 자리 잡히도록 만들었다.

그러나 1990년대 가구업계의 경쟁이 치열해지자 허먼밀러는 적자로 전환되었다. 신임 커미트 캠벨 회장은 비용감축을 위해 최고 임원을 비롯한 회사 직원들을 해고했다. 그는 가족적인 노사관계보다 회사의 생존을 더 우선으로 생각했고, 그 방법으로 6,000명의 직원 중 200명을 감축한 것이다. 그러나 그가 회장직을 수행한 지 두 달 만에 전년 대비 90% 수익 급감이란 처참한 실적이 발표되었고 캠벨은 회장직에서 물러나야 했다. 캠벨의 후임자 마이클 볼케마는 캠벨과 달리 직원들에게 희생을 통한 이익확대 대신 종업원 복지에 더 신경을 씀으로써 구성원들의 충성심을 이끌어 내었으며 이는 기업회생의 기반이 되었다.

3) 기업윤리가 가져다준 회생

이러한 환경과 노사분야의 윤리적 리더십의 정착으로 볼케마가 취임한 지 5년 만에 허먼밀러의 총 매출은 두 배 가까이 증가하였고 이익도 급증하였다. 기업의 수익보다 윤리를 우선시함으로써 얻은 효과였다. 『포브스』는 허먼밀러를 '장단기 성장과 수익 면에서 평가했을 때 엄청난 위기를 극복해 낸 기업 리스트'인 플래티넘 리스트(Platinum List)에 올렸다.

4. 윤리적 행동 기준과 비윤리적 행동 발생원인

1) 윤리적 행동과 비윤리적 행동 비교

어떠한 행동이 윤리적인 행동이고 어떠한 행동이 비윤리적인 행동일까? 몇 가지 행동을 비교해 보자(〈표 6-2〉).

① **리더의 권력 사용**: 윤리적 리더는 부하들과 조직을 위하여 봉사하나 비윤리적 리더는 개인적 욕구와 경력목표를 달성하기 위해 권력을 사용한다.

② **결정과 행동의 위험 부담**: 윤리적 리더는 조직의 비전 달성을 위하여 기꺼이 개인의 위험을 무릅쓰나(risk-taking) 비윤리적 리더는 리더의 개인적 위험을 필요로 하는 결정과 행동을 회피한다.

③ **운영에 필요한 관련 정보**: 윤리적 리더는 조직에 대한 모든 관련 정보를 있는 그대로 시기적절하게 발표하나 비윤리적 리더는 자신이 불리한 정보에 대해서는 속임수와 왜곡을 사용한다.

④ **부하들의 비평과 반대에 대한 반응**: 윤리적 리더는 문제에 대한 해결책을 찾기 위하여 비판적인 평가를 장려하나 비윤리적 리더는 어떠한 비평과 반대도 허용치 않는다.

〈표 6-2〉 윤리적 행동과 비윤리적 행동 비교

구분	윤리적 행동	비윤리적 행동
권력 사용	조직을 위해 사용	개인의 사리사욕을 위해 사용
위험 부담	목표달성을 위해 위험을 무릅씀	개인에게 불리한 위험 회피함
정보 제공	있는 그대로의 정보 제공	속임수와 왜곡된 정보 제공
부하의 비판	장려	미허용

2) 비윤리적 행동 발생원인

그렇다면 비윤리적인 행동들이 왜 발생하는 것일까? 그 원인은 개인적 차원과 조직적 차원에서 찾아볼 수 있을 것이다.

① **개인적 차원:** 개인적 차원에서 보면 도덕적으로 미성숙되었기 때문이다. 다시 말해, 공동체 생활에서 도덕적으로 판단하고 행동할 수 있는 바람직한 가치관을 갖고 있지 못하기 때문이다.

심화학습 **도덕성 발전 단계**

콜버그(Kohlberg)의 도덕발달이론은 도덕성 발달에 대한 가장 영향력 있는 이론 중 하나로 평가받고 있다. 그는 도덕적 사고 수준을 3단계로 규정하고 인간은 이 도덕성 수준을 전 생애에 걸쳐 노력을 통해 발전시킬 수 있다고 보았다.

① 도덕적 수준 1: 처벌을 피하기 위해 어쩔 수 없이 또는 보상을 받기 위해 규정을 준수하는 단계이다. 이 단계의 구성원은 불리한 결과를 회피하기 위해 리더의 권위에 순종하게 되는데 어린아이와 일부 미성숙한 성인들의 수준에 해당된다. 이 단계의 리더는 독재적이며 자신의 출세를 위해 지위를 이용한다.
② 도덕적 수준 2: 처벌과 관계없이 자발적으로 규정을 준수하는 단계이다. 이 단계의 사회 구성원은 가족, 집단, 국가에 대한 기대를 지킴으로써 그들을 기쁘게 해 주거나 그들에게 자신이 착하다고 여겨지기를 원한다. "악법도 법이다."라는 의식을 가지고 있어 규범이 적절한 것인가와 자신에게 어떤 결과를 가져올 것인가는 그 후의 문제로 생각한다. 현대의 성숙한 국민 수준에 해당된다.
③ 도덕적 수준 3: 이 수준에서 구성원은 도덕적 가치, 원칙을 스스로 정의하고자 노력한다. 사회의 규범과 질서는 존중되어야 하지만 자신의 원칙에 어긋나면 규칙에 불복종하고 나아가 바꿀 수도 있다고 생각한다. 즉, "악법은 법이 아니다."라는 의식을 가지고 있으면서 부당하다고 생각하는 규범을 어기고 투쟁한 마틴 루터 킹 목사나 마하티마 간디와 같은 인물, 독재에 대항하기 위해 목숨을 걸고 투쟁한 '광주 민주화 투사'들이 여기에 해당된다.

대부분의 성인들은 2단계에 도달해 있지만 일부 사람들은 아직 1단계에서 더 나아가지 못하고 있으며, 많은 성인들이 3단계에 도달할 능력을 가지고 있지만 대부분 2단계에 머물러 있는 실정이다.

② **조직적 차원:** 조직적 차원에서 비윤리적인 행동은 조직 시스템(업무의 명확한 규정과 지침, 평가보상시스템 등)에 결함이 있다거나 비윤리적인 관행을 허용하는 조직문화를 갖고 있는 경우에 나타나기 쉽다.

5. 개인 차원의 윤리적 리더십 향상방안

윤리적 리더십을 향상시키기 위한 가장 기본적인 조치는 구성원 개개인이 스스로 윤리적으로 무장하는 것이다.

1) 윤리적 리더십 기본 습득

우리나라 국민 모두가 개인적 차원에서 도덕적 성숙을 얻기 위해서는 가정과 학교에서 출세지향과 입시위주의 교육이 아닌 전인격적인 교육이 이루어져야 한다. 가정에서는 가족적 사랑 위에 공동체의 질서를 배우고, 학교에서는 인류공영의 질서를 배우도록 해야 한다. 도덕성과 윤리성은 배운다고 해서 하루아침에 고쳐질 것은 아니지만, 문제점을 인식하고 문제해결을 위해 찾아 나설 때 비로소 조금씩 잘못된 것을 바로 잡을 수 있게 된다.

2) 5가지 윤리적 리더십 원칙 준수

노스하우스(Northouse)는 윤리적 리더가 되기 위해서는 〈그림 6-3〉와 같은 5가지 원칙을 준수해야 한다고 주장했다.

① **조직 구성원에 대한 존중의 원칙:** 칸트(Kant)는 타인을 존경심을 가지고 대하는 것은 인간의 도덕적 의무라고 주장했다. 타인을 존중하는 리더는 부하들의 말을 경청하고 공감을 나타내며 반대의 견해도 관대하게 받아들인다. 즉, 타인을 존중하는 리더는 부하들을 종속이 아닌 인격체적인 한 인간으로 대한다.

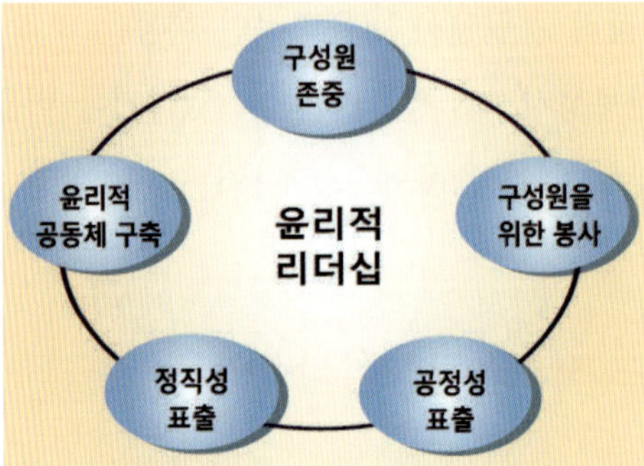

[그림 6-3] 윤리적 리더십 기본 원칙

② **조직 구성원에 대한 봉사의 원칙**: 엘른 테너(Ellen Tenor)는 "봉사는 내가 지구상에 사는 특권에 대해 지불해야 하는 일종의 세금이다."라고 말하였다. 윤리적 리더는 다른 사람을 보호하고 그들의 복지와 이익에 도움이 되는 방향으로 행동한다. 또한 봉사를 통해 구성원의 업무향상을 기하고 정신적인 지지를 통하여 경영효율을 극대화한다.

③ **공정성의 원칙**: 자원의 희소성으로 보상, 배분 시 갈등발생 가능성이 높게 되고 이는 비윤리적 행동을 촉발하는 계기가 될 수 있다. 그러므로 리더는 부하들을 공정하게 대함으로써 비윤리적 행위를 사전에 차단해야 한다. 일반적으로 특별한 상황요건을 제외하고는 조직에 있어서 누구도 특별한 대우를 받거나 특별한 배려를 받아서는 안된다.

④ **정직성의 원칙**: 부하들에게 마음을 열고 정직하게 대하지 않으면 부하들은 더 이상 리더를 신뢰하지 않으며 리더에 대한 존경심도 사라지게 된다. 그렇게 되면 결국 리더의 윤리적 영향력도 함께 사라지게 된다. 리더는 이행할 수 없는 것은 약속하지 않으며, 발뺌하지 않고 숨기지 않으며, 책임을 은폐하지 않으며 의무를 회피하지 말아야 한다.

⑤ **윤리적 공동체 구축의 원칙**: 윤리적 리더는 자신과 구성원의 공동의 선이나 공동의 이익에 목표를 두어야 하며, 이러한 목표에 적합한 방향으로 조직을 이끌어야 한다. 그러기 위해서는 자신이 속한 조직을 윤리적 공동체로 전환시켜야 한다.

6. 조직 차원의 윤리적 리더십 향상

개인적인 차원의 윤리적 무장만으로는 한계가 있다. 어떤 사안이건 조직을 변화시킬 수 있는 가장 효과적인 수단은 최고 경영자의 강력한 의지이다. 최고 경영자는 윤리적 가치관과 행동원칙이 조직문화에 스며들도록 윤리적 기준을 설정하고 행동으로 실천해야 한다. 조직 구성원들을 윤리적으로 무장시키기 위해서는 다음과 같은 제도적 장치를 설치하고 강력하게 추진해야 한다.

1) 윤리 행동강령 제정

윤리 행동강령은 조직 윤리에 대한 조직 방침을 체계적으로 정리한 것으로 대표적인 것이 윤리헌장이다. 윤리헌장이란 조직에서 구성원이 지켜야 할 윤리규범을 공식적으로 문서화한 것을 말한다. 이는 자신의 행위가 도덕적인지 비도덕적인지 판단이 서지 않을 때 판단의 기준이 될 수 있으며, 동료나 관계자들로부터 비도덕적인 행위를 강요받을 때 그것을 피할 수 있는 근거가 된다. 윤리헌장이 아무리 잘 제정되어 있다고 해도 구성원들이 제대로 인식하지 않고 있다면 소용이 없다. 모든 근로자들이 윤리규정을 인지하도록 윤리교육을 꾸준히 실시해야 한다. 또한, 윤리헌장에는 윤리 위반자에 대한 체계적이고 구체적인 처벌규정을 포함하여야 한다. 윤리헌장은 기업과 공무원 조직에서 가장 많이 활용되고 있다.

① **기업윤리헌장**: 사내는 물론 고객, 주주, 임직원, 지역사회 등까지 기업의 윤리적 관계설정을 규정한 것이다. 일반적으로 대부분의 기업이 기업윤리가 임직원이 반드시 지켜야 하는 의무이며, 기업의 존폐에 중요한 요소라고 인식하여 기업윤리헌장을 제정, 운영하고 있다.

② **공무원윤리헌장**: 1980년 12월 29일 대통령훈령 제44호로 선포되었다. 이전의 '공무원의 신조'를 확대 · 발전시킨 것으로, 국가에 대한 헌신과 충성, 국민에 대한 정직과 봉사, 직무에 대한 창의와 책임, 직장에서의 경애와 신의, 생활에서의 청렴과 질서 등을 주요 덕목으로 채택하였다.

2) 윤리경영 시스템 구축

리더는 조직에 적합한 윤리경영 시스템을 설계하고 이를 적극적으로 활용하여야 한다. 윤리경영 시스템에는 다음과 같은 것들이 추천된다(〈표 6-3〉).

〈표 6-3〉 윤리경영 시스템

윤리경영 시스템	주요 기능
윤리경영 전담부서 설치	• 조직 내 윤리경영 총괄관리 – 조직이 적으면 부서 대신 전담자 운영
윤리위원회 설치	• 비도덕적 문제 발생 시 체계적으로 대응 – 높은 객관성 확보를 위해 외부 전문 인력 포함
윤리감사 실시	• 비윤리적인 행동을 주기적으로 색출
내부 신고장치 구축	• 내부자가 불이익을 받지 않고 주변비리 신고 가능
윤리자문 서비스 실시	• 자신의 행동이 윤리에 부합하는지 사전확인 가능
인사평가에 윤리항목 추가	• 윤리적인 행동사례를 찾아내어 보상 – 비윤리적 행동에 대해서는 처벌

3) 윤리경영을 조직문화로 정착

윤리경영이 일시적인 구호로만 그쳐서는 안된다. 앞서 기술한 윤리행동 강령과 윤리경영 시스템이 조직문화로 정착되게 해야 한다. 그렇게 하기 위해서는 구성원들이 기업의 윤리적인 활동에 스스로 참여하고, 자유롭게 커뮤니케이션할 수 있는 풍토를 조성해야 한다. 또한 불이익이 우려되어 상급자와 다른 의견을 내는 것은 쉽지 않으므로 다양한 반대의견을 체계적으로 수용하는 체계도 구축해야 한다.

4) 정부, 학계 등 사회적 차원의 관심 제고

정부차원에서 윤리경영 정도를 평가하는 제도를 만들어 윤리적 우수기업에게는 인센티브를, 비윤리적인 기업에게는 페널티를 주어야 한다. 학계에서도 기업윤리에 대한 지속적인 관심과 투자가 필요하다. 대학에서는 물론 중고등학교에서부터 관련 과목 개설을 통해 윤리교육을 강화해야 한다. 윤리적 기업은 사회가 만드는 것이다. 소비자가 윤리적 기업을 선호하고 비윤리적인 기업은 철저히 외면하는 시스템이 정착되면 기업윤리 수준은 빠르게 향상될 것이다.

사례 이튼 칼리지(Eton College)의 노블레스 오블리주

〈이튼 칼리지와 로고〉

프랑스어 노블레스 오블리주(noblesse oblige)는 "귀족은 의무를 갖는다."로 직역되는데, 부와 권력, 명성을 가진 사람은 사회에 대한 책임을 다해야 한다는 의미로 쓰인다. 즉, 노블레스 오블리주는 '사회 지도층에게 사회에 대한 책임이나 국민의 의무를 모범적으로 실천하는 높은 도덕성을 요구'하는 단어이다. 노블레스 오블리주 하면 떠오르는 곳이 영국의 이튼 칼리지이다. 이튼 칼리지는 세계 최고의 중등 교육기관으로 영국의 왕실과 가족, 정부 고위관료의 자녀들이 입학하는 귀족학교로 이름이 높다. 그럼에도 이튼은 서민들에게도 사랑받는 영국의 대표 학교이다. 서민들까지 이튼을 자랑스러워하는 이유는 이튼 출신들은 나라가 위기에 처해 있을 때 앞 다투어 최전방에서의 복무를 지원함으로써 높은 도덕성을 모범적으로 실행했기 때문이다. 이 학교의 출신들, 즉 귀족들의 자제들이 전투에 앞장서자 서민 출신 군인들도 목숨을 아끼지 않고 용감하게 싸워 수많은 전투에서 승리할 수 있었다. 1,2차 세계 대전 중에 이 학교 출신 2,000여 명이 사망하였고 영국 최고 무공훈장인 빅토리아 십자 훈장을 받은 학생도 38명이나 된다. 특히 2차 세계대전 동안 졸업생의 40% 정도가 장교로 참전하여 전사했다는 사실은 너무나 잘 알려진 사실이다. 영국이 징병제가 아리라 모병제를 채택한 나라임을 감안할 때 그들의 목숨을 건 도덕적 행동은 세계적인 지지를 받고 있다.

사례 기업가 라탄 타타(Ratan Tata, 1937.12.28.~)의 윤리적 리더십

1) 기업개요

1901년 타타그룹은 인도 최초로 대규모 제철소를 지었으며, 1932년 타타 항공을 세웠다. 1950년대 말 타타그룹은 인도 최대의 기업집단이 되었으며 2004년 자동차 계열사 타타모터스가 대우자동차 상용차 부문을 인수한 뒤 '타타대우 상용차'를 공식 출범시켰다. 2006년 500만 톤의 생산능력을 가진 타타스틸이 4배의 규모인 철강회사(영국, 네덜란드)를 인수하면서 세계의 이목을 집중시켰다. 타타는 1991년 민간인에게 수여되는 인도 최고의 상인 바라트 라트나(Bharat Ratna)를 수상하였다. 시가 총액은 123조 원(2020년 3월 기준)에 이른다. 정보 기술에서부터 니트웨어에 이르기까지 100여 개의 기업이 25개 이상의 산업에 걸쳐 있으며 브랜드 가치는 15조 원이 넘는다(네이버 지식 백과).

2) 라탄 타타의 윤리적 리더십

타타는 '사회에 좋은 일을 많이 하는 기업이 지속성장도 가능하다'는 사실을 보여 주는 21세기형 성공 롤모델로서 세계를 가슴에 품는 윤리적 기업인으로 존경을 받고 있다.

① 기업의 사회적 책임 구현: 타타가 우리 재벌들과 다른 것은 국민들의 지탄을 받지 않고 존경과 사랑을 한 몸에 받는다는 점이다. 그 이유는 '사회로부터 받은 것은 사회로 환원한다.'는 창업주의 철학 아래 직원과 협력업체, 고객, 국가, 사회를 위해 최선을 다하기 때문이다. 타타는 직원 복리후생, 빈민구제사업, 협력업체와 상생, 인재양성, 이익금의 사회환원 등 기업의 사회적 책임에서 선구자적 역할을 하고 있다. 이 회사의 소유구조는 독특하다. 자산의 3분의 2(66%)를 타타 가문이 출자한 자선단체가 갖고 있다. 타타가 돈을 많이 벌면 벌수록 이익금이 자선단체, 즉 국민에게 돌아가는 셈이다. 타타는 정치권이나 언론, 법조계 등 힘이 있는 세력과 유착하지 않으며, '검은 돈'과는 상종도 하지 않는다.

② 정직, 신의 경영: 2002년 인도를 뒤흔든 회계부정 사건이 터졌다. 진원지는 타타그룹의 금융 자회사인 타타 파이낸스였다. 자체적으로 내부 감사를 진행한 결과, 내부자 거래와 분식회계 등 일부 비정상적 행위를 발견했다. 어떻게 할 것인가? 타타그룹은 전혀 망설이지 않았다. 당국에 즉각 고발하기로 결정했다. 사정 당국에 고발하자 타타 파이낸스 사장이 구속되고, 타타 파이낸스는 파산했다. 아버지가 아들의 비리를 고발한 격이다. 이에 대한 손실 및 손해 배상 등으로 1,750억

원을 과감히 지출하고 머리 숙여 용서를 구하는 용기 있는 모습으로 국민에게 다가 섰다.

③ 종업원에 대한 헌신: 2008년 11월 인도 뭄바이에 있는 유명한 타지마할 호텔에 최악의 테러가 발생했다. 이 과정에서 희생된 12명의 직원들에 대한 보상은 상상할 수 없이 파격적이었다.

- 사망 시점에서 은퇴까지 평생 급여 일괄지급
- 유자녀들에게 평생 학비(대학원+해외유학비까지) 일체 제공
- 유자녀와 부양자들까지 평생 의료비 지원
- 액수와 상관없이 사망 직원이 남긴 부채 탕감
- 사망 직원에게 직급 및 재직기준에 따른 위로금(9천만 원–2억 1,250만 원) 지급

라탄 회장은 전혀 망설임 없이 12명의 사망자 가족 집과 70여 명의 부상자 집을 일일이 직접 방문하여 애절한 마음으로 머리 숙여 진심으로 위로하고 조문했다. 타타그룹 전 직원은 라탄 회장의 이 모습을 보고 감동의 눈물을 흘렸고 회사에 대한 고마움과 자긍심으로 뭉쳐 회사에 평생 헌신한다는 다짐을 스스로 공헌하고 발표하였다(출처: 오화석, 2013).

2. 이론의 등장배경

2001년 엔론(Enron)의 회계부정 사태 등 여러 가지 금융 측면에서의 도덕적 리더십 결여로 전 세계가 심각한 경제침체를 겪으면서 학계 및 산업계는 윤리적 리더십의 중요성을 인식하게 되었다. 국내의 경우에도 분식회계나 주가조작, 횡령, 뇌물 등 비윤리적인 경영에 대한 반성과 함께 사회 전반적으로 경영자에게 더 높은 수준의 윤리경영을 요구하게 되었다. 이후 국내의 많은 기업들이 기업을 운영하는 데 윤리경영을 적극적으로 도입하고 있지만 성과는 아직 미흡한 실정이다. 우리사회는 경영윤리 측면에서 기업의 경영활동이나 기업의 리더에 대해 윤리적 정당성을 요구하고 있다. OECD 등 국제기구는 반부패 및 윤리경영에 대한 지침 혹은 제도를 강화시켜 이를 준수하지 않은 기업들이 국제거래에서 불이익을 받도록 하고 있다. 세계 유수 기업들은 이에 대비키 위해 기업윤리헌장을 채택하고 다양한 방법들을 동원함으로써 경영투명성을 강화시키고 있다. 과거 성장지향 산업사회에서는 성과를 가장 중시하였으나 현재는 올바른 수단과 성과를 동시에 중시하게 되어 리더의 도덕성에 흠이 있으면 다른 우수한 자질도 무의미하게 되었다.

사례 엔론의 비윤리적 행위

비윤리적 리더십의 대표적 사례로 '엔론(Enron) 사태'를 들 수 있다. 엔론(Enron Corporation)은 파산 전까지 약 2만 명의 직원을 보유하고 2000년 매출 1,110억 달러를 달성한 세계적인 전기, 천연 가스, 통신 및 제지 기업의 하나였다. 『포춘』지는 엔론을 6년 연속 '미국에서 가장 혁신적인 기업'으로 선정했다. 그러나 엔론은 2001년 수백억 달러의 빚을 안고 파산하게 된다. 회사는 수년간 차입에 의존한 무리한 신규 사업으로 막대한 손실을 입었으나 체계적이고도 치밀한 회계부정으로 이를 은폐하여 왔다는 사실이 밝혀진 것이다. 이때부터 엔론은 계획적인 기업사기 및 비리의 대표적인 사례로 꼽히게 되었다. 엔론의 중역들은 일찌감치 엔론의 심각성을 인식하고 있었으나 이를 감추었고, 부회장 벡스터는 소유주 3천 만 달러어치를 처분하고 아예 회사를 떠난 후, 사건이 불거지자 자살했다. 엔론은 실제 에너지를 생산하지 않고, 시설도 소유하지 않았

Chapter

7 감성 리더십, 여성 리더십 그리고 코칭 리더십

감성 리더십과 코칭 리더십은 리더 중심 대신 구성원에 더 큰 비중을 둔다는 공통점을 가지고 있다. 감성 리더십은 구성원들에게 이성 대신 감성적인 영향력을, 코칭 리더십은 구성원들에게 직접적인 영향력 대신 스스로 문제를 해결토록 하는 간접적인 영향력을 행사한다. 한편, 감성 리더십과 여성 리더십은 감성에 큰 비중을 두고 있다는 공통점을 가지고 있다.

"이성이 인간을 만들어 낸다고 하면 감성은 인간을 이끌어 간다."

– 루소(Rousseau)

"자기 자신은 머리로 다스리고 다른 이들은 가슴으로 대하라."

- 루즈벨트(Roosevelt)

1절 감성 리더십

1. 감성과 감성지능

1) 감성의 개념

이성(理性: reason)이란 '사물의 이치를 논리적으로 생각하고 판단하는 능력', 즉 '머리가 좋고 나쁨을 가리키는 능력'을 말하며 인간만이 지니고 있는 고차적 특징이다. 감성(感性: sensibility)이란 이성과 대립되는 개념이다. 감성(感性)의 영어표현 'sensibility'는 'sense'와 'ability'의 합성어로 '외부 자극을 받아들이는 인식능력', 쉽게 말해 '사람과의 관계에서 센스 있게 대응하는 능력'으로 정의될 수 있다. 이성과 감성의 차이를 좀 더 살펴보면 〈표 7-1〉과 같다.

〈표 7-1〉 이성과 감성의 차이

이 성	감 성
• 논리적이고 차가운 느낌(차가운 머리)	• 비논리적이고 따뜻한 느낌(따뜻한 심장)
• 오랜 시간에 걸쳐 굳어진 것이므로 변화가 어려움	• 오감으로 느껴지는 감각에 반응하여 나타나므로 순간순간 변함

인간의 행동은 이성과 감성에 지배받는다. 즉, 어떠한 상황에 접할 때 인간은 감성적 또는 이성적으로 대처하게 되는데 이성과 감성을 적절히 조화시켜 표현할 수 있다면 현대를 지혜롭게 살아갈 수 있을 것이다.

2) 감성지능(Emotional Intelligence)

감성지능이란 '타인의 감정과 자신의 감정을 적절히 이해하고 대처함으로써 타인과 좋은 관계를 유지할 수 있는 능력'을 말한다. 감성 지능이 높은 리더는 부하사원의 감성 및 니즈를 이해하고 배려함으로써 자연스레 구성원들을 리드할 수 있는 능력을 갖게 된다. 감성지능이 부족한 리더의 공통된 특징을 보면, 타인을 이해하고 배려하기보다 자신의 입장과 이익에 몰두하고 자신의 권위와 권력유지를 위해 독선적이고 강압적인 리더십을 발휘하는 경우가 많다. 반면, 감성지능이 높은 사람은 갈등 상황을 만났을 때 그 상황을 분석하고 감정적 대응을 자제함과 동시에 다른 사람에 대한 공감적인 이해를 나타냄으로써 갈등에 적절히 대응할 수 있다.

3) EQ(Emotional Intelligence Quotient: 감성지수)

EQ란 감성능력의 정도를 나타내는 척도, 즉 감성지수로, 이성능력의 정도를 나타내는 척도인 IQ(Intelligence Quotient: 지능지수)에 대비되는 개념이다. 종전에는 교육의 주된 목적이 IQ의 발달에 있었으므로 IQ가 높으면 인간의 삶의 질을 높여 주며 인생을 성공적으로 살게 될 것으로 인식했다. 그러나 심리학이 발달하면서 인간을 행복하게 하고 성공하게 하는 것은 지능이 아니라 감성인 것을 알게 되었다. 이는 특정인을 평가할 때 지능 검사나 학력 평가에 의해 측정된 지적 능력보다는 '인성'과 같은 감성능력에 더 큰 비중을 두어야 함을 의미한다. 그러나 우리나라의 교육은 아직도 EQ보다 IQ 높이기에 열중하고 있다. 그래서 아이들의 인간성이 메마르게 되어 오히려 부모의 기대에 빗나가는 자녀들이 늘어나고 있다. 학벌(IQ)만 내세우는 한국사회가 점점 더 EQ를 망가뜨리는 쪽으로 가고 있는 것이다. 그러므로 IQ 교육에서 벗어나 인간성을 풍요롭게 하고 가슴을 따뜻하게 하는 EQ 교육이 강화되어야 한다. IQ는 타고나는 경향이 커서 향상시키기 어려우나 EQ는 어떠한 사유로 망가졌다 할지라도 자신의 노력과 주위의 도움으로 고칠 수가 있다. 더욱이 아직 성장단계라 의식이 고착화되어 있지 않은 청소년기에는 더 고칠 수 있는 가능성이 높아진다.

4) EQ가 높은 사람들의 10가지 특징

트래비스 브레드베리(Travis Bradberry)는『타임지』에 자신의 EQ를 가늠해 볼 수 있는 "EQ가 높은 사람들의 10가지 특징"을 소개했다.

① **자신의 감정을 구체적으로 표현할 수 있다:** EQ가 높은 사람은 감정을 정확히 이해하기 때문에 구체적인 단어로 자신의 감정을 표현한다. 다른 이들이 단지 "기분이 나쁘다"라고 표현할 때 EQ가 높은 사람은 "절망적이다." "서글프다." "안타깝다." 등의 다양한 표현을 사용한다.

② **주변 사람들에 대해 호기심이 많다:** EQ가 높은 사람은 주변 사람들에 대해 호기심이 많다. 왜냐하면 EQ가 높은 사람들은 공감하는 능력이 뛰어난데, 공감은 그 사람에 대한 관심, 즉 호기심으로부터 시작되기 때문이다.

③ **변화를 잘 받아들인다:** EQ가 높은 사람은 사고가 유연하고 변화를 잘 받아들인다. 그들은 변화에 대한 두려움이 성공과 행복의 적임을 알고 있다.

④ **자신의 장점과 단점을 안다:** EQ가 높은 사람은 자신이 무엇을 잘하고 무엇을 못하는지 알고 있다. EQ가 높다는 것은 자신의 장점을 최대한 활용하고 단점은 보완하는 방법을 알고 있다는 뜻이다.

⑤ **다른 이의 생각을 읽을 수 있다:** EQ가 높은 사람은 눈치가 빠르다. 다른 사람이 지금 무슨 생각을 하고 있고, 앞으로 무슨 생각을 할지를 안다. 사람의 마음은 미스터리가 아니다. 깊이 숨겨진 마음이라도 충분히 짐작해 볼 수 있다.

⑥ **지나간 실수에 미련을 갖지 않는다:** "내가 그때 왜 그랬을까" 과거의 실수는 늘 기억 한편에서 우리를 괴롭히곤 한다. 감성지능이 높은 사람들은 실수에 집착

하지 않는다. 실수를 끊임없이 떠올리는 것은 자신감을 하락시키고, 새로운 일에 도전하는 것을 어렵게 만든다. 그렇다고 과거 실수를 완전히 잊어버리라는 것이 아니다. 감정지능이 높은 사람들은 실수했다는 사실에 집중하기보다 왜 그 실수를 했는지 분석하고 이를 토대로 발전을 이끌어 낸다.

⑦ **까다로운 사람을 상대할 줄 안다:** 까다로운 사람을 상대하는 것은 상당히 피곤한 일이다. 그러나 EQ가 높은 사람은 그러한 사람을 상대할 때에도 상처받지 않고 잘 대응한다. 그들은 까다로운 사람을 대하기 앞서 감성적으로 생각한다. 자신의 감정이 분노와 좌절 속에서 소용돌이치게 내버려 두지 않는다.

⑧ **완벽을 추구하지 않는다:** EQ가 높은 사람은 완벽을 목표로 삼지 않는다. 인간은 완벽할 수 없음을 알고 있기 때문이다. 인간이 실수하는 것은 자연스러운 일이다. 완벽을 목표로 삼는다면, 자주 실패하게 되고 그럴 때마다 좌절감에 빠지게 되며 이로 인해 주위 사람들에게 거부감을 줄 수 있다. 혹시 당신이 이성 친구를 사귀려 하는데 잘 안될 경우 자신이 너무 완벽하지 않은가 살펴보라. 약간의 빈틈이 사람과의 관계를 향상시킬 수 있다.

⑨ **가진 것에 감사한다:** 감사하는 마음을 갖는 것은 마음을 바로잡고 스트레스를 줄이기 위해 반드시 필요하다. 잠시 감사하다고 생각하는 것만으로도 스트레스 호르몬인 코르티졸의 분비가 줄어든다. 캘리포니아 주립대에서 진행한 실험에 의하면 감사하는 마음을 갖는 사람들은 그렇지 않은 사람들에 비해 더 행복하고 더 건강한 것으로 나타났다.

⑩ **충분히 잔다:** EQ를 높이고 스트레스를 조절하는 데 있어 수면의 중요성은 아무리 강조해도 부족함이 없다. 수면 시간은 뇌가 기억을 되새기며 재충전하는 시간이다. EQ가 높은 사람은 잠이 부족하면 집중력, 절제력, 기억력 등이 떨어진다는 것을 알고 있다. 그들은 수면을 무엇보다도 중요하게 생각한다.

2. 감성 리더십

1) 감성 리더십의 정의

감성 리더십이란 '자신과 상대의 감성에 대한 이해를 바탕으로 관계형성 및 유지를 통해 상대로부터 공감을 얻어 내고 공감을 받은 자들이 열정을 바쳐 직무에 몰입하게 함으로써 높은 성과를 창출하게 하는 리더십'을 말한다. 감성 리더가 되려면 전문적 지식 등과 같은 직무역량 외에 감성지능을 갖추고 타인의 감성을 긍정적으로 이끌 수 있는 감성능력을 갖춰야 한다. 리더는 감성을 통해 효과적으로 리더십을 행사함으로써 구성원의 마음을 쉽게 움직일 수 있기 때문이다.

2) 감성 리더십의 필요성

앞서 '청소년 교육 시 IQ 중심에서 EQ 중심으로 방향전환'을 강조한 바 있는데 이러한 원칙은 조직의 리더십에도 그대로 적용된다. '1+1'의 결과에 대하여 이성적인 판단은 2이나, 감성적 판단은 1이 될 수도 5가 될 수도 있다. 오늘날 우리는 대인관계 시 논리적인 판단에 치중함으로써 상대의 마음을 붙잡지 못하는 오류를 범하는 경우가 많다. 사람은 냉혹한 머리(이성)보다 따뜻한 심장(감성)을 원하는 본능을 가지고 있기 때문이다. 우리 기업도 오랜 세월 산업화를 거치며 이성적 판단을 중시한 경영기조를 유지해 왔다. 권위적이고 상명하복이 분명한 조직문화 속에서 유연성과 창조성은 부족하고 스스로 알아서 즐겁게 일하는 사람보다 지시한 일을 매뉴얼대로 따르는 조직원들이 대부분이었다. 이제 고객의 마음을 사로잡는 경영에서 한 발짝 더 나아가 직원의 마음까지 사로잡는 경영이 필요하다. 조직 구성원의 성향이 다양해지고 가치관이 빠르게 변하면서 일상생활에서 그들의 감성을 이해하고 긍정적인 관계를 유지하는 감성 리더십의 중요성이 확산되고 있기 때문이다.

3) 성공 리더들의 공통적 자질

바람직한 리더가 되기 위해서는 어떤 자질이 필요할까? 하버드대 심리학과 교수인 다니엘 골먼(Daniel Goleman)의 연구결과에 따르면, '성공한 사람들에게 있어서 이성적 자질의 역할은 20% 정도에 지나지 않았지만 감성적 자질의 역할은 80%를 차지'했다고 한다.

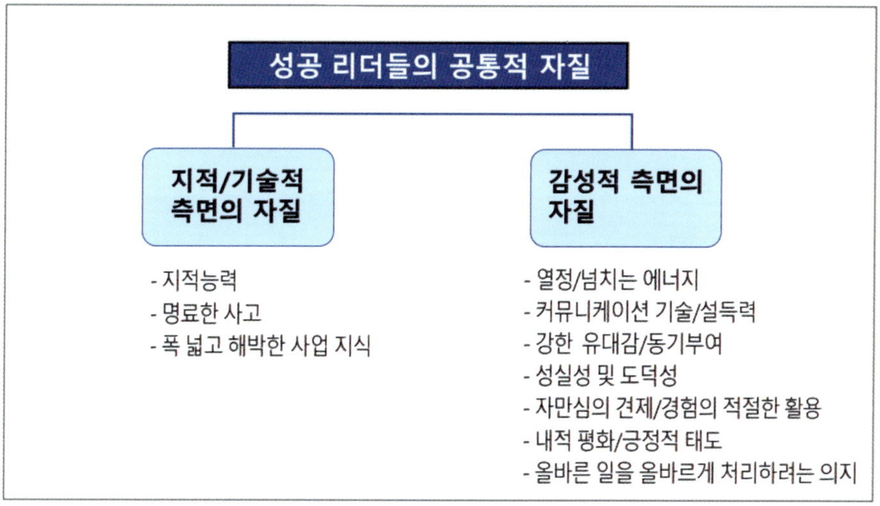

[그림 7-1] 성공 리더들의 공통된 자질

출처: Thomas & James(1999).

리더십 전문가인 토마스(Thomas J. N.)도 비슷한 주장을 하고 있다. 그는 『Lessons from the Top』이란 책을 통해 성공 리더 50명의 15가지 공통 자질을 제시하고 있는데 이러한 자질들 중 단지 3가지만이 이성적 자질과 관련되었을 뿐, 대부분이 감성적 자질을 기반으로 하고 있다는 점에 주목할 필요가 있다고 하였다([그림 7-1]). 즉, 이성적 자질은 훌륭한 리더가 되기 위한 필요조건이긴 하나 충분조건은 아니며, 엘리트 코스를 밟고 탄탄한 지식으로 무장한 스마트한 리더라 할지라도 감성지능으로 무장하지 않으면 진정한 리더가 될 수 없음을 의미한다.

4) 감성 리더십에 필요한 역량

감성 리더십을 효율적으로 발휘하기 위해서는 무엇보다 리더 자신이 감성지능을 기반으로 하는 여러 가지 역량을 갖추어야 한다. 골먼(Goleman)이 주장한 감성 리더십에 필요한 역량(구성요소)을 살펴보면 크게 자신을 다스리는 능력인 '개인적 능력'과 관계를 다스리는 능력인 '사회적 능력'으로 구분할 수 있다. 다시, 개인적 능력은 '자기인식능력'과 '자기관리능력' 영역으로, 사회적 능력은 '사회적 인식능력'과 '관계관리능력'으로 나눌 수 있다([그림 7-2]).

[그림 7-2] 골먼(2002)의 감성 리더십 차원

① 자기인식(Self-Awareness)능력: 자기인식이란 자기 자신을 잘 아는 것을 말한다. 즉, 자기 자신을 객관적이고 냉철하게 평가하고 자신의 감정뿐만 아니라 자신의 강점과 약점 그리고 자신의 가치에 대하여 깊이 있게 이해하는 것을 의미한다.

② 자기관리(Self-Management)능력: 자기관리능력은 스스로 감정을 제어할 수 있는 능력이다. 이러한 리더는 자신의 마음 상태를 다스릴 수 있고, 자신의 실수와 오류를 솔직히 인정한다. 이러한 리더는 변화에 대한 적응력이 뛰어나고 쉽게 평정심을 잃지 않아, 구성원들이 리더를 믿고 따르게 하는 힘이 있다.

③ 사회적 인식(Social-Awareness)능력: 사회적 인식이란 타인들에 대해 잘 아는 것, 즉 구성원의 감정과 니즈를 알아차리고 그들의 감정에 공감하며 더 나아가 그들의 요구에 부응하는 능력을 말한다. 사회적 인식능력이 뛰어난 리더는 타인에 대한 배려와 애정을 가지고 적극적으로 관심을 표현한다.

④ 관계관리(Relationship Management)능력: 관계관리능력은 '구성원들과 좋은 관계를 유지함으로써 갈등을 원만하게 풀고 협동과 설득을 통해 팀을 이끌어 가는 능력'을 말한다. 앞서 거론된 세 가지 요소는 이 단계에서 하나로 압축되는데 관계관리에 탁월한 리더는 자신이 지닌 감성지능을 이용하여 업무효율을 극대화할 수 있다.

5) 감성 리더십 구축 4단계

감성 리더십은 타고난 성품에 의해 좌우되는 것이 아니라 개발 가능한 리더십 역량이므로, 일회성 이벤트가 아니라 단계별 노력에 의해 비로소 결실을 얻을 수 있다. [그림 7-3]은 구성원(N)이 4명인 조직의 단계별 구축사례를 든 것이다.

① 1단계: 자기통제(1:0의 관계) - 자신의 감정을 알고 이를 조절

리더 스스로가 자신의 감정 상태를 정확하게 알고 통제하는 것이 감성 리더십 발휘의 전제조건이다. 즉, 리더의 사소한 언행과 감정표현이 직원들의 감정과 조직 분위기에 막대한 영향을 미친다는 것을 인식하고 이를 잘 조절할 수 있어야 한다. 리더가 스스로 감정을 통제하지 못하고 직원들에게 분노와 비난을 쏟아 붓는 공포경영은 직원들을 방어적으로 만들어 조직성과에 악영향을 미치게 된다.

② 2단계: 조직 內 신뢰구축(1:N의 관계) - 진심으로 신뢰와 존중을 표명

자기 통제가 가능해지면 직원들을 진심으로 존중하고 대우함으로써 모든 조직 구성원과 신뢰관계를 구축하는 단계로 넘어간다. 신뢰가 형성되지 않은 상태에서의 리더십 발휘는 효과가 반감되기 때문에 직원들에 대한 신뢰와 존중을 경영 철학으로 공표하고, 이를 실제 행동으로 가시화하는 것이 필요하다. 신뢰는 하루아침에 만들어지는

것이 아니므로 지속적인 커뮤니케이션을 통해 직원들과 질 높은 관계를 유지해야 한다.

③ 3단계: 개별적 관심과 배려(1:1의 관계) – 맞춤형 배려로 감동을 선물

전체 직원에게 신뢰를 심어 준 후에 직원들과 1:1의 개별적 관계를 구축하고 개인적인 관심과 배려로 감동을 선물해야 한다. 많은 사람들을 동시에 배려하는 것은 절반의 감동으로 그치게 되기 때문이다. 리더의 개별적인 관심 표현을 통해 직원들은 조직 구성원 중 하나가 아닌 남과 다른 특별한 존재로 대우받는다는 느낌을 갖게 된다.

④ 4단계: 긍정적 집단감성 형성(N:N의 관계) – 직원 간 우호적 관계구축

4단계는 감성 리더십의 완결판으로, 리더 혼자만 직원들의 감성을 이해하고 공감하는 것이 아니라, 직원들 상호 간에 우호적인 관계를 맺도록 긍정적인 조직분위기를 조성함으로써 직원 간 불필요한 갈등을 줄이고 배려와 협업을 촉진한다. 또한, 리더의 노력뿐 아니라 제도와 교육과정을 통해 직원들이 상호 협력할 수 있도록 시스템적으로 뒷받침해야 한다.

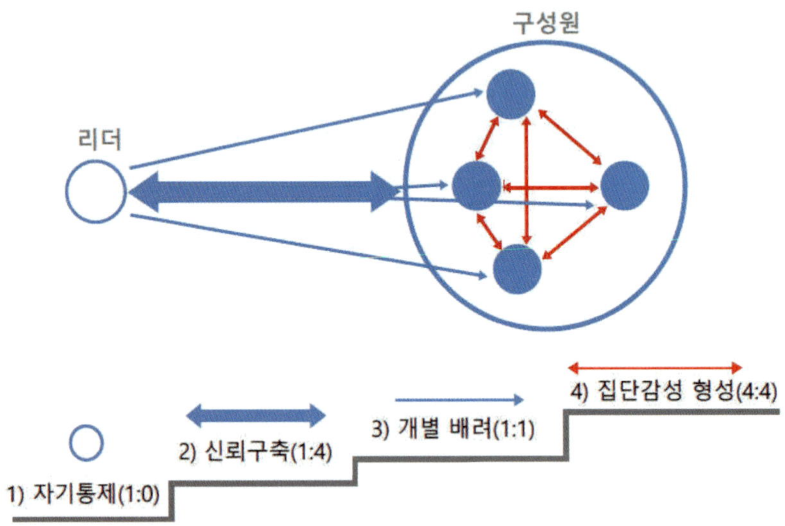

[그림 7-3] 감성 리더십 구축 4단계(구성원(N)이 4명인 조직 사례)

사례 버락 오바마(Barack Obama, 1961.8.4.~)의 감성 리더십

1) 주요이력

1961년 미국 하와이주의 호놀룰루에서 케냐 출신의 하와이대학 유학생인 흑인 아버지와 미국인 백인 어머니 사이에서 태어났다. 1988년 하버드대 로스쿨에 입학한 뒤 1991년 최고 권위의 로스쿨 학술지로 인정받는 『Harvard Law Review』의 첫 흑인 편집장이 되어 주목을 받았으며, 1996년 일리노이주 상원의원에 당선됨으로써 정치에 입문하였고, 1998년 재선되었다. 2012년 민주당 대선 후보로 출마해 대통령에 당선되었고 이어 재선에 성공하여 8년간 대통령직을 수행하였으며 비핵화에 대한 비전과 성과로 노벨 평화상을 받았다(네이버 지식백과).

2) 오바마의 감성 리더십 사례

전 미국 대통령인 오바마를 좋아하는 사람들 중에는 이유도 뚜렷하지 않으면서 무작정 지지하는 사람들도 있다. 처음 보는 사람들조차 친근하게 느끼도록 하며 신뢰감을 주는 오바마 리더십의 힘은 어디서 나오는 걸까? 그에게서 가장 뚜렷하게 발견할 수 있는 대표적인 역량이 바로 감성지능이다. 예일대 피터 샐러비 학장과 데이비드 카루소 교수가 제시한 감성지능 모델을 토대로, 오바마의 감성지능 스킬을 분석해 보았다.

① 오바마는 상대방의 감정을 정확하게 읽어 냄으로써 자신의 감정을 설득력 있게 표현하는 '감정인식능력'을 가지고 있다. 그는 사람을 끌어들이는 매력이 있다. 그의 연설을 듣고 있으면 가슴 깊은 곳에서 뜨거운 감정이 솟구친다. 사람들로부터 숨은 감정을 끌어내는 능력을 갖고 있는 것이다. 오바마는 이라크전 등 계속되는 전쟁과 경기 둔화로 지쳐 있는 미국인들의 마음을 정확히 읽고 감성적 연설과 표현을 통해 그들의 감정을 이끌어 내는 데 성공하였다.

② 오바마는 사람의 감정이 생각에 어떤 영향을 미칠지를 잘 아는 '감정활용 능력'도 가지고 있다. 미국 44대 대통령 선거에서 민주당 대선 후보로 나선 오바마와 힐러리는 대중에게 다가가는 방법이 달랐다. 오바마가 "우리(WE)"를 강조했다면, 힐러리는 "나(I)"를 강조하였다. 힐러리가 "내가 하겠다."라고 말할 때, 오바마는 "우리가 같이 해 보자."라는 공감대를 형성한 것이다. 사람들은 "대통령이 되고 싶은 것이 아니라 국가를 변화시키고 싶다."는 오바마를 자신과 동일시하면서 뜨거운 감정이 솟구쳤다. 이러한 감정은 오바마에 대한 무조건적 지지로 연결되어 민주당 대선 후보와 대통령 당선의 밑거름이 되었다.

③ 오바마는 감정이 어떻게 진행될지를 미리 예측하는 '감정이해능력'도 가지고 있다. 상원의원 시절, 미 일간지 『시카고 트리뷴』에 '버락 오바마 일리노이 주(州) 상원의원이 주 예산으로 선거 홍보물을 제작했다'는 비판적인 기사가 실린 적이 있었다. 이때 오바마는 직접 기자에게 전화를 걸어 맹렬히 항의했다. 하지만 기자가 자신의 의견을 논리적으로 이야기하자, 곧 '당신 말에 일리가 있다'며 감정을 자제하였다. 대부분의 사람들은 자신에게 피해가 간다고 생각하면 감정이 격해지기 마련이고, 상대방을 인정사정없이 몰아붙이게 된다. 그렇게 되면 그 기자는 어떤 감정을 갖게 될까? 자신이 왜 비난을 받아야 되는지에 대해 짜증이 나게 되며, 결국 분노가 치밀 것이다. 이후 기자는 오바마의 영원한 안티(anti)가 되었을 것이다.

④ 오바마는 흥분된 감정을 드러내지 않는 탁월한 '감정관리능력'을 가지고 있다. 그의 측근들은 4년 동안 오바마 후보와 함께 일하면서 고함을 지르는 것을 본 것이 단 두 번뿐이라고 말한 바 있다. 하루에도 몇 번씩 희비가 엇갈리는 정치판에서 감정을 효과적으로 조절하는 일은 결코 쉽지 않다. 부정적인 감정을 효과적으로 다루기 위해서는, 먼저 자신의 감정을 잘 읽고 그 감정이 왜 발생했는지 원인을 살피며, 어떤 자세와 행동이 처한 상황에 적절할지를 판단하는 것이 우선되어야 한다.

(출처: 경총 경영계 78호, 2008)

"향후 많은 여성들이 기업에서 중책을 맡게 될 것으로 믿는다. 기업이 무서운 경쟁체계에 돌입하여 단지 치마를 입었다는 이유만으로 소중한 인재를 무시할 수 없게 되었기 때문이다. 문제는 여성 자신들이 얼마나 똑똑한 존재인지를 모른다는 것과 리더가 되는 것에 자신감이 없다는 것이다."

– 아니타 로딕(Anita Roddick)

2절 여성 리더십(Feminine Leadership)

1. 개요

여성 리더십이란 '리더십의 핵심 가치 중 여성의 독특한 특성에 비중을 더 높게 둔 리더십, 즉 여성이 중심이 되어 구성원들을 이끌어 가는 리더십'을 말하며 기존의 남성적 리더십의 한계를 극복할 대안을 연구하는 과정에서 나왔다. 21세기는 전 세계적으로 여성 리더들이 주목을 받는 시대다. 앙겔라 메르켈(Angela Merkel) 독일 총리, 크리스틴 라가르드(Christine Lagarde) IMF 총재, 힐러리 클린턴(Hillary Clinton) 전 미 국무장관은 국제무대에서 영향력을 발휘한 대표적 여성 리더들이다. 우리나라에서도 사상 처음으로 여성 대통령이 탄생한 바 있다. 세계적 경영학자 피터 드러커는 21세기를 '여성의 세기'로 단정했다. 여성 리더십은 더 이상 거부할 수 없는 시대적 조류다. 정치 · 경제 · 문화 · 스포츠 등 거의 모든 분야에서 여성의 활약은 갈수록 두드러지고 있다.

2. 우리나라 여성 리더 현황

우리나라의 여성인력 활용도는 아직까지 낮은 수준을 맴돌고 있다. 매년 영국『이코

노미스트』가 발표하는 '유리천장 지수'에서 우리나라는 경제협력개발기구(OECD)에 가입한 나라 29개국 가운데 6년째 최하위를 기록하고 있다. 여성들이 조직에서 보다 높은 직위로 상승하고자 할 경우 투명한 장벽이 존재한다는 의미에서 사용되는 '유리천장'이라는 표현은 조직에서 발견되는 '눈에 보이지 않는 차별'을 말하는 것으로 1986년 『월스트리트 저널(Wall Street Journal)』에서 처음 사용된 용어이다. 스위스 투자은행인 크레디트스위스 연구소(CSRI)에 따르면 2019년 기준 글로벌 주요 기업의 이사회에서 여성 비율은 21%였다. 헤드헌팅 전문업체 유니코써치에 따르면 우리나라의 경우, 2020년 기준으로 국내 100대 기업의 여성 이사 비율은 5%에 그쳤으며, 여성 등기이사는 한 명도 없었다. 최고경영자의 여성 비율도 우리나라는 2%에 그쳐 유럽(10%), 미국(14%)에 크게 뒤진 상태이다.

3. 여성 리더가 적은 이유

여성 리더가 적은 이유에는 많은 원인이 있겠지만 크게 여성 자신의 문제, 즉 '개인적 장벽'과 여성에게 비호의적인 '조직적 장벽' 두 가지 차원으로 나눠 생각해 볼 수 있다.

1) 조직적 장벽

조직적 장벽이란 '여성들은 리더에 적합하지 못하다고 생각'하는 조직의 편견을 의미한다. 이러한 현상은 특히 우리나라에서 더 강하게 나타나는데 남성위주의 사회였던 조선시대의 유교사상이 아직 사회전반에 남아 있기 때문인 것으로 보인다. 이러한 이유로 남성 관리자에 비해, 선임 관리자로부터 업무를 지도받고 중요 정보를 제공받는 멘토를 갖는 것도 어렵다고 한다. 또한 성공적 경력 상승을 위해서는 비공식 네트워크 참여를 통한 관계형성이 필수적임에도 불구하고 조직 내 여성 관리자들은 자의적, 타의적으로 배제되는 경향이 있다. 또한, 상당수의 남성들은 여성인력우대 정책으로 능력 없는 여성들이 남성들의 일자리를 차지할 뿐 아니라 남성인력들에 대한 역차별의 피해가 시간이 갈수록 커진다고 우려하는 실정이다.

2) 개인적 장벽

많은 연구결과들은 여성 관리자들의 승진이 어려운 이유로 고위관리직에 오르는데 필요한 경력부족과 다양한 부서와 직위에서 일한 경험 부족 등을 꼽는다. 그러나 상당수 여성들은 이를 극복하려는 노력이 미흡한 것이 사실이다. 가정과 육아에 대한 높은 책임과 의무 역시 여성의 성공적 경력 상승을 저해하는 개인적 장벽으로 지적된다. 그러나 무엇보다 더 큰 장벽은 여성 스스로 여성은 조직 리더에 적합하지 않다는 잘못된 의식과 자신이 리더가 되는 것에 대한 자신감 결여라고 할 수 있다.

4. 남녀 리더십의 차이

남성이 리더십 측면에서 여성보다 유리할까? 그렇다고 볼 수 없다. Catalyst가 2004년 Fortune 500개 회사 중 353개사를 대상으로 실시한 조사 결과를 보면 오히려 여성 임원의 비율이 높은 회사가 그렇지 않은 회사에 비해 재무적 성과가 높았다. 미국의 저명한 인류학자인 헬렌 피셔(Helen Fisher)는 "미래 산업구조에서는 여성이 남성보다 탁월한 능력을 발휘할 것"이라고 내다봤다. 상대방 마음을 읽는 능력, 사회정의에 대한 순수성이 상대적으로 장점인 여성이 수평적 네크워크가 특징인 21세기에 더 적합하다는 것이다.

하지만 이런 단편적인 조사로 모든 분야에서 여성 리더십이 남성 리더십보다 우월하다고 단정하는 건 무리다. 분명한 점은 여성의 일부 특성이 남성과는 다르고 리더십은 상황에 따라 달라지므로 여성이 리더로서 유리한 상황도 존재한다는 논리가 된다. 일반적으로 여성 리더십은 소통, 감성, 섬세, 부드러움이, 남성 리더십은 권위, 카리스마가 특징으로 꼽힌다. 대한 YWCA연합회에서 2005년에 발표한 '여성 리더십에 관한 한국인의 의식과 현실'이라는 보고서에 따르면 여성 리더의 장점으로 가장 많이 나온 의견이 '진실과 성실(26.2%)'이었다. 2위는 '섬세함과 배려(25.4%)'이었으며 개혁이나 혁신, 카리스마 등은 낮은 비율이었다. 산업혁명 이후 기업의 효율성을 중요시한 전통 산업에선 통제 · 카리스마적 리더십이 요구됐지만 창의적이고 협업을 중시하는 정보

기술(IT)시대에는 여성 특유의 섬세함과 소통 능력이 큰 장점으로 부상하고 있다.

『크게 생각할수록 크게 이룬다.』의 저자 데이비드 슈워츠(David Schwartz)는 남성중심적인 전통적 리더십을 '알파 리더십'으로 칭하고, 이에 대비되는 새로운 리더십을 여성중심적인 '베타 리더십'이라고 이름 붙였다. 그에 따르면 알파 리더십은 합리적이고 분석적이며 양적인 사고에 기초하는 위계적 권력관계에 의존하지만 베타 리더십은 통합과 질적 사고를 중시한다.

여러 연구를 종합하면 실제 남성과 여성의 리더십 발휘에 있어서 본질적으로 큰 차이는 없었고 남과 여의 특성상의 차이만 존재했다. 결론적으로 리더의 성별 차이보다는 특정 환경에 적합한 행동을 하는지의 여부에 따른 개인차에 의해 그 효율성이 달라지므로 이를 상황에 잘 맞게 활용하면 될 것이다.

5. 여성 리더십 향상 방안

저출산 · 고령화 시대에 접어들면서 잠재력이 큰 여성 인력을 어떻게 활용하느냐에 따라 국가 · 기업의 운명이 크게 달라진다. 특히 요즘처럼 메마르고 각박한 세상에는 섬세하고 따뜻한 여성의 리더십이 절실하게 필요하다. 또한 창조와 혁신과 같은 가치들이 기업의 지속가능한 성장을 위한 주요 요소로 부각되고 있는 이때 성(性) 다양성을 포용하는 것은 기업의 경쟁력 향상을 위해 간과할 수 없는 화두이다. 그렇다면 어떻게 여성 리더십을 개발해야 할까? 네 가지 측면에서 여성 리더십 향상 방안을 살펴보도록 하자.

1) 정치 · 사회적인 노력

유치원에서부터 양성평등 교육을 실시하고, 성인 교육과정에서는 여성에 대한 편견을 없애는 교육을 강화해야 한다. 또한, 여성의 사회 참여율이 어느 정도 높아질 때까지 공무원, 공공기관, 정부위원회, 학교 등의 공공부문부터 관리직 여성비율 목표제 실시를 검토해야 한다. 무엇보다 근본적인 차원에서 요즘 심각하게 대두되고 있는

젠더(gender) 갈등을 해결할 수 있는 국가적, 사회적 대안을 마련해야 한다.

2) 여성이 소속된 조직의 노력

여성이 소속된 조직은 여성 '리더를 적극 육성'해야 한다. 아울러 '탄력근무제, 재택근무와 같은 유연근무'와 '탁아소 운영' 등 여성이 일과 가정을 함께 꾸려 나갈 수 있는 여건을 마련해 주어야 한다. 또한 공공기관과 마찬가지로 어느 정도 수준에 오를 때까지 한시적으로 관리직 여성비율 목표제 실시를 검토해야 한다. 무엇보다도 여성에 대한 고정관념과 편견을 제거하는 조직문화를 구축해야 한다. 여성 자신이 일하는 근무조직의 노력도 중요하지만, 여성 자신의 속한 가족의 적극적인 노력도 필수적이다.

3) 여성 개인의 노력

여성 리더가 되기 위해서는, 여성 스스로가 장기목표를 세우고 경력관리를 해야 한다. 아울러 자신만의 리더십 특성을 살리는 방법을 찾고 자신의 전문분야 외에 폭넓은 지식과 리더십 역량을 쌓아야 한다. 그러나 무엇보다 중요한 것은 여성 자신이 여성적 리더십의 중요성을 인식하고 훌륭한 리더가 될 수 있다는 자신감을 갖는 것이다.

4) 조직 구성원의 노력

조직 구성원은 '여성이 아닌 리더로서 여성 리더를 존중하고 성별에 따른 차이를 수용하는 팔로워십을 실천'해야 한다. 또한, 오해나 억측성 편견에 대해 객관적으로 이해하고 교육과 경험을 통해 여성 리더에 대한 인식을 바꿔 나가야 한다.

상기 네 가지 측면에서 가장 중요한 측면은 무엇일까? 대한 YWCA연합회에서 2005년에 발표한 자료에 의하면 '여성 리더 자신의 측면'이 가장 중요한 것으로 밝혀졌다. 여성 리더가 되는 조건으로 '여성 자신의 노력과 실력(43.6%)'이 1위, '사회문화 풍토 개선(24.7%)'이 2위, '남편이나 가족의 적극적 지원(22.3%)'이 3위를 차지했다.

"상사가 아무리 면밀하고 논리적인 계획을 제시하더라도 직원에게 그것은 그저 명령일 뿐이다. 하지만 직원이 그 아이디어의 시작단계에서부터 잘 지원해 주면, 직원의 '개인적 사명'이 된다."

– 메리 케이 애쉬(Mary Kay Ash)

3절 코칭 리더십

1. 코칭 개요

1) 코칭(Coaching)과 코치(Coach)

코칭(Coaching)은 인재 개발 기법의 하나로서, 개인이 지닌 능력을 최대한 발휘하여 목표를 이룰 수 있도록 돕는 일을 가리키는 말이다. 즉, '리더가 주도하는 것이 아니라 구성원들이 스스로 해결책을 찾도록 하여 더 큰 효과를 볼 수 있는 기법'이다. 한편, 코치(Coach)는 피코치의 특성에 맞게 그들의 필요에 접근해 가는 방법에 숙련된 전문가를 말한다.

2) 코칭의 유래

'코칭(coaching)'이라는 용어는 커다란 사륜마차를 가리키는 'coach'에서 비롯된 것으로, 마차가 사람을 목적지까지 운반해 주는 것처럼, 코치가 피코치를 피코치가 원하는 목적지까지 함께해 주는 개별 서비스라는 의미로 해석할 수 있다. 1971년, 하버드 대학의 테니스부 주장이었던 갤웨이(Gallwey)는 테니스를 가르칠 때, 직접적으로 기술적인 방법을 가르치기보다는 기본적인 사항만 가르친 다음 스스로 배우게 하면서 필요시 간접적으로 지도하면 훨씬 효과가 크다는 것을 발견하고, 테니스를 배우는 사람을 원하는 수준에 다다를 수 있도록 가르치는 개념으로 이 용어를 처음 사용했다.

3) 코칭 적용 분야

① **라이프 코칭(Life Coaching)**: 라이프 코칭은 인생의 위기나 전환점에 있는 사람, 중요한 결정을 앞둔 사람, 자아실현을 하고 싶은 사람들에게 적용되며 한 개인의 성장을 위해 가장 필요한 부분에 개입하므로 인생의 모든 분야를 망라한다.

② **커리어 코칭(Career Coaching)**: 커리어 코칭이란 적성에 맞는 직업을 찾을 수 있게 조언하고 경력개발을 할 수 있게 도와주는 것을 말한다. 이는 미래를 준비하는 청소년, 대학생으로부터 구직자, 혹은 전직을 고려하거나 은퇴를 앞둔 사람들에게 적용된다.

③ **비즈니스 코칭(Business Coaching)**: 비즈니스 코칭은 기업의 성과향상을 목적으로 하며 경영코칭과 리더십 코칭으로 나뉜다. 경영코칭은 주로 최고경영자를 대상으로 한다. 리더십 코칭은 조직원 모두가 대상이 되며 리더십을 실행하기 위한 구체적인 행동스킬의 배양을 목적으로 한다. 주로 커뮤니케이션 향상, 동기부여, 임파워먼트, 문제해결, 즐거운 일터 만들기, 바람직한 조직문화 만들기 등이 해당된다. 본 교재는 리더십 코칭에 초점을 맞추고 있다.

④ **셀프 코칭(Self Coaching)**: 셀프 코칭은 스스로를 코칭하는 것을 의미한다. 즉, 자신과의 대화를 통해 스스로 목표를 세우고 달성하기 위한 방법을 찾아가는 것이다.

4) 유사 용어와의 차이

① **컨설팅(consulting)과의 차이점**: 컨설팅은 컨설턴트가 문제를 조사하고 해결책을 제시하는 경우가 많으나 코칭은 그보다는 피코치인 스스로 문제를 탐색하고 해결책을 찾게 한다. 즉, 컨설팅에 있어서 문제 해결자는 컨설턴트이지만, 코칭에 있어서 문제 해결자는 당면 문제를 가지고 있는 본인이다. 그러므로 컨설팅의

성패는 컨설턴트의 능력에 크게 의존하는 반면, 코칭의 성패는 코치 못지않게 피코치인의 의지와 능력이 중요하다.

② **상담(counseling)과의 차이점**: 상담은 내담자의 정서적인 고통을 해결하는 경우가 많다. 코칭은 정서적인 문제보다는 행동적인 변화에 더 많은 비중을 두며, 업무 성과, 진로 계획 등 일상생활의 다양한 주제를 다룬다. 또한 상담과 달리 심리적 고통을 해결하기보다는 목표를 달성하려는 목적을 가지는 경우가 많다.

③ **멘토링(mentoring)과의 차이점**: 멘토링 관계에서 멘토(mentor)는 해당 분야의 전문가이고 선배인 경우가 많으며 멘티(mentee)에게 정보나 조언 등을 많이 전달한다. 반면, 코칭 관계에서는 코치가 반드시 해당 분야의 전문가일 필요는 없다. 코치는 피코치인이 스스로 해결책을 찾도록 적절한 경청과 질문을 사용한다. 멘토는 멘티의 상위 개념이지만 코치는 피코치인과 서로 동등한 관계를 가진다.

2. 코칭 리더십의 개념

코칭 리더십이란 '무엇을 직접 가르치는 대신 코치와 피코치와의 신뢰 속에서 대화와 질문을 통해 구성원들의 자발적인 행동촉진과 문제해결을 도모함으로써 피코치의 숨은 잠재력을 개발, 향상시켜 뛰어난 성과를 가능하게 해 주는 리더십'이라 정의할 수 있다. 코칭을 제대로 수행하기 위해서는 먼저 지시 위주의 수직적 리더십을 탈피해야 된다. 코칭 리더십의 대가인 휘트모어(Whitmore)는 "상위자가 하급자에게 명령하고 가르치는 리더십은 전 세계적으로 쇠락의 길을 걷고 있다. 독재사회에서 민주화를 요구하는 시위가 빈번하게 발생하고 수직관계를 선호하는 지도자에 대한 인기가 하락하는 것은 새로운 리더십을 원하는 방증"이라고 코칭 리더십의 중요성을 강조했다.

3. 코칭 리더십의 발전

갤웨이가 테니스를 가르치면서 생성된 코칭이란 용어는 레너드(Thomas J. Leonard)

가 경영 측면에 최초로 적용하면서 발전의 도약을 마련했다. 재무 설계자였던 그는 재무컨설팅을 하면서 재무에 대한 이해도가 높은 사람들도 부족한 면이 있으므로 코칭을 받음으로써 현재보다 더 나은 미래를 설계할 수 있다는 것을 깨닫게 되었다. 이후 여러 연구를 통해 자녀에 대한 교육과 진로, 비즈니스에서의 고민사항 및 은퇴 후의 노후대책에 이르기까지 다양한 분야에서 코칭효과를 볼 수 있음을 알게 되었다. 1980년대에 미국의 기업들이 불황을 탈출하기 위한 수단으로 코칭을 도입하기 시작하고, 1990년대에 일본이 코칭을 기업의 경영관리 및 인재육성에 도구로 받아들이기 시작하면서 급속히 발전했다. 국내에 코칭이 본격적으로 도입되기 시작한 것은 2000년대 초반으로 비즈니스 시장을 중심으로 점차 본격화되기 시작했다.

4. 코칭 리더십 전제조건(특징)

코칭 리더십이 제대로 구현되기 위해서는 3가지 기본조건과 하버레이더(Harberleither)가 제시한 보다 구체적인 9가지 조건이 있다.

1) 3가지 기본조건

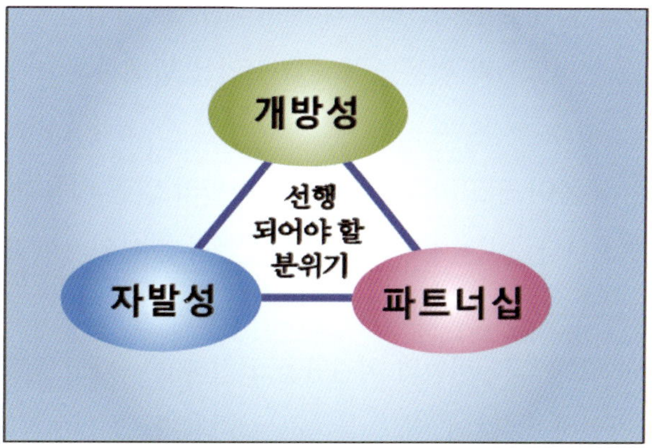

[그림 7-4] 코칭 리더십 기본 조건

코칭 리더십이 제대로 수행되려면 [그림 7-4]와 같이 코치와 피코치 간에 자발적으로 이루어져야 하고, 아무런 장벽이 없이 개방되어야 하며 상호 간 원활한 파트너십이 이루어져야 한다.

2) 9가지 전제조건

① **코칭은 객관적 데이터가 기반이 되어야 한다**: 어떠한 코칭 과정이든 객관적인 사실에 바탕을 두어야 하며, 객관적인 용어로 표현해야만 한다. 즉, 사실 중심으로 문제에 접근해야 한다.

② **코칭은 조직 구성원의 행동변화를 통해 성과향상을 꾀한다**: 코칭은 피코치의 잠재력을 최대한 끌어내어 구성원들의 태도변화를 통해 목적을 달성한다.

③ **코칭 시 인간관계에 초점을 맞춰야 한다**: 코칭은 신뢰를 전제로 하는 프로세스이므로 리더와 구성원 간의 신뢰를 전제로 상호존중 및 유대감을 가졌을 때보다 큰 효과를 얻을 수 있다.

④ **코칭은 그 과정을 서두르지 않는다**: 코칭은 당면한 문제를 구성원 스스로 해결하는 과정이므로 피코치에게 강요되어서는 안되며 시간적 여유를 가진 상태에서 이루어져야 한다.

⑤ **코칭은 대화를 필요로 한다**: 리더의 일반적인 말, 선입견으로 구성원을 코칭하는 것이 아니라 피드백과 질문을 통해 최선안을 탐색하는 것이 코칭기술의 열쇠이다.

⑥ **코칭은 열린 마음이 필요하다**: 리더는 구성원의 열린 마음과 겸허한 자세로 구성원을 대해야 한다. 이는 친밀감을 높이고 개방적 분위기 유도에 좋은 밑거름이 될 것이다.

⑦ **코칭은 겸허해야 한다**: 리더의 의견만을 고집하고 옳다고 생각하지 말고 피코치의 의견을 반영하고, 같이 비교 분석하는 자세가 필요하다.

⑧ **코칭은 조화와 균형을 요구한다**: 코칭은 구성원들이 일을 잘하도록 '업무 성과

와 인간관계' 그리고 '가정과 일'에 균형을 이루게 하는 작업이다.

⑨ **코칭은 자기책임을 요구한다:** 피코치는 수동적인 대상이 아닌 적극적인 참여자가 되어 목표 달성을 위해 최선을 다해야 함은 물론, 설정된 목표를 이룩하는 과정에서 발생하는 문제에 대해 적극적으로 책임을 져야 한다.

5. 코칭 스킬(기술)

코칭을 제대로 수행하기 위해서는 어떤 기술이 필요할까? 피코치의 발전과 변화를 통해 원하는 목적을 실현시키기 위해서는 [그림 7-5]와 같은 코칭 스킬이 필요하다.

1) 적극적 경청 스킬: 고객의 마음을 여는 단계

적극적 경청이란 피코치의 말 내용은 물론, 그 내면에 깔려 있는 의도나 감정 측면에서도 그들의 입장에서 들어주는 것으로, 피코치의 마음을 열기위해 잘 듣는 데서 그치지 않고 적극적으로 반응까지 하는 것을 말한다. 적극적인 경청은 피코치들의 호감을 살 수 있고, 그들이 코칭에 집중하도록 돕는다. 적극적 경청의 표현은 비언어적으로도 가능한데 청취 자세, 적절한 끄덕임, 시선 맞추기 등이 있다.

2) 질문 스킬: 고객의 생각을 여는 단계

코칭 스킬 중에 가장 핵심적인 스킬이 질문 스킬이다. 질문은 상대방을 대화의 장으로 초대해 참여시키는 지름길이기 때문이다. 더 나아가 질문(의문)은 이 세상 모든 지식 창출의 출발점이 된다. 우리가 알고 있는 만유인력의 법칙 발견은 "왜 사과가 떨어질까?"라는 질문에서 비롯되었다. 코칭은 '어떤 상황에든 해답은 피코치에게 있다.'를 전제로 하는데 그 해답을 찾기 위해서 적절한 질문을 던짐으로써 스스로 문제에 대해 생각하게 하고, 해결 방법을 찾게 도와줄 수 있다.

3) 피드백 스킬: 고객의 행동을 여는 단계

코칭에서 피드백 스킬은 '피코치가 추구하는 목표에 대한 현재 수준을 본인에게 알려 주어 부족한 점을 발전적인 방향으로 개선시키도록 유도'하는 것이다. 효과적인 피드백을 위해서는 무엇보다도 듣는 이로 하여금 자기가 존중받고 있다는 것을 느끼게 하는 긍정적 피드백, 즉 피코치의 자신감을 강화시켜 주는 칭찬과 인정이 중요하다. 처벌과 꾸중보다는 인정과 칭찬이 학습효과를 증진시킨다는 사실은 심리학의 다양한 실험에서도 잘 나타나고 있다. 칭찬은 타인에게 동기를 부여하고 자신감을 갖게 하며 인간관계를 개선하는 최고의 수단이다. 칭찬을 위해서는 상대방의 장점에 집중해야 한다.

4) 태도

경청하기, 질문하기, 피드백하기와 같은 커뮤니케이션 스킬도 중요하지만 그보다 중요한 것은 언어적으로나 비언어적으로나 피코치를 대하는 태도라고 할 수 있다. 코치가 진정한 마음을 가지고, 피코치를 지지하고, 기대하고 신뢰할 때, 피코치의 변화와 발전을 이끌 수 있다. 즉, 바람직한 태도 스킬은 모든 코칭 스킬이 효과적으로 활용될 수 있는 기반이 된다.

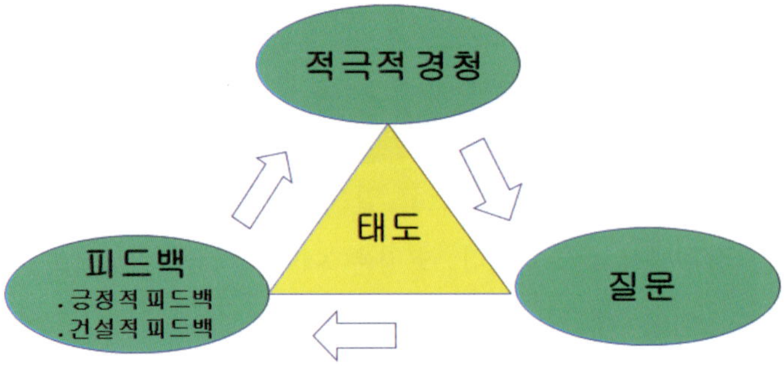

[그림 7-5] 코칭 스킬

6. 4단계 코칭 프로세스

코칭 리더십을 제대로 수행하기 위해 코칭 스킬(기술)을 가지는 것도 중요하지만 적절하고도 기본적인 코칭 프로세스(절차)를 따르는 것 또한 중요하다. 코칭이 일회성으로 끝나든 수십 회에 걸쳐 진행되든 네 단계들로 구성되며 각 단계들은 목표 설정에서부터 목표달성까지 체계적으로 진행되어야 한다([그림 7-6]).

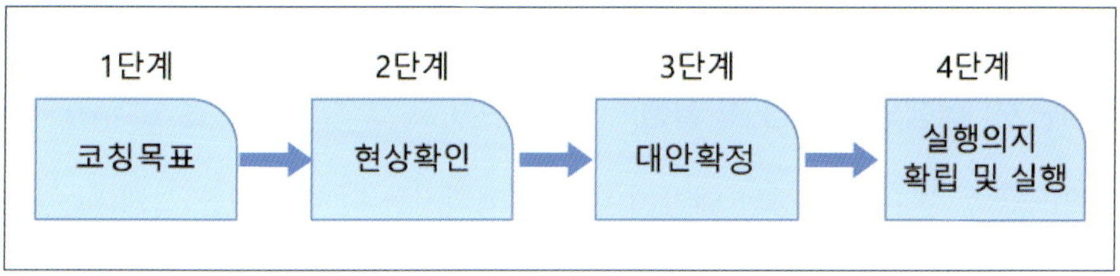

[그림 7-6] 4단계 코칭 프로세스

1) 1단계: 목표설정

피코치가 원하는 것이 무엇이고 어느 정도 수준까지 원하는지 찾는 단계로, 실행력을 높이기 위해선 '구체적인 목표'를 수립하는 것이 중요하다. 코칭을 통해 얻고자 하는 것을 구체적으로 정의하는 것은 피코치가 코칭 과정에 적극적으로 참여하도록 이끌어 주고, 코칭에 대해 긍정적인 기대를 갖게 하며 무엇보다 정확한 방향을 설정해 준다.

2) 2단계: 현상확인

목표와 관련된 고객의 현재 상황을 객관적으로 살펴보고 현재 해야 할 것은 무엇인가 파악하는 단계, 즉 '너 자신을 알라' 단계이다. 현 상황을 잘 알아야 목표와 현재의 명확한 차이(gap)를 인식할 수 있고 이를 극복하기 위해 목표를 세울 수 있다.

3) 3단계: 대안확정

목표를 이루기 위해 시도 가능한 대안들을 찾아보고 이들 중 가장 합리적이고 현실적인 대안을 확정한다. 이 과정을 통해 목표달성을 위한 보다 분명한 행동 지침을 갖게 되는데 행동지침은 SMART(Specific: 구체적으로, Measurable: 측정 가능한, Achievable: 성취 가능한, Realistic: 현실적인, Time- limited: 목표 기한을 정하는) 원칙에 입각하여 세운다.

4) 4단계: 실행의지 확립 및 실행

가장 중요한 단계로 확정된 대안에 대한 실행의지를 다지고 이를 시행하는 단계이다. 이 단계에서는 코칭 일정 전체를 점검(review)하는 작업도 필요한데 코치가 아니라 피코치가 하도록 해야 한다. 이때 피코치의 지나친 의욕을 조절할 수 있어야 하고, 실행에 대한 지나친 부담을 주어서도 안 된다. 또한 코치는 계획의 시행을 위해 계속해서 피코치를 강력하게 개입시키고 코칭 전 과정을 구성원 스스로 마무리 짓도록 유도한다.

사례 ㈜캐럿글로벌의 코칭 리더십

1) ㈜캐럿글로벌 개요

㈜캐럿글로벌은 최고의 전문 교육회사로 2001년 설립 이후 120명의 임직원과 매출 250억으로 수평적 조직문화와 사내 인트라넷 당근농장 시스템을 통해 모든 정보가 공개되는 투명경영으로 지속성장하고 있는 작지만 강한 강소기업이다. (사)한국코치협회 제10주년 기념 '2013년 대한민국 코치대회'에서 '코칭문화 확산 우수기업'으로 선정되었다.

2) ㈜캐럿글로벌의 코칭 리더십

㈜캐럿글로벌은 수차례 리더십 워크숍을 통해 코칭을 소개하고 전 직원을 대상으로 한 코칭 리더십 특강과 코칭체험 및 실습을 하였다. 이 외에도 CEO와 임원 그리고 부서장 심지어 신입 및 퇴직예정인 직원까지 전 임직원을 상대로 하루에 2~3명을 대상으로 지속적으로 코칭을 진행하고 있다. 2011년부터는 결혼 적령기의 여성 직원들 위주인 회사의 특성을 감안해 글로벌 기업의 인사담당 임원을 지낸 여성코치가 월 2회 여성 리더들을 코칭하기 시작했다. 이를 통해 경력단절 여성 직원의 개인 문제와 조직의 이슈를 현장에서 바로 해결하여 시너지를 낼 수 있도록 하는 등 상황에 적절한 코칭 리더십을 발휘했다. 코칭의 효과를 스스로 체험한 팀장과 파트장 등 중간 관리자들이 두 명의 외부 코치로부터 멘토 코칭을 수시로 받으며 직원들을 코칭하고 있고 코칭 결과는 인사DB에 기록하여 관련 책임자들이 공유하고 있다. 상시 코칭 이슈가 생길 때마다 스스로 자신의 이슈를 해결할 수 있는 계기를 얻으면서 코칭 문화가 빠르게 자리 잡아 가고 있다.

그 결과, 한때 30%를 넘던 이직률도 10%대로 떨어지고, 조직 구성원을 스스로 변화 · 성장할 수 있도록 만드는 리더십 실행이 가능하게 됐다. 아울러 코칭 문화를 통해 리더와 부하 직원과의 활발하면서도 진정한 커뮤니케이션이 가능해졌다. 기존에는 팀과 팀, 부서와 부서 간의 보이지 않는 담으로 인해 진정성 있는 커뮤니케이션이 어려웠으며 부하와의 관계에 있어서도 배려와 공감보다는 권위적이고 일방적인 소통이 많았었다. 하지만 코칭 문화가 확산되고 리더가 변화함으로서 부서 간의 관계는 물론 부하와의 커뮤니케이션도 보다 긍정적으로 방향으로 변화되고 있다.

(출처: HRD, 2014.10.)

PART 3

360도 리더십

| Chapter 08 | 팔로워십

| Chapter 09 | 펠로우십

리더십은 전통적으로 위에서 아래로만 행사되는 것이라고 생각되었다. 그러나 최상위 리더와 말단 팔로워들을 제외한 대부분의 구성원들은 누구나 리더이자 팔로워이며 주위에는 많은 동료들도 있다. 그런 의미에서 대부분의 조직원들은 직급에 상관없이 리더와 구성원 및 동료들 사이 360도 리더십을 가져야 한다.

1) 하향 리더십(lead down): 리더의 리더십(leader's leadership)

협의의 리더십으로 '리더'가 자신이 원하는 방향으로 '구성원'을 이끄는 기술을 말한다. 만일 귀하가 경영하는 조직이 잘 풀리지 않는다면 귀하의 (하향) 리더십에 문제가 없는지 살펴봐야 할 것이다.

2) 상향 리더십(lead up): 팔로워십(followership)

상향 리더십은 리더를 잘 따르고 리더의 미흡한 점을 잘 보완해 주는 구성원의 기술로 정의된다. 당신이 상사에게 신임을 받지 못하고 있다면 상향 리더십에 문제가 없는지 살펴봐야 할 것이다.

3) 수평 리더십(lead across): 펠로우십(fellowship) 또는 펠로우 리더십

수평 리더십은 '구성원'이 자신이 원하는 방향으로 '동료'를 이끄는 기술, 즉 동료를 아끼고 배려해 줌으로써 그들의 마음을 움직이게 하는 리더십이다. 만일 당신이 기쁠 때 같이 축하해 주고 슬플 때 같이 슬퍼해 주는 사람들이 적다면, 즉 당신의 주위에 사람이 몰려들지 않는다면 당신의 수평 리더십에 문제가 없는지 살펴봐야 할 것이다.

하향 리더십은 Part 1,2에서 집중적으로 다루었으므로 Part 3에서는 상향과 수평 리더십을 다루기로 한다.

Chapter

8 팔로워십

"남을 따르는 법을 알지 못하는 사람은 좋은 지도자가 될 수 없다."

– 아리스토텔레스

1절 개요

1. 팔로워십(상향 리더십)의 이해

리더의 지시를 따르고 그를 도와 조직의 긍정적인 발전을 유도하는 사람들을 팔로워(follower)라고 하며, 그러한 사람들이 공통적으로 갖고 있어야 한다고 요구되는 행동방식 또는 사고체계 등을 포괄적으로 '팔로워십(followership)'이라고 한다. 팔로워십은 리더십과 비교개념으로 사용된다. 리더십은 '리더가 구성원들을 올바른 방법으로 올바른 방향으로 잘 인도해 가는 기술'이며, 팔로워십은 '리더가 성공적인 목표를 달성할 수 있도록 최대한 지원해 주는 피지도자로서의 능력과 자질'을 의미한다. 과거의 리더십은 리더가 부하들에게 행사하는 일방적 리더십이었으나 현대에 와서 리더십은 상하향의 양방향 리더십 개념으로 변모하고 있다. 이는 오늘날과 같이 변화무쌍한 경영환경 속에서 구성원의 도움 없이는 리더가 조직을 이끌 수 없어졌기 때문이다. 인류 역사를 돌이켜 보면 훌륭한 리더만으로 성공한 사례도, 훌륭한 팔로워만으로 성공한 사례도 없었다. 반드시 훌륭한 리더와 훌륭한 팔로워가 함께해야 만 성공했다. 이들 양쪽이 원래 뛰어난 능력을 가지기도 했지만 어느 한쪽이 부족할 경우 뛰어난 쪽이 부족한 쪽을 잘 보완함으로써 유능한 리더와 팔로워로 변신한 경우도 많았다. 즉, 뛰어난 리더는 미흡한 팔로워를 잘 육성하였고 뛰어난 팔로워는 미흡한 리더를 바람직한 방향으로 잘 인도한 것이다. 결론적으로 [그림 8-1]과 같이 리더와 팔로워의 공동노력을 통해 양자가 최고의 기량을 발휘함으로써 조직목표를 달성할 수 있다.

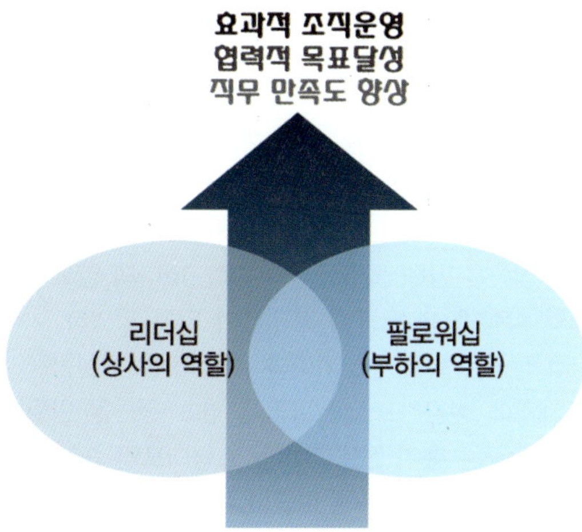

[그림 8-1] 리더십과 팔로워십 개념 비교

상사를 상대로 리더십을 발휘하는 팔로워십은 매우 어려운 일이다. 대부분의 리더는 스스로 영향력을 발휘하기를 원하지 아랫사람으로부터 영향력을 받기를 싫어하기 때문이다. 하지만 아랫사람이 자신의 가치를 높여 주는 것은 반기므로 상사의 가치를 높여 주는 접근방식을 택하면 상사에게 좋은 영향력을 발휘할 수 있다.

사례 이순신의 팔로워들

임진왜란 시 이순신 장군은 23전 23승이라는 업적을 이루었다. 이러한 전무후무한 성과가 그 혼자만의 능력 때문이었을까? 그렇지 않다. 그의 뛰어난 리더십과 훌륭한 '팔로워'들의 합작품이라 할 수 있다.

① 정운(鄭運) 장군은 강직하고 군인정신이 뛰어난 인물로 항상 선봉에 서서 공격하여 승리를 쟁취함으로써 수군의 사기를 극대화시킨 이순신의 오른팔이었다. 첫 전투인 옥포해전을 대승으로 이끌었고 부산포해전에서도 최선봉에 서서 대승을 거두었으나 아깝게 전사했다. 그가 죽자 이순신은 목 놓아 울었으며 선조는 그를 병조판서에 추증했다.

② 정걸(丁傑) 장군은 이순신이 태어나기 1년 전에 무과에 급제한 그야말로 '백전노장의 베테랑'으로 육지와 바다를 가리지 않고 평생을 왜구와 여진족과 싸운 인물

이다. 정걸은 전쟁이 발발하자 78살 노장으로 이순신의 전략 멘토가 되어 수많은 승리를 주도했다.

③ 나대용(羅大用) 장군은 거북선을 설계, 제작했다. 다른 사람은 거북선의 효용을 무시하였으나 이순신은 그를 수용하여 거북선을 완성했고 하루 뒤에 임진왜란이 일어났다. 거북선 외에도 수많은 전함을 건조한 선박전문가였다.

④ 어영담(魚泳潭) 장군은 남해 물길 전문가이다. 바다의 얕고 깊음과 도서의 험하고 수월함, 물길의 방향과 세기 등을 빠짐없이 알고 있었다.

⑤ 이봉수(李鳳壽) 장군은 화약 전문가이다. 수없이 많은 실험을 거듭한 끝에 화약의 재료인 염초 제조에 성공하고, 석 달만에 염초 천근을 만들어 냈다.

⑥ 정사준(鄭思竣) 장군은 총기 전문가이다. 소형대포인 승자총을 만들었고 일본 조총의 제작 비밀을 밝혀내 조총에 버금가는 화승총을 개발하였다.

⑦ 이운룡(李雲龍) 장군은 한산대첩에서 학익진법을 성공시킨 군사 전략가이다. 원균의 부하였으나 이순신과 원균이 협업할 수 있도록 조정자 역할을 훌륭히 해냈다.

2. 팔로워는 리더의 '파트너(partner: 동반자)'인가, '부하'인가?

통상 '부하'로 일하는 사람들은 상급자에게 초점을 맞춘다. 상급자의 반응에 따라 일하려 하므로 지시받은 대로만 하려고 할 뿐 결과에는 책임지려 하지 않는다. 좋은 결과를 기대하기 어려운 이유이다. 반면 '파트너'로 일하는 사람은 상급자가 아닌 일의 목적에 초점을 맞춘다. 일의 결과를 염두에 두고 일하므로 일이 바르게 수행될 수 있도록 적절한 대안을 제시하고 보완하여 최고의 결과를 내려고 한다. 결과가 좋은 이유이다. 또 '부하들'은 항상 상급자에게 집중하고 있어야 하므로 상급자가 어디로 튈지 몰라 늘 조급하고 전전긍긍하게 되지만, '파트너들'은 조직이나 일 자체에 관심을 두고 일하므로 자기 페이스에 맞게 차분히 업무에 임할 수 있다. 그런 의미에서 팔로워는 '부하라기보다 파트너에 가까운 개념'으로 이해되어져야 한다. 그렇다고 해서 리더와 부하가 동등한 위치에 선다는 것을 의미하지는 않는다. 리더의 지위와 권한은 유지하되 일하는 방식과 서로를 대하는 마음은 동반자의 성격을 띠어야 한다는 것이다. 그러기 위해서 리더는 팔로워를 부하로 대하지 않고 파트너로 대우하려고 노력해야 한다.

3. 팔로워십와 리더십의 관계

헬러와 반틸(Heller & Van Til은 리더십과 팔로워십의 관계를 다음과 같이 정리하였다.

① 늘 리더인 사람도 없고 늘 팔로워인 사람도 없다. [그림 8-2]와 같이 최고 경영자와 말단 사원을 제외하면 조직에 근무하는 대부분을 리더와 팔로워 역할을 동시에 수행하므로 리더십과 팔로워십은 서로 다른 개념이 아니라 상호보완적인 개념으로 볼 수 있다.

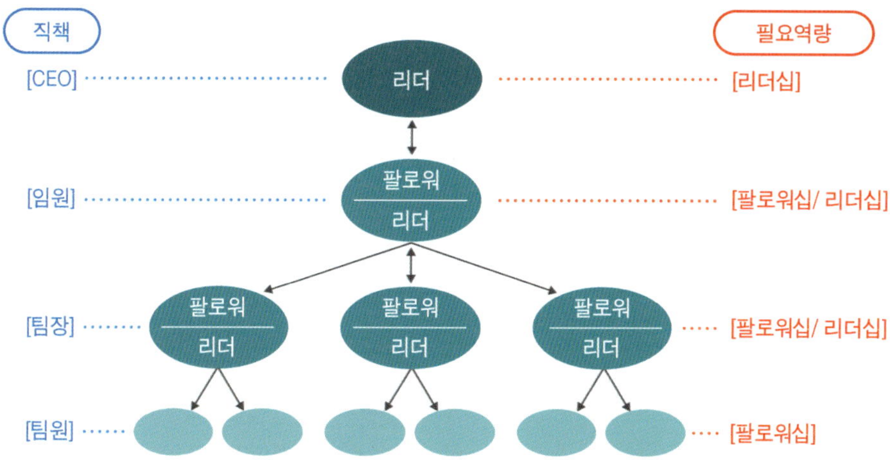

[그림 8-2] 리더십과 팔로워십 관계

② 리더와 팔로워는 상호 간 적절한 거리를 유지해야 한다. 리더와 팔로워 간의 거리를 너무 줄이거나 제거하게 되면 리더는 통제력을 유지하는 데 필요한 방어벽들을 상실할 수 있다. 반대로 리더와 팔로워가 극단적으로 독립적일 때는 양자 간의 협업효과가 상실될 수 있다.

③ 리더십과 팔로워십은 계속적으로 숙련 가능한 기술이므로 끊임없이 개발해야 한다.

4. 팔로워십의 중요성

팔로워 없는 리더는 존재하지 않으므로 모든 조직에서 팔로워는 매우 중요한 존재이다. 축구와 같은 운동 경기의 예를 보아도 리더는 방향 제시의 역할을 할 뿐 실제 상대와 싸워 득점을 내는 것은 팔로워의 역할이기 때문이다. 지금까지는 팔로워를 리더십 발휘의 주체가 아닌 대상으로만 인식하였고, 팔로워십을 '순종, 아첨, 조직에서 살아남기, 처세술'이라는 부정적 이미지와 연상 지었기 때문에 팔로워십의 중요성은 그만큼 경시되어 왔다. 팔로워의 역할이 중요하게 되는 이유를 구체적으로 살펴보면 다음과 같다.

① 조직에는 팔로워의 숫자가 리더의 숫자보다 비교가 안될 정도로 많으며, 아무리 직급이 높은 리더라 하더라도 리더로 일하는 시간보다 팔로워로 일하는 시간이 더 많다. 게다가, 시대의 변화에 따라 팔로어와 리더의 역할이 더 이상 과거처럼 확연하게 구분되지도 않는다.

② 최근 사회는 리더가 주도하던 시대에서 팔로워의 마음을 읽고 그들의 요구를 중심으로 새로운 조직문화를 만들어 가는 시대로 흐름이 바뀌었다. 리더십 전문가 로버트 켈리(Robert Kelly)는 『팔로워십의 힘』이라는 저서에서 '현대는 20%의 리더가 아닌 80%의 팔로워가 조직의 운명을 결정하는 변화의 시대'라고 분석했다. 1만 명의 조직에서 과거에는 한 명의 리더가 "나를 따르라"고 외치면 9천 999명이 뒤를 따랐지만, 이제 그런 시대는 끝났다는 것이다.

③ 과거 기업을 둘러싼 환경이 안정적이던 시대, 즉 리더의 독단적인 결정대로 일사불란하게 움직이던 시대에는 팔로워들이 창의성을 발휘하지 않아도 큰 문제가 되지 않았다. 그러나 현대와 같이 기업환경이 급변하는 시대에는 팔로워들의 창의성 향상이 필수적이며 이를 위해서는 팔로워 중심의 경영이 불가피하게 되었다.

④ 정보통신기술의 향상으로 리더만이 가졌던 제한된 정보를 팔로워도 쉽게 공유하게 되었으며, 이를 바탕으로 현장에서 팔로워가 리더의 지원 없이 독자적인 의사

결정과 행동을 할 수 있게 된 것도 팔로워의 중요성을 부각시키는 요인이 되었다고 할 수 있다.

2절 팔로워십의 유형

팔로워십 이론은 여러 학자들을 통해 연구되어 왔으나 켈리(1988)에 의해 비로소 일반적인 개념을 정립하기에 이르렀다.

1. 팔로워십의 요소

켈리는 팔로워십의 유형을 구분하기 위해 팔로워의 '사고'와 '행동' 두 가지 핵심기준을 가지고 분류하였다.

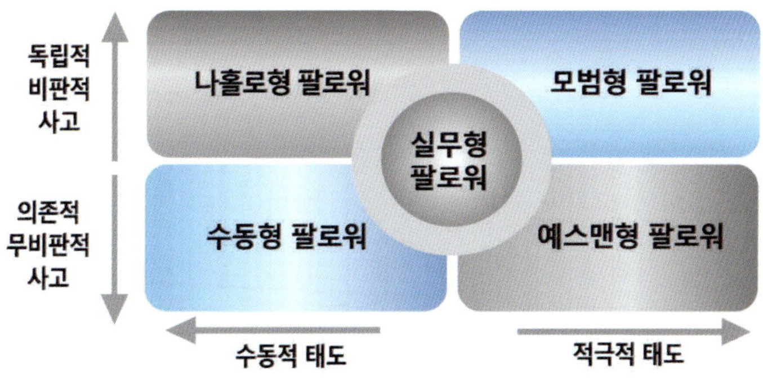

[그림 8-3] 켈리의 팔로워십 유형

1) 사고: 독립적이고 비판적 사고 對 의존적이고 무비판적 사고

바람직한 팔로워는 남에게 의존하지 않고 스스로 판단하고 행동하며 바람직하지 못한 상황에 대해 건설적인 비판을 할 수 있다. 이와 상반되는 팔로워는 할 일을 지시받아야 하는 의존적인 행동을 하며 잘못된 것을 보고도 무비판적인 자세를 취한다.

2) 행동: 적극적인 참여 對 수동적 참여

바람직한 팔로워는 주인의식을 가지고 있어 적극적으로 참여하고 자발적이며 맡은 일 이상을 한다. 이와 상반되는 팔로워는 늘 재촉과 감독을 받아야 되며, 책임을 회피하는 수동적인 부류들이다.

2. 팔로워십의 유형

그는 상기 두 가지 특성 중 '2)항'을 X축에, '1)항'을 Y축에 설정하여 모두 다섯 가지의 팔로워 유형을 제시하였다([그림 8-3]).

1) 예스맨형 팔로워 (Yes People Follower)

조직의 일에는 적극적으로 참여하지만 독립적, 비판적인 사고는 부족한 유형으로 리더의 판단에 지나치게 의존하고 리더의 권위에 순종하는 흔히 말하는 간신(奸臣)이 이에 해당된다. 이러한 유형은 리더의 이목을 가려 올바르게 생각하지 못하게 하고 리더가 조직 관리에서 멀어지게 하는 한편, 자기 이익만 챙김으로써 결국 리더와 조직을 망하게 하는 가장 피해야 할 유형이다. 남의 비판을 싫어하고 권위적이고 고압적인 리더가 이끄는 조직에서 찾아볼 수 있으며 독재적인 리더들은 그들의 권력욕을 충족하기 위해 예스맨을 장려한다.

사례 **예스맨, 아돌프 아이히만**(Adolf Eichmann, 1906.3.19.~1962.6.1.)

〈히틀러와 아이히만〉

아돌프 아이히만은 제2차 세계대전 유대인 대학살의 실무 책임자였다. 1932년 나치당에 가입하여, 독일 및 독일 점령하의 유럽 각지에 있는 유대인의 강제 이주, 학살을 계획 · 지휘하였는데 총 600만 명의 유대인을 학살했다. 독일의 항복 후 미군에 체포되었으나 포로 수용소에서 탈출했고, 1950년 가족과 함께 아르헨티나로 도망쳐 가명으로 은신하던 중 1960년 이스라엘 정보기관 모사드에 체포돼 이스라엘로 압송되었다. 유대인 학살에 대한 긴 재판과정에서 아이히만은 "히틀러의 지시에 성실히 업무를 수행한 것이 전부다."고 주장했다. 결국, 그는 유대인 학살 책임으로 1962년 교수형에 처해졌다. 아이히만이 유태인 학살을 의도적으로 하였다는 검사 측의 주장에도 일리가 있으나, 단지 상관의 명령만 수행했다는 아이히만의 주장도 역시 설득력이 있다. 분명한 것은 그가 상관의 명령을 거부하지는 못했다 할지라도 학살의 부적절함을 호소하거나 축소를 건의할 수도 있었으며, 명령을 따르면서 직권으로 학살을 최소화할 수도 있었다는 점을 생각해 보았을 때 무작정 리더의 명령을 따르는 팔로워가 조직에 얼마나 커다란 위험을 안겨 주는지를 실감시켜 주는 사례가 되고 있다.

사례 간신의 대명사 십상시(十常侍)

한 나라가 망하게 될 때, 망하지는 않더라도 심한 곤경에 빠지게 될 때 최고 지도자 뒤엔 반드시 간신이 있다. 그들은 최고 지도자에게 듣기 좋은 말만 하는 등 아부를 함으로써 강한 신임을 얻는다. 골치 아픈 직언을 싫어하는 지도자는 간신의 의도대로 향락에 빠지고 자신의 업무를 멀리하게 되는데 이 공백을 간신이 대신하게 된다. 간신은 자신의 사리사욕을 위해 국정을 농단하게 되고 이로 인해 나라는 큰 혼란을 빚게 된다. 역사를 통해 수많은 간신이 있었는데 가장 대표적인 사례는 십상시이다. 십상시란 중국 한나라를 망하게 만든 10명의 환관들을 말한다. 당시 황제였던 영제는 달콤한 아부를 일삼는 십상시를 너무나 총애하여 다른 사람들의 말은 듣지도 않았다고 한다. 십상시는 어린 영제를 주색에 빠지게 하여 정사를 모르게 한 뒤 자신들이 황제의 권력을 휘둘렀다. 황제의 눈과 귀를 막아 버린 후 자신들의 사리사욕을 채우기에 급급했고, 혼란에 빠진 나라는 수백만의 목숨을 앗아가는 내전을 거친 후 결국 망하게 된다. 유명한 역사소설 '삼국지'는 십상시의 출현을 시작으로 한나라가 망하고 진나라가 세워지는 약 112년간의 내전을 다룬 역사소설이다.

2) 나홀로형 팔로워(Alienated Follower)

비판적이고 독립적인 사고를 할 수 있는 역량을 갖추고 있지만 역할 수행에는 소극적인 유형이다. 이런 팔로워들은 불만이 있을 경우, 리더와 건설적인 방향으로 문제를 풀려 하기보다는, 리더의 노력에 대해 빈정거리며 비판하면서도 스스로는 노력을 하지 않거나 불만스런 침묵으로 일관한다. 그들은 피해의식을 가지고 부당한 대우를 받고 있다고 생각하기 때문에 불만족을 해소하기 위해 대결자세를 취하게 되는데 이로 인해 리더나 조직으로부터 배척당하는 경우가 많으며 조직의 잠재적 위험요인이 된다. 원래 모범형이었으나 부당한 대우나 상사와의 갈등으로 자신의 희망과 욕구가 좌절된 경험이 있을 경우와 조직에 신뢰의 풍토가 조성되지 않은 경우에 주로 발생한다.

3) 모범형 팔로워(Exemplary Follower)

모범형 팔로워는 조직 내에서 독립적이고 비판적인 사고를 가지며 조직의 일에 적극적이고 능동적으로 참여한다. 주인의식을 가지고 있으며, 집단과 리더를 도와주고 조직의 이익을 위해서는 상사와도 의도적으로 맞서는 용기를 가지고 있다. 또한 솔선수범하고 자기가 맡은 일보다 훨씬 많은 일을 하고자 한다. 소외형과 순응형의 장점만을 취하는, 즉 독립심이 강하고, 혁신적이며 건설적인 비판을 내놓는 등 상황에 바람직한 행동을 취하는 유형으로 조직에 꼭 필요한 진정한 팔로워 유형이다.

4) **수동형**(기계적) **팔로워**(Sheep Follower)

수동형은 모범형과 정반대로 비판적 사고도 없고 적극적인 태도도 보이지 않는다. 이들은 어느 정도의 역량을 가지고 있고 자신에게 주어진 일은 나름대로 수행하나, 주인의식이나 리더에 대한 애착이 부족하여 적극적인 의견 개진이나 자신의 업무영역을 넘어서는 추가적인 노력이 드는 일에는 소극적인 태도를 보인다. 책임감이 결여되어 있어, 솔선수범하지 않을 뿐 아니라 상사로부터 지시받은 업무만 수행한다. 이러한 팔로워들은 리더가 모든 일을 끊임없이 챙기게 만들어 정작 리더로서 해야 할 중요한 일에 집중하지 못하게 만든다. 리더가 모든 상황을 통제하고 팔로워에게 규정을 지키도록 위협적인 수단을 사용하는 조직이나 가만 두어도 적당한 성과가 나는 조직에서 흔히 볼 수 있다.

5) **실무형**(생존형, 실용주의 형) **팔로워**

실무형은 앞의 모든 요소를 조금씩 전부 갖추고 있다가 상황에 따라 가장 유리한 행동을 취하는 경향, 즉 안전제일주의를 행동 원칙으로 삼는다. 조직의 운영 방침 등의 변동에 민감하고 자신의 이익을 위해서 다른 사람과 조직을 교묘히 이용하기도 한다. 또한 의견대립을 최소한으로 억제하고 어떤 실패에 대해서도 변명할 수 있는 준비를 주도면밀하게 마련해 놓고 있다. 그들은 목표를 낮게 잡고, 자기보다 남이 먼저 책임을 지게 만든다. 주로 관료주의에 젖어 있는 공공조직에서 나타나며 조직의 경영상태가 나빠질 때 나타나기 쉽다.

3절 모범형 팔로워 육성전략

앞서 살펴본 바와 같이 가장 바람직한 팔로워가 모범형 팔로워이므로 특정 조직의 성패는 모범형 팔로워가 얼마나 많은지에 의해 결정된다고 봐도 과언이 아닐 것이다. '모범형 팔로워가 되기 위한 팔로워의 전략'과 '모범형 팔로워 육성을 위한 리더의 전략'에 대해 살펴보도록 한다.

1. 모범형 팔로워가 되기 위한 전략: 팔로워의 노력

1) 조직에 헌신

헌신(獻身)은 '몸(身)을 바쳐(獻) 있는 힘을 다한다.'는 의미로 팔로워는 조직 목표 달성을 위해 혼신을 다해야 한다. 그러나 아무리 조직의 일에 내 몸을 바쳐서 일해도 그것이 강요에 의하거나 대가를 바라는 것이라면 효과는 반감한다. 진정한 팔로워들은 자발적인 동참을 통해 조직의 발전을 위해 자신을 발전시키고, 자신의 발전을 통해 조직을 발전시키는 상호 발전의 선순환을 이루고자 노력한다. 직장인들에게 이와 같은 조직에의 헌신을 이야기하면 필요성은 인정하면서도 조직에 헌신한다는 것은 구세대의 유물, 산업화 시대의 폐습으로 여기는 풍조가 지배적이다. 이러한 상황에서 조직원들의 헌신을 이끌어 내기 위해 리더는 솔선수범과 모범을 보여야 하며 성과에 대한 분명한 보상을 준비해야 한다.

2) 조직 목표에 대한 방향성 통일

팔로워는 리더의 지시나 방향설정에 대해서 한 방향으로 정렬할 수 있는 노력이 필요하다. 많은 사람들이 리더에 대한 방향성 통일을 무조건적인 순응을 하거나 예스맨이 되라는 의미로 받아들이곤 하는데 이는 방향성 통일의 의미를 잘못 이해한 것이다. 평상시에는 서로 간의 다양성을 존중해 주고, 보다 나은 방법을 찾기 위해서라면 최말단의 팔로워라도 리더의 결정에 반론을 제기할 수 있어야 한다. 그러나 일단 조직이 방향을 잡으면 모든 팔로워들은 일사불란하게 그 방향을 따라야 한다.

3) 몰입과 열정

몰입(沒入)은 '주위의 모든 잡념, 방해물들을 차단하고 원하는 어느 한 곳에 자신의 모든 정신을 집중하는 것'을 말한다. 몰입한 팔로워는 자신이 하고 있는 일에 스트레스를 받는 대신 일에 고도의 집중 상태를 유지하면서 일 자체를 충분히 즐기게 된다. 독일의 심리 치료사인 메르클레(Merkle)는 다음과 같이 말했다. "천재는 노력하는 사람을 이길 수 없고, 노력하는 사람은 즐기는 사람을 이길 수 없다." 몰입 그 자체로도 역량발휘와 발전적 가치창조에 기여하지만, 몰입은 열정이라는 또 다른 모습으로 변이되어 이성적인 판단으로는 측정할 수 없는 엄청난 성과를 가져오기도 한다.

4) 직언과 대안 제시

리더와의 관계를 주종관계로 인식해 맹목적으로 순종함으로써 조직이 파국으로 치달은 사례는 역사에서 흔히 찾을 수 있다. 리더 역시 사람이기 때문에 잘못된 선택을 할 수 있고 부당한 지시를 내릴 수 있다. 리더의 행동이 옳다고 판단되면 온 힘을 다해서 보좌해야 하나 잘못되었다고 판단되면 올바른 방향으로 가도록 조언하고 견제해야 한다. 팔로워의 직언은 리더에게 당장은 거부감을 줄 수 있겠으나 시간이 지나 팔로워의 진심을 알게 되면 팔로워에 대한 신뢰는 더 깊어지게 된다. 상사의 잘못 지적 시 상사의 노여움을 받는다면 오히려 역효과를 거둘 수 있으므로 직언하기에 앞서 상사의 좋은 점을 추켜세우거나 잘해 주심에 감사한다는 등 설득을 위한 선행 작업이 필요하다. 무엇보다 직언하는 과정에서 상사의 역린(逆鱗)[1]을 건드리는 실수를 범해서는 안된다. 직언으로만 끝나서도 안된다. 조직이 길을 잃고 헤매는 경우, 리더가 그 상황에서 갈피를 잡지 못한다면 팔로워들이 대안을 제시할 수 있어야 한다.

사례 위징(魏徵: 580년~643년)의 목숨을 건 직언

1) 주요이력

위징은 당나라 초기의 대신이자 사상가, 문학가, 사학자이다. 위징은 당 초대 황제 이연의 장남인 태자 이건성의 심복이었다. 둘째 아들인 이세민의 인기와 권력을 불안히 여긴 위징은 이세민을 독살하여 제거할 것을 진언했지만 이건성은 이를 듣지 않았고, 결국 이건성은 이세민에게 살해당했다. 2대 황제 태종이 된 이세민이 그를 죽이려 하자 그는 '자신의 주군인 이건성 편에 든 것은 당연한 처사였고 자신은 죽을 죄를 짓지 않았다.'고 끝까지 주장하였다. 태종은 그의 충성심과 당당함 그리고 솔직함에 감동하여 자신을 죽이려 했던 그를 자신의 사람으로 받아들였다. 벼슬은 태자세마, 시중(侍中) 등을 역임했고, 정국공(鄭國公)으로 봉해졌다.

〈당태종과 위징〉

---

1) 역린(逆鱗): 거스를 역, 비늘 린으로, 용의 몸에 붙어 있는 81개 비늘 중 딱 하나가 목 아래에 거꾸로 붙어 있는데 이 비늘을 건드리면 용이 날뛴다고 하는 일종의 급소이다. 중국 춘추전국시대 법가인 한비자의 저서에 실려 있는 역린지화(逆鱗之禍)의 고사이다. 여기서 용은 나라의 왕이나 직장상사 같이 전권이 있는 지배층을 의미하며, 그 사람의 눈에 들어서 실세가 되면 출세할 수 있으나 윗사람의 역린, 즉 약점(아킬레스건, 콤플렉스, 흑역사 등)을 건드리면 아랫사람은 큰 화를 입게 된다고 한다.

2) 직언을 통한 바람직한 팔로워십

위징은 독단적이고 향락적으로 흐르기 쉬운 절대 권력자인 황제에게 목숨을 건 직언을 서슴없이 하여 당 태종을 중국 역사상 최고의 리더로 추앙받게 한 팔로워이다. 최고 권력자에게 무려 300번이나 '그것은 아니 되옵니다'를 외쳤다. 그럼에도 그는 이 살얼음판을 걷는 듯한 최고 권력자와의 위험한 관계를 잘 유지했고 살아서도, 죽어서도 충신으로 기록되었다. 직언은 황제의 공무에서부터 사생활까지 광범위한 분야에서 이루어졌다. 물론 몇 번의 위기가 있었다. 위징의 깐깐한 간언에 분노한 당 태종이 "위징을 끌어내어 참하라."라는 말을 수없이 했으나 무사들에게 끌려 나가는 순간, 채 10걸음도 지나지 않아 "그만두어라."라고 외쳤다고 한다. 몇 가지 사례를 들어 보면 다음과 같다.

① 위징은 태종에게 "윗사람의 행실이 바르면 명령하지 않아도 일이 순리대로 저절로 실행이 됩니다. 하지만 행실이 바르지 못하면 명령을 내려도 이해되지 않고 그 명령은 제대로 실행이 되지 않습니다. 고로 폐하께서는 인격수양에도 게을리 하시면 안 됩니다"라는 개인적인 충고까지도 했다.

② 한번은 태종이 봉선대례를 치를 것을 지시했다. 봉선대례는 천지신명에게 황제가 직접 제사를 지내는 것으로 만천하에 진정한 황제로서의 위엄과 정통성을 부여받는 국가적인 큰 행사였다. 하지만 위징은 반대했다. "이제 전란이 끝난 지 10여 년밖에 되지 않았습니다. 사람으로 치면 겨우 걸음마를 할 정도입니다. 백성들은 농사를 짓지만 아직 창고에는 곡식이 쌓이지 않았고 황제의 덕정이 전국에 미치지 못하고 있습니다. 이러한 시기에 많은 돈과 인력이 소요되는 봉선대례를 하는 것은 국가적인 낭비이며 진정한 황제의 도가 아닙니다." 태종은 위징의 간언을 받아들여 봉선대례를 취소했다.

③ 하루에도 몇 번씩이나 태종에게 간하는 위징을 보면서 태종은 일종의 '위징 울렁증'이 생길 정도였다. 한번은 사냥을 위해 수레와 말을 준비시켰다가 '위징이 반대할 것 같다.'고 생각하고 스스로 이를 취소시킬 정도였다. 태종은 매를 좋아했다. 하루는 좋은 매를 진상 받고 감상하고 있는데 위징이 들어왔다. 태종은 본능적으로 매를 품 안에 숨겼다. 위징은 이런저런 국사를 보고하고 시간을 끌었다. 한참을 있다가 위징이 드디어 물러가자 태종은 품 안의 매를 꺼냈지만 매는 이미 질식해 죽어 있었다고 한다.

이렇게 충심으로 태종을 보좌했던 위징은 643년 죽었다. 태종의 슬픔은 이루 말할 수 없었다. 태종은 3일간 식음을 전폐하고 위징을 애도했다. 그리고 묘비를 세우고 묘비의 조문도 직접 썼다. 그리고 위징에 대해 이렇게 평가했다. "구리로 만든 거울을 보면 의복의 잘못을 바로 잡을 수 있으며, 옛 일을 거울로 삼으면 국가경영의 잘못을 바로잡을 수 있다. 또한 사람을 거울로 삼으면 자신의 잘못을 바로잡을 수 있다. 나는 이 세 가지 거울을 가지고 스스로의 잘못을 막으려 했다. 이제 위징이 죽으니 거울 하나가 없어진 셈이다."

중국 역사상 최고의 성군인 당태종의 거의 유일한 치적실패는 고구려 정벌 실패로 인한 국력소모라고 할 수 있다. 그는 고구려에서 퇴각해 오면서 말했다. "위징이 살아 있었다면 나로 하여금 이 전쟁을 하게 하지 않았을 것이다."

사례

디트리히 폰 콜티츠(Dietrich von Choltitz, 1894.11.9.~1966.11.5.): 잘못된 상사의 명령은 거역할 수도 있는 팔로워십

〈콜티츠와 영화 '파리는 불타고 있는가?'의 포스터〉

2019년 4월 15일, 세계문화유산인 프랑스 파리의 노트르담 대성당이 화마에 휩싸여 전 세계인들의 애도 물결이 이어지자 다시금 주목받는 한 장군이 있었다. 과거 2차 세계대전 당시 히틀러의 파리 폭파 명령을 끝까지 거부하고 파리시 일대의 세계문화유산들을 보존한 인물로 알려진 '디트리히 폰 콜티츠' 장군이 그 주인공이다. 1944년 당시 노르망디 상륙작전에 성공한 연합군은 파리로 밀려오고 있었고, 패색이 짙어진 히틀러는 퇴각하면서 파리시를 완전히 파괴코자했다. 당시 파리 방어군 사령관이었던 콜티츠 장군은 히틀러의 명령하에 노트르담 대성당, 에펠탑, 루브르 박물관, 콩코드 광장 등의 모든 문화유산들을 폭파해야 했다. 하지만 그는 히틀러의 폭파명령을 끝까지 거부하고 연합군에 항복함으로써 파리의 구원자라는 명성을 얻게 됐다. 히틀러는 무려 9차례나 전화를 걸어 파리가 불타고 있는지를 물었다고 전해진다. 이 기막힌 이야기와 그의 일대기는 '파리는 불타고 있는가?'란 영화의 모티브가 되기도 했다. 훗날 그는 "히틀러를 배신할지언정 인류는 배신할 수 없었다."라고 회고했다. 즉, 아무리 상사의 명령이라도 전쟁에서의 승리와 전혀 무관한 중요한 인류 문화재를 파괴할 필요가 없었다고 생각한 것이다. 1944년 8월 1일부터 연합군에 항복할 때까지 한 달간 겪은 인간적인 고뇌는 전 세계 교과서에도 두루 실리기도 했다. 그는 이 한 번의 판단으로 전범으로서의 죄도 대부분 탕감됐다. 아이히만이 사형당한 반면 그는 전범재판 이후 복역 2년만인 1947년 석방됐다.

5) 상사의 성향 파악

상사의 업무 스타일과 성향을 파악하여 이에 맞게 대응하는 것도 부하의 능력이다. 상사가 추진력과 진취성을 중시하는 주도형이라면 결론부터 보고하는 것이 정석이다. 날씨나 가족 이야기 등 주변을 에둘러 가는 사교형 언사는 오히려 마이너스가 된다. 반면 사교가형 상사라면 친근감부터 표현하고 보고에 들어가는 것이 효과적이다. 평소 팀워크를 존중하는 상사라면 자세하고 명확한 설명이 요구된다. 이런 상사는 확신을 가지고 구체적으로 제안하는 부하를 신뢰한다. 마지막으로 논리와 정확성을 중시하는 분석형 상사에게는 정확한 자료를 근거로 논리적으로 체계 있게 설명해야 통한다.

2. 모범형 팔로워를 만들기 위한 리더십 기술: 리더의 노력

팔로워 스스로만 노력하여 훌륭한 팔로워가 되는 것은 한계가 있다. 훌륭한 팔로워로 성장하도록 리더가 지원하는 것도 매우 중요하다. 여러 가지 방법이 있겠지만 대표적인 몇 가지만 소개한다.

1) 감동(感動)을 주는 리더가 될 것

감동이란 '크게 느껴 마음이 움직임'을 의미한다. 부하들은 감동을 받을 때 진정으로 리더를 따른다. 감동이라고 해서 특별한 것이 아니다. 모든 일을 함께하지는 못하지만, 함께 고민해 주는 것, 부하에게 관심을 가져 주고 그들의 목소리를 경청해 주는 것, 자신이 실수하거나 잘못 판단할 수 있음을 인정하고 그로인해 벌어진 일을 책임지려는 리더는 팔로워에게 감동을 선사할 수 있다.

2) 리더 자신의 약점까지도 드러낼 수 있는 용기를 가질 것

리더가 자신의 약점을 드러내고 솔직하게 도움을 청하면 팔로워는 리더를 더욱 신뢰하게 되고 이는 팔로워의 충성도를 높이는 촉매제가 된다. 부하직원이 잘하는 점은 적극적으로 배우려 하고 이를 부끄러워하지 않는 불치하문[2]의 자세도 필요하다.

3) 획일적인 사고를 경계할 것

다양한 시각과 적당한 갈등을 허용하는 것은 팔로워를 자극하여 창의적인 아이디어를 도출하게 만든다. 따라서, 특정사안에 대한 아이디어 도출 미팅 시 다양하고 엉뚱한 아이디어를 존중해야 한다. 획일적인 사고를 가진 대다수에게서는 별로 얻을 게 없는 반면, 다소 엉뚱한 의견을 내는 사람에게서 결정적인 아이디어 실마리를 발견하는 경우가 많기 때문이다.

4) 솔직한 커뮤니케이션이 가능한 환경, 즉 직언할 수 있는 환경을 제공할 것

팔로워의 직언에 대해 불쾌하게 응대하거나 대화를 멈추는 것은 팔로워의 의욕을 꺾는 행위이다. 부정적인 직언도 의연하게 받아들여 건설적으로 발전시키는 자세가

2) 불치하문(不恥下問): 논어에 나오는 단어로, 아랫사람에게 묻는 것을 결코 부끄럽게 여기지 않는다는 말로, 아무리 지위가 낮거나 못난 사람이라 할지라도 자기가 모르는 것을 알고 있을 수 있으니, 자신이 모르는 것을 묻는 것은 신분이나 지위가 높고 낮음을 가리지 않고 부끄러울 것이 없다는 뜻이다.

필수적이다. 한 발 더 나아가 리더가 팔로워에게 잘못이 있을 경우 충고해 줄 것을 미리 당부해 두면 더 좋은 성과를 기대할 수 있다.

> **사례 세종대왕의 직언을 요구하고 장려하는 리더십**
>
> 세종대왕은 형식적으로 토론하거나 무조건 찬성하는 신하를 경계하고 신하에게 끊임없이 직언을 요구했다. "아직 과감한 말로 과인의 면전에서 직언하는 자를 보지 못했다. 어째서 중론에 대해 논란을 제기하는 자가 없는가?" "대소신료들은 제각기 나의 잘못에 대해 거리낌 없이 직언하여 하늘을 두려워하고 백성을 걱정하는 나의 생각에 부응하라."(출처: 박현모, 2008)

5) 실패에 대해 질책 대신 도전을 장려할 것

창의적인 아이디어를 행동으로 옮기는 데 가장 큰 장벽은 실패에 대한 질책의 두려움이다. 과업 실패 시 이를 격려하고 새로운 도전을 할 수 있도록, 즉 획기적인 성과 달성을 위해 팔로워가 과감하게 리스크 테이킹(risk-taking)을 할 수 있도록 물심양면으로 지원하는 체계 구축이 필요하다. 국내 S사는 '10원을 착복하는 자는 징계하지만 회사 발전을 위해 모험하다 10억 손실을 낸 자는 격려한다.'는 원칙을 가지고 있다.

6) 따르는 기술을 잘 다듬어 줄 것

리더는 항상 부하에게 올바르게 따르는 방법에 대한 노하우를 가르쳐 주어야 한다. 부하들은 리더에 비해 경험이 부족하다. 리더가 자신이 팔로워 단계에서 겪어 온 시행착오의 교훈을 알려 준다면, 다시 말해 리더를 어떻게 하면 잘 따를 것인가를 잘 인식시켜 준다면 리더 자신을 훌륭하게 보좌해 줄 것이다.

7) 신명 나게 일하는 조직문화를 만들어 줄 것

이상적인 일터, 꿈의 직장은 무엇일까. 과거 구직자들은 회사를 고를 때 '높은 임금'을 우선 조건으로 내걸었다. 하지만 이제 그런 시대는 지났다. 요즘은 높은 임금보다는 신명 나게 일할 수 있는 조직문화를 중요시한다. 삭막한 사내 분위기와 권위적인 조직문화는 직장인의 기피 대상이다. 가족처럼 친근하게 대할 수 있는 동료와 일하고, 자신의 잠재력을 일깨워 주며, 일보다 사람을 먼저 챙기는 따뜻한 기업문화를 만들어 주면 부하들은 자신의 업무에 몰입하게 된다.

심화학습 **리더와 슈퍼 팔로워 출세 조건**

일반적으로 특정 리더의 여러 팔로워들 중 능력이 특출한 소수의 팔로워가 존재하기 마련이다. 이러한 특출한 리더를 본 교재에서는 편의상 슈퍼 팔로워라 칭하기로 한다. 리더는 이 슈퍼 팔로워를 잘 키워 자신의 출세에 도움이 되도록 할 것인지, 아니면 자신의 자리를 지키기 위해 그의 성장을 견제해야 할 것인지 고민하게 된다. 일반적으로 대부분의 리더는 두 가지 측면을 동시에 고려하면서 그때그때 상황에 따라 대응한다고 봐야 할 것이다. 이러한 리더와 슈퍼 팔로워의 관계에 대해 좀 더 자세히 살펴보자.

1) 리더의 출세를 위한 절대 조건, '슈퍼 팔로워를 키워라'

훌륭한 리더는 구성원 전체를 자신이 원하는 방향으로 움직이게 한다. 그러나 이러한 보편적인 방법만으로는 한계가 있다. 본인이 출세하기 위해서는 직장 내에서 나를 지지하고 지원해 주는 능력이 특출한 한두 명의 슈퍼 팔로워를 키워야 한다. 그렇다면 어떤 방법으로 키워야 할까? 『후배 하나 잘 키웠을 뿐인데(서유라 번역, 실비아 앤 휴렛 지음, 2020, 부키)』라는 서적의 내용을 통해 살펴보자.

미국 경제학자이자 리더십 전문가인 저자는 "싹수 있는 후배(슈퍼 팔로워)의 '스폰서'가 돼라"고 말한다. 저자가 정의한 스폰서–피스폰서 관계는 우리에게 익숙한 '멘토–멘티' 관계와 다르다. 역동적이며 쌍방향적이다. 멘토에게는 부담만 있고 이득은 없지만 스폰서십은 상호 이익을 추구하는 호혜적 관계다. 스폰서가 피스폰서(슈퍼 팔로워)에게 투자하는 만큼, 피스폰서는 스폰서에게 보답해야 한다. 멘토십과 달리 스폰서는 피스폰서를 지원하며, 지지하고, 보호한다. 피스폰서는 스폰서에게 충성을 바치고 그를 위해 높은 성과를 낸다.

그는 미국 글로벌 기업 소속 직원들의 인터뷰와 설문조사를 통해 '어떤 사람이 승진의 사다리에 빨리 올라타는가'를 수치화했다. 10년간 연구 끝에 얻은 결론은 놀라웠다. 관리자급으로 올라가면 업무 성과는 성공가도에 그다지 큰 영향을 미치지 않았다. '키우는 후배'가 있느냐 여부와 '그들을 통해 어떤 부가가치를 얻었는가'가 중요했다. '내 사람'이 있는 고위급 관리자의 승진 비율은 키우는 사람이 없는 경쟁자들보다 약 53% 높았다. 피스폰서가 있는 관리자들이 핵심적인 프로젝트를 맡을 확률은 그렇지 않은 동료들보다 167% 높았다. 충성스러운 보좌관이 된 피스폰서가 '스폰서에게 더 높은 부가가치를 지닌 일에 집중할 여유 시간을 벌어 주고, 최고 경영진에게 능력을 입증할 기회를 줬기 때문'이다.

그렇다면 어떤 인재를 피스폰서로 발굴해야 할까? 저자는 우선 성향이나 관점, 성별, 나이, 배경 면에서 나와 '다른' 인재를 찾아 자신의 미흡한 점을 보완토록 하는 것이 제1조건이 돼야 한다고 조언한다. 그런 대표적 사례가 애플의 잡스(Jobs)와 팀 쿡(Tim Cook)이다. 스티브 잡스는 자신에게 필요한 자질을 가졌으면서 전혀 다른 성향의 인물, 컴팩에서 공급 총괄 부사장을 지냈던 인재 '팀 쿡'을 키우기 시작했다. 잡스는 평소 고압적이고, 무례하며, 무절제하고, 지나친 완벽주의로 조직의 절차에 지장을 초래하는 것으로 유명했다. 반면 쿡은 침착하고, 조직적이며, 팀원들과도 원만한 조화를 이뤘다. 잡스가 애플의 불 같은 '감성'을 담당했다면 쿡은 차분한 '이성'을 담당했다. 팀 쿡은 능률적인 조직 운영과 정확한 예산 통제, 비할 데 없이 효율적인 공급망을 통해 잡스가 내놓은 뛰어난 제품과 마케팅 아이디어의 효과를 극대화했다. 잡스가 죽은 후에는 그가 남긴 애플을 혁신적이고 성공적이며 영감을 주는 기업으로 발전시켰다.

그렇다면 피스폰서는 어떤 혜택을 얻을까? 자신에게 부족한 역량과 기술에 관한 훈련을 받을 수 있고, 스폰서의 인적 · 물적 네트워크를 제공받을 수 있다. 또 실패 상황에 격려와 조언을 통해 문제를 해결하면서 빠른 성장과 승진을 할 수 있다.

2) 슈퍼 팔로워의 출세를 위한 절대 조건, '리더의 견제를 피하라'

슈퍼 팔로워는 리더에게 절대적으로 필요한 사람이 되는 것도 중요하지만 리더가 자신의 출세에 장애물이 된다고 생각하지 않도록 하는 것도 매우 중요하다. 일반적으로 리더는 슈퍼 팔로워가 자신의 자리를 넘본다고 생각하고 있고 실제로 슈퍼 팔로워는 리더의 자리를 노리는 경우가 많기 때문이다. 자신의 자리를 노리는 슈퍼 팔로워의 행동을 눈치채거나 그러한 의심을 갖게 되면 리더는 슈퍼 팔로워를 적극적으로 제거하거나 힘을 약화시키려 할 수 있으므로 슈퍼 팔로워는 처세를 잘해야 한다.

슈퍼 팔로워가 출세하기 위해서는 리더보다 리더의 상사인 차상급자의 인정이 필요하다. 차상급자는 자신을 경쟁자라고 생각하고 있지 않으므로 견제를 하지 않을 뿐 아니라, 조직 내 파워도 상급자보다 크므로 자신을 보다 강하게 이끌어 줄 수 있기 때문이다. 그렇다고 차상급자(리더의 상사)의 눈에 들기 위해 차상급자와 업무 관련 직거래를 해서는 안된다. 그렇게 되면 바로 리더의 견제를 받게 된다. 자신의 업무에 최선을 다하면서 모든 업무를 상급자(리더)를 통해 처리하다 보면 자연스레 차상급자의 눈에 띠게 됨을 명심해야 한다. 일반적으로 리더가 장기간 자리를 비울 때 차상급자와의 자연스런 접촉기회를 통해 차상급자의 인정을 받을 기회를 갖게 되는 경우가 많다. 그러므로 평소에 리더를 열성적으로 도우면서 자신은 현재 직위로 만족하다는 메시지를 리더에게 계속 보내야 한다.

이런 슈퍼 팔로워 자리를 가장 오래 무사히 유지한 사람의 하나로 중국 한나라 초대 승상 소하(蕭何)를 들 수 있다. 한나라를 창업한 고조 유방은 천하통일을 마무리하자 개국공신들이 반란을 할까 봐 의심을 하게 되었고 급기야 한신(제나라 왕), 팽월(양나라 왕), 경포(회남왕) 등 대부분의 공신(슈퍼 팔로워)들을 반란죄로 죽였다(토사구팽: 兎死狗烹). 그들은 대부분 반역을 시도하지 않았으나 평소에 반역 의도가 없음을 적극적으로 표현하지 않았던 인물들이다. 한신, 소하와 함께 3대 공신인 천재 전략가 장량은 평소 반역의도가 없음을 적극적으로 표현했음에도 불구하고 이마저 불안하여 통일이 되자 모든 혜택을 버리고 아예 산으로 도망가 버렸다. 소하는 이 와중에도 살아남아, 유방이 살아 있었던 동안은 물론 유방의 아들인 혜제 때에도 승상자리를 유지했으며 그의 후손은 대대로 벼슬을 갖게 되었다. 그렇다면 그의 장수 비결은 무엇일까? 그는 유방이 시골 골목대장일 때부터 그를 섬기면서 의심을 받을 행동을 전혀 하지 않고 오직 충성심만 보이는 등 슈퍼 파워가 지녀야 할 기본 원칙을 잘 지켰기 때문이다.

Chapter

9 펠로우십

"금맥보다 더 중요한 것이 인맥이다."

– 반기문

1절 펠로우십과 인간관계

1. 펠로우십 개요

1) 360도 리더십과 펠로우십

펠로우십(fellowship)의 사전적 의미는 '동료'를 의미하는 'fellow'와 '정신적인 특성'을 의미하는 'ship'의 합성어로 '우정(友情), 동료의식 또는 공동체 정신'으로 직역할 수 있다. 이를 리더십 관점에서 해석하면 '조직의 성공을 위해 동료들을 위해 자신을 헌신할 줄 하는 정신', 쉽게 말해 '동료를 이끄는 리더십'으로 정의할 수 있다. 펠로우십은 펠로우 리더십 또는 수평 리더십[1])으로도 불리는데 본 교재에서는 펠로우십으로 통일하기로 한다. 현대는 과거 하향적이고 일방적 리더십에서 상향적 리더십이 추가되는 양방향 리더십으로 변모하였다. 그러나 양방향 리더십은 구성원의 범위를 리더 자신과 팔로워에만 국한하는 한계가 있다. 부하를 잘 관리하고 상사를 돕는 리더십도 중요하지만 동료를 잘 아우르는 리더십, 즉 펠로우십도 중요하다. 특히 상사와 돈독한 관계를 유지하고 있는 사람은 동료들의 질투를 살 수 있기 때문에 동료들을 향한 수평 리더십 발휘가 어려울 수 있다.

---

1) '수평적 리더십'과 '수평 리더십': 제1장에서 거론한 '수평적 리더십'과 본 장에서 거론되는 '수평 리더십'에 대해 혼동이 될 수 있다. 수평적 리더십은 상하관계를 기본 틀로 하되 기존 계층제적 조직이 가지고 있는 권위적인 부분을 최소화시켜 평등과 자율의 요소를 강화하는 것을 의미하는 반면, 수평 리더십은 상하관계가 아닌 동료 간의 인간관계 향상을 의미한다.

2) 펠로우십과 인간관계

대인관계는 수직적 인간관계와 수평적 인간관계 모두에게 중요하다. 그러나 [그림 9-1]과 같이 상하 간에는 강한 위계(位階)관계가 우선적으로 작용되므로 대인관계는 '수직 리더십보다는 수평 리더십에 상대적으로 더 큰 영향을 미친다.'고 봐야 할 것이다. 그러므로 본 장에서는 '대인관계 향상을 펠로우십(수평 리더십)의 핵심'으로 다뤄 보고자 한다.

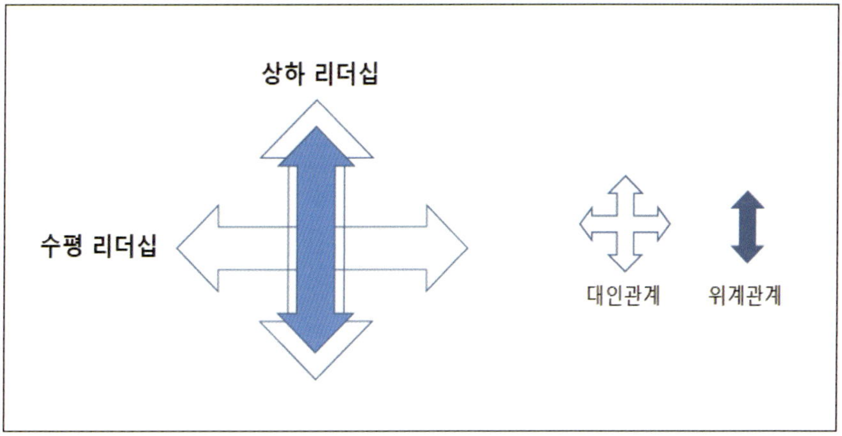

[그림 9-1] 대인관계와 위계관계

2. 인간관계 개요

1) 인간관계의 정의

대인관계 또는 인간관계(人間關係, human relations)란 '두 사람 이상의 인간들 상호 간에 일어나는 관계'로 직역되며 '어떻게 하면 다른 사람과의 긍정적인 관계를 유지할 수 있을까?'에 초점이 맞추어지는 개념이다. 조직에서의 인간관계는 '다른 사람들과 함께 좋은 관계를 유지하여 효과적으로 일을 할 수 있는 능력이나 기술'로 정의할 수 있다. 인간은 자신의 의지와는 상관없이 서로와 관계를 맺으며 살게 된다. 인간관계는 우리의 삶에 매우 중요한 영역으로 처음 부모와의 관계, 친구와의 관계 등에서 출발하여 선후배와의 관계, 배우자와의 관계, 직장동료와 직장상사와의 관계 등으로 그 영역이 계속 넓혀져 간다.

2) 인간관계의 중요성

사회적 동물인 인간에게 인간관계의 중요성은 아무리 강조해도 지나치지 않다. 행복, 불행과 같은 감정을 불러일으키는 원인 중 인간관계가 85%를 차지하며, 심리 상담의 대부분은 인간관계 때문이라고 한다. 이것은 그만큼 인간관계가 어렵다는 것을 반증한다. 생산적이고 긍정적인 인간관계는 서로의 성장과 발전에 도움이 되기도 하고, 고독과 소외 문제를 해결해 주는 등 인생에 성공을 가져다주기도 하지만 잘못되면 실패를 가져다주기도 한다. 특히 사회생활의 기본이라 할 수 있는 직장에서는 인간관계 향상이 성공의 핵심요인이라고 할 수 있으므로 관계향상을 위해 많은 노력을 기울여야 한다. 데일 카네기연구소가 발표한 내용을 보면 “성공한 사람들을 분석해 본 결과 15%는 자신의 능력과 지식에 의해서 성공했지만 85%는 얼마나 좋은 인간관계를 맺었는가에 따라서 성공여부가 결정된다.”고 한다. 리더십 챌린저(Leadership Challenge)에서 5년간 인터넷 관련 사업에서 성공한 기업을 조사한 결과 인간관계기술이 72% 기여한 반면 인터넷기술은 28%밖에 기여하지 못했다. 결국 Internet 기업도 Web기술이 아니라 인간관계에 의해 성패가 좌우되는 것이다. 요즈음 시험을 통해 승진하는 직장은 극히 일부의 공무원 사회에 국한되어 있고 대부분 업무 평가에 의해 이루어진다. 업무 평가 방식은 조직에 따라 다르나 일반적으로 ‘업무 평점과 대인관계 평점(주위 평판)’에 이루어지는데 직급이 올라갈수록 업무 평점보다는 대인관계 평점의 비중이 커지고 있는 실정이다. 한편, 한 조사에 의하면 사회생활을 영위하는 데 97.8%가 인맥이 중요하다고 답했으나, 인맥 관리를 잘하고 있느냐에 응답한 사람은 6%뿐이었다. 인간관계 개선이 중요한 것은 알지만 실천은 쉽지 않음을 알 수 있다.

심화학습 **사회능력 지수**

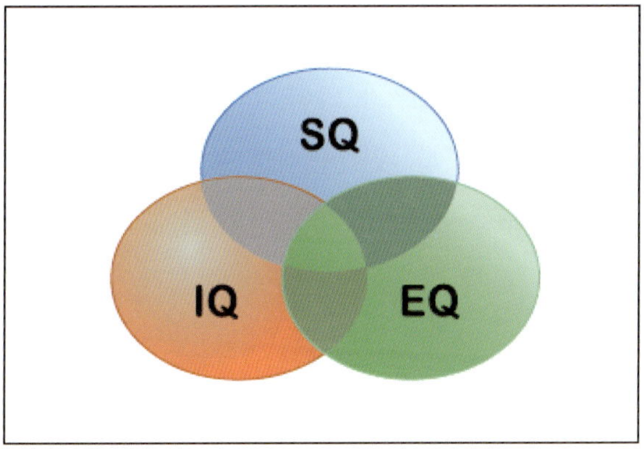

[그림 9-2] 성공을 결정하는 요인

SQ(사회성 지수: Social Quotient)란 함께 사는 사람들과의 인간관계를 얼마나 잘 유지하고 있는가 하는 능력, 즉 사회적응력을 나타내는 수치이다. SQ가 높을수록 사회에서 다른 사람과 소통하기 쉽고, 소통으로 얻은 것을 자원으로 삼아 더 성공하기 쉽다. 취업 사이트 파워잡(www.powerjob.co.kr)이 대학생 432명을 대상으로 '대학생 인맥인식'에 대해 설문조사한 자료에 따르면 인생 성공전략으로 'SQ'를 가장 중요하게 여기는 것으로 나타났다. SQ는 선천적인 것보다는 후천적인 요소가 많으므로 또래 친구와 어울리는 3~4세부터 바탕을 만들어 나가는 것이 중요하다. 대니얼 골만은 여러 사람 간의 협업이 늘어나는 현대사회에서 SQ가 높은 사람이 성공한다고 주장했다. 결국 인간의 출세여부는 [그림 9-2]와 같이 IQ, EQ 그리고 SQ에 의해 결정되나 IQ보다는 EQ와 SQ가 더 중요하다고 볼 수 있다.

3. 인간관계의 유형

1) 기본적인 유형

인간관계의 유형에는 어떤 것들이 있을까? 가장 기본적인 유형은 진실한 인간관계와 가식적인 인간관계이다.

① **가식적인 인간관계(스침의 관계)**: 서로가 서로를 인격적으로 대하지 않고 하나의 목적달성 수단으로 이용하고 목적이 이루어지면 관계가 단절되는 관계를 말한다. 업무(사업) 과정상의 관계로 맺어지는 사이에 이런 경우가 많은데, 이 경우 사업을 청산하거나 직장에서 은퇴하는 순간, 즉 이해관계가 없어지는 순간 관계가 단절되거나 소원해지는 경우가 많다.

② **진실한 인간관계(만남의 관계)**: 인간관계를 형성하고 있는 너와 내가 서로 인격적으로 대하는 관계이므로 이해관계가 없어도 관계가 지속된다. 이 관계는 현대인에게 필요한 관계이자 현대인들이 꿈꾸는 이상적인 관계이지만 실행이 쉽지 않은 관계이기도 하다.

2) 키슬러(Donald J. Kiesler)의 대인관계 유형 8가지

미국 심리학자인 키슬러는 [그림 9-3]과 같이 대인관계의 유형을 여덟 가지로 나누었다. 그는 대부분의 사람들은 이러한 자기만의 독특한 특성이 일관성 있게 지속된다고 주장했다.

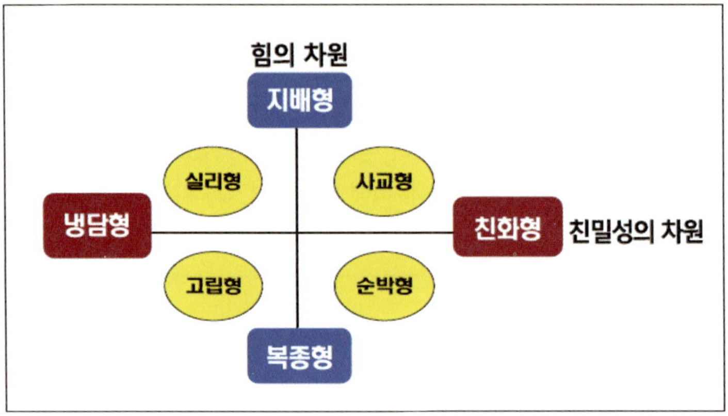

[그림 9-3] 키슬러의 대인관계 유형(권석만, 2017)

① **지배형**: 자신감이 높고 자기주장이 강하며 지도력이 높아 주변사람들에게 영향력을 행사하기를 좋아한다. 논쟁적이고 독단적인 행동으로 인하여 대인갈등을

겪을 수 있기 때문에 타인의 의견을 적극적으로 경청하고 수용하는 자세를 훈련해야 한다.

② **실리형**: 이해관계에 매우 예민하며 목표 지향적이고 성취 지향적이다. 경쟁적이며 자기중심적이고 타인에 대한 관심이나 배려가 부족하게 보여지므로 타인의 입장에서 생각하고 배려하는 감성적 접근이 필요하다.

③ **냉담형**: 매우 이상적이고 의지가 강하다. 타인의 감정에 무관심하고 독립적이며 거리감을 유지하고 피상적인 대인관계를 갖는다. 타인의 감정을 배려하고 자신의 감정을 긍정적이고 부드럽게 표현하는 기술이 필요하다.

④ **고립형**: 혼자 조용히 있거나 혼자 일하는 것을 선호한다. 사람이 많은 곳을 피하고 사회적 상황을 회피하며 자신의 감정을 지나치게 억제한다. 대인관계의 중요성을 인식하고 사회적 훈련을 강화하며 타인과의 친밀한 관계형성을 위하여 노력해야 한다.

⑤ **복종형**: 타인의 의견이나 요구를 잘 듣고 따른다. 수동적이고 의존적이며 자신감이 없고, 자기주장이 약하며 자기 존중감도 낮다. 자기의견이나 감정에 대해 적극적으로 표현하는 훈련을 강화해야 한다.

⑥ **순박형**: 단순하고 솔직하며 너그럽고 겸손한 경향이 있으나 자기주관이 부족하고 자기주장이나 자기존중감도 낮은 편이다. 깊고 신중하게 생각하며 자기주장을 강화해야 한다.

⑦ **친화형**: 따뜻하고 인정이 많으며 자기희생적이다. 타인의 요구를 거절하지 못하며 타인을 즐겁게 해 주기 위해서 지나치게 노력한다. 이런 유형은 타인과의 정서적 거리를 적당히 유지하기 위해 노력해야 한다. 자신이 준 것만큼 받기를 기대하면 늘 혼자 속상하고 상처받기 쉽다.

⑧ **사교형**: 외향적이며 활발하고 명랑하다. 사람을 좋아하여 늘 많은 사람들과 대화하기를 즐긴다. 타인에 대한 관심이 많다 보니 남의 일에 간섭이 많고 감정적으로 흥분을 잘하며 충동적이다. 타인으로부터 인정받고자 하는 욕구가 강하다. 이성적이고 독립적인 성향을 개발할 필요가 있다.

2절 인간관계를 어렵게 하는 것들

1. 일반적인 문제점

인간관계를 어렵게 하는 이유는 헤아릴 수 없을 정도로 많겠지만 기본적인 몇 가지를 예시하면 다음과 같다.

1) 자기중심적 사고

인간관계를 어렵게 하는 가장 근본적인 원인은 인간이 가지고 있는 자기중심적 사고이다. 자기중심적 사고란 '타인보다는 자신 위주의 관점에서 보게 되는 편향적 사고'를 의미한다. 모든 갈등은 대인 간의 관계에서 자신이 이익을 보려는 생각에서 출발한다. 그로인해 자신의 욕구가 충족되지 않으면 가해자라고 생각되는 개인이나 집단과 갈등이 발생케 된다. 그런데 이러한 욕구가 잘못되었다고 할 수 없다. 인간이 가지고 있는 본능적 욕구이기 때문이다. 한비자는 이렇게 말했다. "사람은 자기 이익에 의해 움직이는 동물이다. 수레를 만드는 장인은 사람들이 모두 부자가 되었으면 하고, 관을 만드는 장인은 사람들이 빨리 죽었으면 한다. 그렇다고 전자를 착한 사람이고 후자를 악한 사람이라고 할 수는 없다. 그래야만 자신의 이익을 얻기 때문(인간의 본능이기 때문)이다."

2) 상대를 단점 위주로 판단하는 사고

성서(마7: 3-5)에 "네 눈에 들보(건물의 칸과 칸 사이의 두 기둥을 건너지르는 나무)는 보지 못하고 남의 눈의 티를 본다."고 했듯이 사람은 상대방에 대해 약점 위주로 판단하는 경향이 있다. 반대로 자신에 대해서는 관대하여 장점은 부각하면서 단점은 애써 외면하려 한다.

사례 **어느 부인의 상담기**

어떤 부인이 부부간 갈등 때문에 상담사를 찾아 계속 같이 살아야 하는지 상담을 요청하였다. 상담사는 자신의 단점과 남편 장점을 각각 5가지씩 써 오라고 했다. 부인은 자신의 장점과 남편의 단점은 있으나 요청한 것은 한 가지도 없는 것 같다고 대답했다. 상담사는 그것을 써 오지 않으면 상담진행이 안된다고 대답했다. 부인은 3일이 지나자 겨우 1개씩을 찾았는데 신기하게도 그때부터는 나머지 4개씩을 금방 쓸 수 있었다. 부인이 상담사를 찾아가 써 온 것을 보여 주자 상담사는 모든 상담이 잘 끝났으니 가도 된다고 했다. 몇 달이 지나 부인은 상담사를 찾아가 행복한 부부생활을 하게 해 줌에 고마움을 표시했다.

3) 경쟁 과열

인간을 포함한 모든 동물은 태어나면서부터 경쟁하면서 살아간다. 인간의 경우 사고가 다양하므로 타 동물보다 더 강한 경쟁의식을 가지고 있으며 사회가 점점 복잡해짐에 따라 그 정도는 더욱 커지고 있다. 경쟁자가 나보다 나은 상태에 이르면 내가 지게 되므로 견제를 하게 되고 이로 인해 자연스럽게 인간관계가 나빠질 수 있다.

4) 상이한 가치관[2)] 보유

사람은 제각기 다른 환경과 경험 속에서 서로 다른 욕구를 추구해 가면서 살아가고 있기 때문에 서로 다른 가치관을 가지고 있다. 가치관이 다르면 추구하는 목적이 다르

---

2) 가치(價値: value)와 가치관(價値觀: sense of value): 가치의 사전적 의미는 '사물이 지니고 있는 쓸모'라는 뜻이다. 즉, 무언가 중요하고 쓸모가 있을 때 그것을 가치 있다고 말한다. 가치관(價値觀)은 가치에 대한 관점을 말한다. 즉, '삶을 영위하는 데 있어 내가 중요하게 여기는 것'이 무엇인가를 의미한다. 사람들은 각자 독특한 가치관을 가지고 있다. 예를 들어, 어떤 사람은 자신의 핵심가치를 건강에 두는가 하면, 어떤 사람은 폭넓은 지식에 둔다. 또 어떤 사람은 부(富)에 핵심가치를 두는가 하면 어떤 사람은 나눔에 두기도 한다. 무엇이 가치가 있는지에 대해 사람들은 다르게 생각하는 경우가 많은데 이 경우 가치관이 다르다고 말한다. 사람은 자신의 가치관을 정립하고 이에 따라 행동하게 되는데, 물론 이때의 가치관은 도덕적으로 올바른 것이어야 한다.

고 이에 따라 생각과 행동도 서로 달라지나 그 차이를 인정하지 않기 때문에 갈등을 빚게 된다. 특히 남성과 여성의 경우는 가치관의 격차가 더욱 크다. 존 그레이(John Gray)는 저서 『화성에서 온 남자, 금성에서 온 여자』에서 남녀는 다른 별에서 성장한 것처럼 사고방식이 엄청나게 다름을 강조하고 있다.

5) 신뢰(信賴) 부족

상호 간 믿음이 부족하여 마음의 문을 열지 못하고 벽을 쌓기 때문이다. 건전한 인간관계의 기본적인 방향은 상대에 대한 신뢰감의 형성과 유지 및 발전이다. 2017년도 조사 결과에 따르면, 경제협력개발기구(OECD) 35개 국가 중에서 한국의 경제력은 11위이나, 행복 순위는 29위(청년 행복순위는 꼴찌)를 기록했다. 낮은 행복 순위에 대한 이유 중 하나는 남을 믿지 않는 사회풍토인데, 우리나라 사회신뢰지수는 26.6%로 1위인 덴마크 74.9%의 3분의 1일 수준에 그쳤다.

6) 조직에 필요한 사람이 아닐 경우

모든 조직에는 있어야 하는 사람, 있으나마나 한 사람 그리고 있어서는 안 될 사람이 있다고 한다. 자기 자신이 상대나 소속된 집단에서 필요한 사람이 아닐 때 배척받게 되고 이로 인해 좋은 인간관계가 형성, 유지되기 어려워진다.

7) 다양하고 많아지는 인간관계

사회가 급변하면서 인간관계의 수가 많아지고 복잡해지는 것도 원인이다. 인간관계의 수 증가는 단순히 수적 증가뿐 아니라 질적인 어려움을 동반하기 때문이다.

8) 본인과 상대에 대한 이해 부족

사람은 자신에 대해 너무 모른다. 그래서 소크라테스(Socrates)는 '너 자신을 알라'고

했다. 상대방에 대해서는 더 모른다. 나 자신이 무엇을 잘못하는지 상대방이 나한테 무엇을 원하는지 모르면 바람직한 인간관계를 형성하기 어렵다.

2. 청소년이 갖는 대인관계 문제

우리는 모든 인간관계에서 공통적으로 발생될 수 있는 인간관계의 어려움을 살펴보았다. 특히 청소년기에 나타날 수 있는 인간관계 저해요인을 살펴보자.

1) 동성 친구관계에서 겪는 문제

동성 친구로부터 소외받거나 따돌림당할 수도 있으며 심지어 무시당할 수도 있다.

2) 이성 친구관계에서 발생하는 문제

이성 친구와 짝사랑하거나 데이트 시 겪는 불안이 문제될 수 있으며 이성교제 방법이 미숙한 것도 원인이 될 수 있다.

3) 부모와의 관계에서 겪는 문제

부모와의 거리감 또는 소홀이나 무관심 등이 문제를 야기할 수 있다.

4) 교사와의 관계에서 겪는 문제

교사가 학생을 편애하거나 차별할 때, 체벌과 폭력을 할 때 문제가 발생될 수 있다.

5) 선-후배 관계의 문제

특정사안에 대한 선배의 강요나 제재 또는 어른 대접을 받으려는 권위의식 등이 문제를 야기할 수 있다.

3절 인간관계 향상방안

1. 대인관계 향상을 위한 10가지 방법

대인관계를 개선시키는 방법은 많으며 대상마다 적용방식이 조금씩 달라질 수 있다. 가장 보편적인 대인관계 향상 방안을 살펴보도록 하자.

1) 밝은 얼굴로 인사(人事)하라

원만한 대인관계의 출발은 인사로 시작된다. 인사(人事)란 '사람(人)으로서 당연히 해야 할 일(事)'이라는 의미로 상대의 존재가치를 인정하는 존경의 표시이다. 인사는 윗사람에만 한다고 생각하는 사람이 많은데 인사는 동료는 물론 아랫사람에게도 꼭 필요한 것이다. 상사는 물론 선배, 동료, 수위, 청소 아주머니 등 만나는 사람마다 적극적으로 인사하는 사람은 조직 내에 저절로 알려지고 조직원들로부터 협조와 지지를 쉽게 받게 된다. 인사할 때는 밝은 표정과 몸가짐 그리고 즐거운 마음으로 해야 한다. 고개만 수그리고 마음속으로는 딴생각을 하는 성의 없는 인사를 지양하고 진심으로 반기고 감사하는 마음으로 하여야 한다. 인사는 무관심이 만연한 현대인에게 나에 대한 관심을 불러일으키고 존재를 인식시키는 아주 좋은 방법으로 돈과 시간이 들어가지 않는 투자대비 최고의 결과를 내는 인간관계 향상의 기본원칙이다.

2) 역지사지(易地思之)[3], 상대방의 입장에서 생각하라

대인관계 향상의 가장 근본적인 전제 조건은 '사람은 자기중심 사고를 가지고 있으

---

3) **역지사지:** 역지사지(易地思之)는 '처지(地)를 바꾸어(易) 생각함(思)으로 직역'되며 '다른 사람의 입장에서 생각해 보고 이해하라.' 또는 '본인과 상대방의 입장을 바꿔 생각하라.'는 뜻으로 해석된다. 이와 반대되는 말로 아전인수가 있다. 아전인수(我田引水)는 자기(我) 논(田)에만 물(水)을 끌어들인다(引)는 뜻으로 직역되며, '자신의 이익만을 생각하는 이기적인 행태'를 의미한다.

므로 본인이 잘못 판단하거나 편협된 생각을 할 수 있으며 그로인해 상대방을 힘들게 할 수 있다.'는 것을 깨닫는 것이다. 이어 '역지사지(易地思之), 즉 상대방의 입장에서 생각해 보는 것'이다. 자주 술을 먹고 귀가하는 남편에게 아내는 어떻게 생각하는 게 좋을까? '가정은 돌보지 않고 매일 술만 마시니 한심하다.'라는 생각보다 '직장생활에 얼마나 스트레스가 심하면 술을 마실까? 동료들과 어울리기 위해 어쩔 수 없이 술을 마실 수도 있어.'라고 역지사지에서 생각하는 것이다.

3) 상대방과 나의 차이를 인정하라

서로 다른 가치관을 가지고 있다고 인정하지 않으면 인간관계 개선이 어렵다. 오늘날 우리는 매우 복잡한 사회에 살고 있기 때문에 각 개인 또는 단체들은 다양한 가치관을 가지고 있을 수밖에 없는데 무턱대고 상대방의 가치관이 잘못되었다고 비난하는 경우가 많다. 이 중에서 대표적인 것이 진보와 보수의 갈등이다. 이로 인해 온 국민이 둘로 쪼개진 느낌이다. 이러한 문제를 해결하기 위해서는 상대방과 내 의견이 다를 때 이를 비판하기 전에 '상대방의 생각이 틀린 게 아니라 내 생각과 다르다.'는 식의 의식전환이 필요하다.

4) 비난은 삼가고 칭찬을 자주하라

정도의 차이가 있을 뿐 누구나 장단점을 가지고 있다. 아주 중요한 사안이 아니라면 잘한 일에 대해 칭찬하고 비판은 지양하라. 사람은 칭찬해 주면 칭찬할 행동을 자주하고 비난을 하면 비난할 행동을 자주 하게 된다. 결국 상대의 장단점은 자기 자신이 만든 결과물인 셈이다. 뿐만 아니라, 상대를 칭찬하면 다시 칭찬이 나에게 돌아온다. 즉, 칭찬을 하면 플러스 섬(plus sum)이 되고 비난을 하게 되면 마이너스 섬(minus sum)이 된다.

만약 단점을 말하거나 비판을 꼭 해야 할 경우 어떻게 해야 할까? 단점을 말하기 앞서 장점을 얘기하는 게 좋다. 이때 단점은 가능한 짧게 언급해야 할 것이다.

그렇다면 동료가 제3자를 칭찬하거나 비난할 경우 어떻게 대응해야 할까?

칭찬할 경우 맞장구를 쳐 주는 게 좋고 비판할 경우에는 듣고만 있는 게 좋다. 칭찬을 맞장구 쳐 주면 상대는 자신이 없을 때 당신이 자신을 칭찬해 줄 것으로 생각할 것이다. 그러나 비난을 맞장구를 쳐 주면 상대는 자신이 없을 때 당신이 자신을 비난할 수도 있다고 생각할 것이며, 비난하지 말라고 지적하면 당신에게 반감을 가질 수도 있기 때문이다.

5) '옳고 그름'보다는 '좋고 싫음'에 초점을 맞춰라

우리는 주위에서 옳은 말이기는 하나 하지 말아야 할 말을 해서 비난을 받는 사람을 자주 접하게 된다. 비즈니스 단계의 업무처리는 물론, 비업무적인 사안이라 할지라도 중요한 것은 당연히 옳고 그름을 따져야 할 것이다. 그러나 인간관계에서의 갈등은 대부분은 사소한 것들이다. 이 경우 옳고 그름보다 상대 기분이 상하게 하는가 그렇지 않는가가 중요하다. 극단적으로 말하면 옳은 말이라도 상대방이 듣기 싫은 말이라면 하지 말아야 한다.

6) 업무에 잘 협력하고 동료를 적극적으로 도와라

자발적인 협력은 인간관계에 매우 중요한 요소이다. 특히 직장에서의 협력은 의무이지 개인의 선택사항이 아니다. 여러 사람의 협력을 통해서만 조직목표를 달성할 수 있기 때문이다. 물론 위험성이 내포되어 있다거나 본인이 감당하기 어려운 점이라면 솔직히 불가하다는 입장을 표현해야 하겠지만, 사정이 허락한다면 도움을 주도록 하자. 단순히 귀찮거나 바쁘다는 이유로 협조를 거부하면 나에 대한 불만과 불신으로 이어져 설 자리가 없어지게 된다. 언제든지 입장은 바뀔 수 있음을 명심하라. 협력은 다음과 같은 원칙하에 이루어져야 한다.

① 동료가 급한 일로 도움이 필요할 때 자신의 일보다 우선해서 도와주어라.

② 남을 도울 때 쉬운 일보다는 어려운 일을 하겠다고 자처하는 게 좋다.

③ 공동으로 해야 할 일은 내가 먼저해야 한다. 예를 들어, 기숙사에서 룸메이트와 생활할 경우 청소나 설거지 등은 남이 해 주길 기다리지 말고 곧바로 내가 한다.

7) 적게 말하고 많이 들어라

가능하면 항상 당신이 생각하는 것보다 적게 말하라. 상대방에게 말할 기회를 더 주고 잘 들어주는 사람이 되라. 상대방의 말이 틀렸다는 생각이 들더라도 중단시키지 말라. 대화의 주도권은 항상 상대에게 넘겨라. 특히 처음 대면하는 사람한테는 절대 말을 많이 하면 안된다. 자기주장, 이의제기, 농담, 욕 섞어서 대화하는 방법은 친해진 다음에 먹히는 대화법이다. 노벨 평화상을 수상한 마더 테레사(Teresa) 수녀는 기자들의 질문에 이렇게 대답했다. "내가 한 일은 사람들이 내게 와서 무언가 말할 때 그 이야기를 처음부터 끝까지 들어준 것뿐입니다."

8) 경쟁보다 대인관계를 우선시하라

조직에서의 경쟁은 조직과 개개인의 성과를 올리는 데 큰 공헌을 한다. 그런데 이러한 경쟁은 건전했을 때 효과를 발휘하는 것이지 건전하지 못하면 오히려 역효과가 발생한다. 인간사회에서 피할 수 없는 경쟁의 부작용을 최소화하기 위해 어떻게 해야 할까? 남과의 경쟁을 촉발하는 것보다 자신과의 경쟁에 초점을 맞춰야 한다. 즉, 상대를 깎아 내리려 하지 말고 본인의 가치를 끌어올려 경쟁우위를 확보해야 한다. 본인의 가치를 높이는 방법은 두 가지가 있다. 하나는 본인의 능력을 향상시키는 것이고 다른 하나는 인간관계를 향상시키는 것이다. 인간관계가 좋아지면 수평리더십이 발휘되어 자신의 가치가 올라가지만, 동료를 상대로 어떤 대가를 치르고라도 승리하려 한다면 오히려 그 반대 현상이 나타난다.

각 개인만의 경쟁자제 노력만으로는 한계가 있으므로 조직차원의 과도한 경쟁 유발 방지책도 수립되어야 한다. 특히 협력과 경쟁이 조화를 이루도록 유도하는 리더십이 필요하다. 네일 버퍼와 브란데버그(Nail Buffer & Brandeburg)는 협력(Cooperration)과 경쟁(competion)을 합성한 Co-Opetion(코피티션)이란 용어를 만들어 협력과 경쟁에 대한 조화의 중요성을 강조한 바 있다.

9) 인맥 넓이와 깊이를 고려하라

① **인맥 넓히기:** 스스로 성장하고 조직에 영향력을 높이고 싶다면 가능한 인맥을 넓혀야 한다. 더욱이 사회가 점점 복잡해지고 SNS가 급속히 확산되는 현대 사회에서 소수의 사람과만 관계를 맺는다면 조직에서 소외될 수 있을 뿐 아니라 중요한 정보를 놓쳐 자신의 업무(사업)에 좋은 기회를 놓칠 수 있기 때문이다.

② **인맥 좁히기:** 한 연구에 의하면 개인이 깊은 관계를 유지할 수 있는 친구의 숫자는 20명 정도라고 한다. 소위 인간관계 총량의 법칙에 의해 인간이 집중적으로 관리할 수 있는 총량이 정해져 있기 때문이다. 그러므로 보다 효과적인 인간관계 구축을 위해서는 불필요하게 넓고 얕은 인간관계를 갖기보다 좁고 깊은 인간관계를 가져야 한다.

③ **인맥 ABC 관리:** 인맥을 좁히라는 ②항과 넓히라는 ①항은 서로 상반된다. 이러한 문제를 해결하기 위해서는 필자가 명명한 '인맥 ABC 관리법(〈표 9-1〉)'을 사용하면 좋다. 넓은 인맥을 갖추어야 하는데 인간관계 총량의 법칙에 의해 많은 사람을 모두 집중 관리할 수 없으므로, 매우 중요한 인맥(A급)은 좁고 깊게 관리하고 중요하지 않은 인맥(C급)은 넓고 얕게 관리하며 중간정도의 인맥(B급)은 중간정도의 깊이로 관리하는 것이다.

〈표 9-1〉 인맥 ABC 관리

구 분	인간관계 중요도	관리 인원	관리집단 특성	비 고
A급 관리 (초집중관리)	매우 중요	〈20명	특별한 일이 없어도 정기적으로 연락을 취하는 그룹	관리 인원은 개인적인 특성에 따라 변동 가능
B급 관리 (집중관리)	중요	20~50명	정기적인 모임, 경조사 등의 사안이 생길 경우 챙기는 그룹	
C급 관리 (일반관리)	보통	100명〈	그냥 알고 지내는 사이로 필요시 연락을 취하는 그룹	

10) 기대치를 낮춰라

상대에 대한 불만은 대부분 상대에게 큰 기대치를 갖고 있기 때문이다. 상대가 자신의 기대보다 낮은 행동을 하기 때문에 불만을 갖게 되는 것이다. 이러한 현상은 특히 가까운 사이일 경우 더 크게 작용한다. 상대방에 대한 기대치를 낮추면 서운했던 것들은 줄어들고 감사하는 마음은 증가하게 된다. 극단적으로 상대에게 아무것도 바라지 않는다면 서운한 점은 전혀 없어지고 감사한 것만 보이게 될 것이다.

2. 대인관계를 향상시키는 화법(話法)

'말 한마디로 천 냥 빚을 갚는다.'는 속담이 있다. 그만큼 인간관계에 말의 기술, 즉 화술(話術)이 중요하다. 화술은 자기표현의 무기이고, 인간관계의 열쇠이며, 비즈니스에서는 돈과도 직결되는 현대인의 필수조건이다. 대인관계를 향상시키는 화법(話法)을 몇 가지 살펴보도록 하자.

1) 나 메시지(I-Message) 화법

의사전달법은 I-Message와 YOU-Message로 구분된다. I-Message 화법은 대화 시 나를 주어로 하여 내 입장을 설명하는 것이 주안점이며, YOU-Message 화법은 상대방을 비난하는 데 초점을 맞춘다. YOU-Message는 문제해결에는 도움이 되지 못하고 오히려 서로 간의 감정만 상하게 되어 문제를 악화시키므로 상대방을 비난하지 않는 I-Message를 사용하는 것이 좋다. I-Message로 상대방과 이야기할 때에는 '너'로 시작되는 말보다 '나'라는 말을 사용하며, 상대방의 행동에 대한 비난 없이 당면한 문제에 대해서만 솔직하게 표현하여 상대방 스스로 자신의 행동을 수정하도록 한다.

"너 정말 공부 안하고 놀러만 다닐 거야? 한심하다."
(상대에 초점, 상대에 대한 비난): YOU-Message

"네 성적이 떨어져 내가 힘들구나.
공부 비중을 좀 더 높여 주면 얼마나 좋을까?"
(나에 초점, 상대에 대한 바람): I-Message

2) yes, but 화법

상대방과 다른 의견을 갖고 있거나 거절을 해야 하는 경우 바로 NO를 외치지 않고 상대방의 입장에 서서 우선 동조한 뒤 자신의 주장을 논리적으로 설득시키는 화법을 말한다. 상대방에게 거부감을 주지 않으면서도 자신의 의견과 상황을 설명할 수 있다.

"~하기 때문에 네 생각이 틀려. 내 말대로 하는 게 맞아." (no)

"~한 측면에서 보았을 때 참 좋은 생각이야. (yes)
그런데 ~한 측면도 고려해야 하기 때문에 (but)
내 말대로 하는 게 좋을 것 같아."

3) 샌드위치 화법

내가 하고자 하는 '비판'을 '칭찬과 격려' 사이에 끼워서 하는 것으로 설득 커뮤니케이션 3단계 화법이라고도 불리는 테크닉이다.

"이 기획안 문제가 많네요." (비판)

"이번 기획안 전반적으로 좋네요. (칭찬)
그런데 마케팅 쪽만 더 완벽했으면 좋았을 텐데 안타깝네요. (비판)
마케팅 쪽만 손보면 좋을 것 같으니,
이거 대박 내서 이번에 승진기회도 한번 잡아 봐요." (격려)

4) 부탁형/동의형 화법

명령 대신 부탁, 단정 대신 동의어조로 하여 상대방의 반감을 없애 준다.

"~해 주세요!": 명령
"~해 주실 수 있을까요?" (부탁)

"이번에 내 차례이니 휴가를 다녀오겠습니다." (통보)
"(바쁜 시기에 내가 빠져 미안한데)휴가를 다녀와도 될까요?" (동의)

5) 느낌표와 물음표 화법

뻔한 얘긴데도 습관적으로 자신의 말에 물음표(?)와 느낌표(!)를 붙이면 상대의 말에 관심을 가진다는 말로 받아들여지게 된다.

"이번에 터키를 다녀왔어요."
"나는 두 번 가 봤어요." (김이 새는 느낌을 준다.)

"이번에 터키를 다녀왔어요."
"정말요? 어머 좋았겠다! 일정은 어땠어요?"
(말머리를 계속 상대에 돌려 주고 춤이나 노래할 때 해 주는
'얼~쑤!' 같은 추임새로 상대를 신나게 해 준다.)

3. 펠로우십(대인관계) 향상 7단계

그렇다면 인간관계 개선을 위해서 어떤 단계를 거쳐야 효과적일까? 가장 보편적인 대인관계 향상 7단계를 살펴보자([그림 9-4]).

1) 상대방에게 관심 갖기

사람은 자신에 관심이 있는 사람은 가까이하고 그렇지 못한 사람은 멀리하게 되어 있다. 대인관계를 개선시키려면 맨 먼저 상대방에게 관심을 가지고 있다는 것을 보여 주어야 한다. 상대방을 좋아하도록 노력해 보고, 상대방의 장점을 찾아보며, 상대방의 입장에 서서 생각하고 이를 상대방이 느끼게 해 보자.

2) 상대방에 대해 알기

상대에 대한 관심을 가진 다음 상대방을 알아야 한다. 상대방이 원하는 것, 싫어하는 것, 장점과 단점, 고향, 취미 등을 알면 관계개선이 쉬워진다.

3) 상대방의 관심 분야에 적극적 관심 갖기

'2)항'에서 알게 된 상대방의 취미나 좋아하는 행동에 대해 질문하고 답변에 대해 적극적인 관심과 호응을 보인다면, 상대방은 자신을 과시하려는 적극적인 자세를 취하게 되며 이로 인해 관계는 빠르게 좋아지게 된다.

4) 상대방을 지지하고 존중하기

여러분이 존경하는 사람들을 떠올려 보라. 모두 여러분을 지지하고 긍정적으로 대해주던 분이셨을 것이다. 여러분도 동료들에게 그렇게 해야 한다. 동료들에게 영향력을 행사하고 싶다면 최고의 치어리더가 되라. 기회 있을 때마다 진심으로 칭찬하고 동료나 상사들에게 그들의 긍정적인 면을 얘기하라. 동료의 말과 행동이 약간 거슬리거나 이치를 벗어난다고 해도 그를 존중하고 받아들인다면 역시 그도 당신을 존중하게 될 뿐 아니라 당신에게 더욱더 관심을 갖게 될 것이다.

5) 상대방의 가치를 향상시키기

앞 단계를 통해 관계를 공고히 했다면 다음에는 상대방의 가치를 증대시켜 주어야 한다. 상대가 하는 일을 도와 원하는 목적을 달성케 해 주거나 제3자가 상대를 존중하고 인정할 수 있게 해 주는 것들이 이에 해당한다. 동료들의 가치를 높여 주면 자신에 대한 신뢰성이 높아진다. 특히 동료의 가치를 높여 주어야 할 의무도 없고, 그런 행동을 통해 자신이 직접적으로 얻을 이득이 없을 때 그 효과는 커진다. 아무 조건 없이 동료의 가치가 향상되도록 도와라.

6) 상대방에게 나를 알리기

상대방에게 초점을 맞추되 나 자신을 상대에게 알리는 행위도 병행해야 한다. 초기 단계에서는 자신의 문을 여는 단계로 자신을 약간 노출함으로써 자연스레 관계를 튼다. 어느 정도 사이가 가까워지면 나의 장점을 알게 함으로써 상대방의 호감을 끌 수 있다. 이때 직접적으로 자랑 삼아 얘기하면 자만심으로 비춰질 수 있으므로 간접적으로 알게 하는 게 좋다. '3)항'이 제대로 이행되어 상대가 당신에게 호감을 갖기 시작했다면 오히려 상대가 더 적극적으로 당신에게 질문하게 되는데 이때 자연스레 자신의 장점을 표현하는 것이 좋다. 진척이 많이 되면 개인적인 고충, 가족사 등과 같이 보다 심도 있는 사안으로 확대한다.

7) 함께 승리하기(Win-Win하기)

마지막으로 함께 승리하는 데 초점을 맞춰야 한다. 많은 사람들이 상대의 도움을 받아 자신의 목적을 달성하기 위해 가까워지려 한다. 즉, 자신의 성공을 위해 상대를 이용하려 한다. 이래서는 안된다. 자신과 상대방이 같이 이익을 누릴 수 있도록 하여야 한다. 당신이 동료와 함께 성공하려는 자세를 보이면 동료는 더욱더 당신을 자발적으로 따르게 될 것이다.

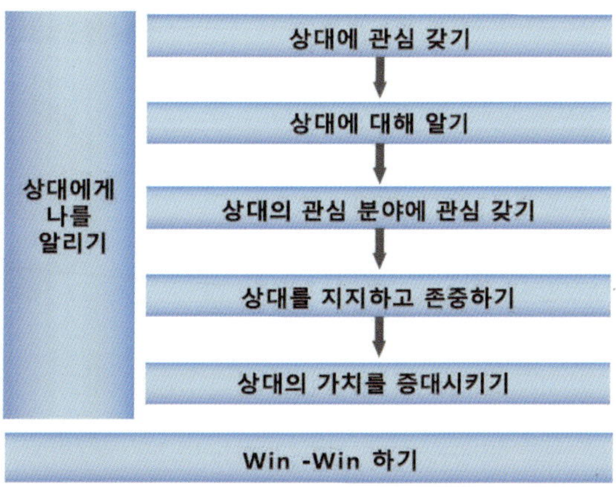

[그림 9-4] 펠로우십(대인관계) 향상 7단계

생각해 보기

당신이 좋아하는 이성 친구와 가까워지기 위한 단계별 전략을 상기 대인관계 향상 7단계를 참고로 하여 수립해 보자.

<인간관계 사례> 조중훈 회장(1920~2002)의 인간관계

1) 주요경력

조중훈은 한진그룹의 창업주이다. 1920년 서울에서 태어나 휘문고보 재학 중 아버지 사업의 부도로 인해 자퇴한 후, 서울을 떠나 경남 진해고등해원(海員)양성소를 수료하고 이어 고려대학교 경영대학원을 졸업했다. 1945년 한진상사 대표이사에 취임하였고, 1969년 대한항공공사를 인수해 대한항공으로 개명하고 서울–오사카–타이베이–홍콩–사이공–방콕 등을 연결하는 동남아시아 최대 노선을 개설했다. 1970년 이후에는 전국경제인연합회 부회장, 한국항공대학 이사장, 서울올림픽 조직위원, 대한항공 회장 등을 역임했다. 그는 지금의 한진그룹을 육·해·공 종합물류 수송 기업으로 키워 낸 기업인이다. 그는 '수송보국(輸送報國)'을 창업 이념으로 회사를 키웠다. 대한항공·한진해운·한진 등의 계열사를 거느린 한진그룹은 명실공히 대한민국의 대표 종합운송회사이다.

2) 조회장의 인간관계 사례

좋은 인간관계를 만들려면 내가 먼저 누군가에게 무엇인가를 줘야 한다. 베풀면 반드시 돌아오기 때문이다. 20대 중반의 조사장이 낡은 트럭 한 대를 끌고 미군 영내 청소를 하청 받아 사업을 시작했다. 처음에는 운전하는 일을 맡았다. 한번은 물건을 실어서 인천에서 서울로 돌아가는 길이었다. 그런데 외국 여성이 길가에 차를 세어 놓고 난처한 표정으로 서 있는 모습이 보였다. 차를 세우고 사정을 물어보았더니 차가 고장이 났다고 했다. 그는 무려 1시간 30분 동안이나 고생해서 차를 고쳐 주었다. 그랬더니 외국 여성은 고맙다면서 상당한 금액의 돈을 내놓았다. 하지만 그는 그 돈을 받지 않았다. "우리나라 사람들은 이 정도의 친절은 베풀고 지냅니다." 그러면 주소라도 알려 달라고 조르는 그 외국 여성에게 그는 주소만 알려 주고 돌아왔다. 그다음날 그 외국 여성은 미 8군 사령관인 남편과 함께 찾아왔다. 그녀의 남편은 그에게 직접 돈을 전달하려 했지만 끝내 거절당했다. 그러자 사령관은 "그럼 뭘 도와주면 좋은지 말해 달라."고 간청했다. "미 8군에서 나오는 폐차를 인수해서 수리하는 사업을 하고 싶소. 폐차를 인수할 수 있는 권리를 내게 주시면 고맙겠소." 사령관으로서 고물로 처리하는 폐차처리 업무를 주는 것은 어려운 부탁도 특혜도 아니었다. 그의 부탁은 즉시 승인되었다.

조 회장은 폐차 사업을 시작한 지 5년 만에 종업원 40여 명과 트럭 30대를 보유한 한진상사를 건설했다. 그 뒤 한진상사는 미군 운송권을 독점하다시피 하는 계약을 따냈다. 1969년 대한항공을 인수하여 서울~사이공 노선을 개설하고 베트남전에서 싸우고 있는 우리 군인들과 기술자들이 국적기로 조국으로 돌아오게 되었다. 그렇게 해서 만들어진 기업이 바로 대한항공이다. 오늘날의 한진그룹은 이렇게 우연한 좋은 인간관계에서 시작되었다. 그가 미국 여성을 돕지 않았다면, 도운 후 대가를 받았더라면 그렇게 큰 사업가가 되진 못했을 것이다.

<인간관계 사례> 내산초등학교의 인간관계 넓히기 교육

교사 이재연(51) 씨는 3년 전 충남 부여군 내산초등학교에 부임했다. 당시 내산초의 전교생은 겨우 32명. 함께 입학한 학생들은 졸업 때까지 같은 반으로 지냈다. "한 여학생이 울면서 전학 가고 싶다고 찾아왔어요. 반에 둘뿐인 여학생끼리 다툰 거죠. 학생들은 좁은 교우 관계에서 어려움을 겪고 있었습니다." 그 당시 사이가 틀어진 아이들은 인간관계가 아주 나쁜 상황이었다. 이 씨는 학생들에게 5~6명뿐인 학급 친구 간의 관계를 넘어선 보다 넓은 인간관계를 만들어 주기로 했다. 그는 "학교에서 만날 수 있는 친구는 적고, 농촌이다 보니 별다른 활동을 할 기회도 없었다."며 "인간관계를 넓히면서 자연스럽게 인성을 기를 수 있는 교육을 고민했다."고 말했다. 내산초의 관계 맺기 활동의 추진 주체는 학교, 가족, 지역사회이다.

1) 학교: 학교는 학년 · 학급별로 나뉜 경계를 허물었다. 매주 한 번꼴로 모든 학년이 모여 독서수업이나 문화체험을 함께하는 '무학년 수업'을 시작했다. 38명인 전교생이 자주 교류하며 관계를 넓히고 있다.
2) 가족: 학부모가 '마을 교사'가 돼 아이들을 가르치는 공부방 '띠앗마을'은 학생들의 교류를 늘렸다. 교사가 된 학부모들은 아이들에게 우쿨렐레 · 목공예 등을 가르쳤다. 학생과 학부모들의 반응이 뜨거웠다. 마을 교사로 참여한 학부모 진수정 씨는 "평소 농사일로 바빠 아이들과 대화할 시간이 부족해서 아쉬웠다."면서 "마을 교사 활동으로 아이들과 소통하고 공감하는 시간을 많이 가질 수 있었다."고 말했다. 이지호 군은 "선생님이 돼서 친구들을 가르치는 엄마의 모습을 보며 자랑스러웠다."고 말했다.
3) 지역사회: 지난해부터 지역 어르신과 학생이 1대1 결연을 하는 '다옴감사 프로젝트'도 진행하고 있다. 교사 이 씨는 "지역을 일궈 온 어르신과 교류하며 학생들이 지역의 역사와 매력을 알아 가고 있다."면서 "효를 실천할 뿐 아니라 지역에 대한 자부심도 찾는 교육"이라고 설명했다.

내산초는 제8회 대한민국 인성교육대상에서 사회부총리 겸 교육부장관상(단체부문)을 받았다. 인성교육대상은 학교 · 가정 · 사회에서 뛰어난 인성교육을 실천한 개인 · 학교 · 단체에 주는 상이다.

(출처: 중앙일보(2020.11.18.))

PART 4

리더십 관계구축

우리는 Part 2, 3에서 상향, 하향, 수평 리더십, 즉 360도 리더십 이론을 살펴보았는데 이러한 리더십의 구현은 그냥 되는 게 아니고 사람과 사람 간의 관계를 바탕으로 이루어진다. 즉, 진정한 리더십이 구현되기 위해서는 Part 4에서 설명될 '동기부여, 의사소통과 갈등관리, 팀워크 향상'과 같은 구성원들 간 관계향상이론이 뒷받침되어져야 한다.

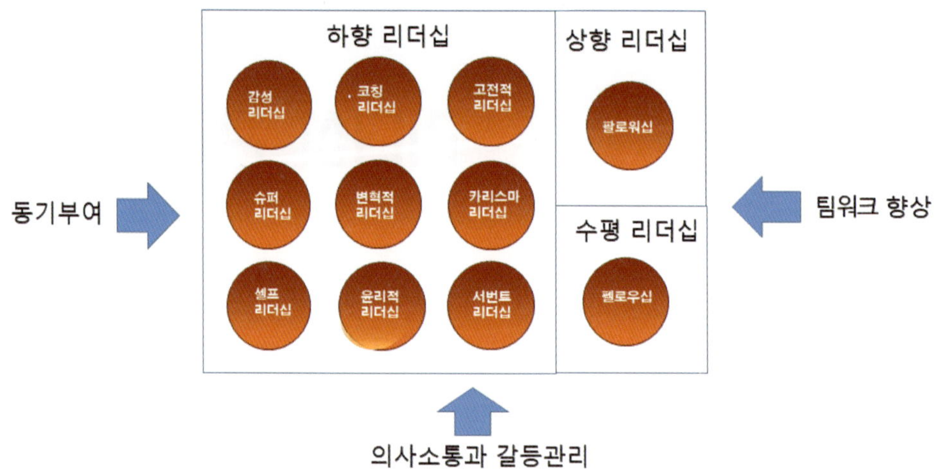

Chapter

10 동기부여

"훌륭한 지도자는 아랫사람들이 큰일을 할 수 있도록 동기를 부여하는 사람이다. 그리고 자기가 임무를 완성했을 때, 백성들 입에서 '마침내 우리가 이 일을 해냈다.'고 자랑스럽게 말할 수 있는 사람이다."

– 노자(老子)

1절 개요

1. 동기부여 정의

동기(動機: motive)는 '움직이다'라는 뜻을 가진 라틴어 동사 'movere'을 어원으로 하며 "어떤 행동을 일으키게 하는 계기"를 의미한다. 한편, 동기부여(動機附與: motivation)란 동기(움직일 계기)와 부여(제공)가 합쳐져 '움직일 수 있는 계기를 부여하다.'란 의미이며 '어떻게 하면 원하는 대로 사람을 움직일 수 있을까?'에 초점을 맞추고 있다. 동기부여 과정을 살펴보면 [그림 10-1]과 같이 어떠한 욕구가 생기면 이를 충족시키기 위해 동기가 발생하고, 동기가 발생되면 욕구에 대한 목표를 달성하기 위한 행동을 하게 된다.

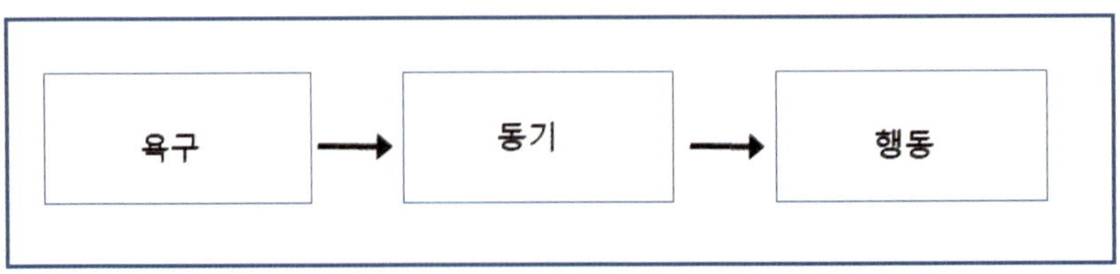

[그림 10-1] 동기부여 과정

동기부여의 보편적인 정의는 "어떤 목적을 달성하기 위하여 특정 방향으로 개인이 행동하도록 유도하는 노력"이라 할 수 있으며, 이를 기업조직에 적용시켜 보면, "보수, 승진, 직무의 안정성, 노동조건, 직장의 인간관계 등에 관한 구성원들의 욕구를 만족시킴으로써 그들이 적극적이고 책임감 있게 일할 의욕을 갖도록 하는 것"이라고 할 수 있다. 경영자가 동기부여를 추진하는 이유는 다음과 같이 세분할 수 있다.

① **분발 촉구**: 일을 안하려 하거나 태만한 사람을 열심히 하도록 하려는 경우
② **변화 수용**: 구습에 얽매인 사람에게 새로운 것을 받아들이도록 하는 경우
③ **경쟁 몰입**: 경쟁에서 전의를 불태우도록 유도하려는 경우

2. 동기의 종류 및 차이

1) 동기의 종류

① 외재적 동기(外在的 動機: extrinsic motivation): 동기의 근원이 외부에 존재, 즉 보상이나 벌 등과 같은 외부의 통제로부터 유발되는 동기를 말한다. 이는 일의 결과에 대해 보상이나 벌이 주어질 때만 작동하는 것이어서 지속력이 떨어진다.

② 내재적 동기(內在的 動機: intrinsic motivation): 어떤 일에 대해 본인이 가지고 있는 흥미, 호기심, 자기만족감과 성취감 등에서 비롯되는 동기부여, 다시 말해 강압 없이 스스로 원해서 행동에 참여하는 동기를 의미한다. 이는 결과에 대한 보상과 관계없이 활동 그 자체나 그로 인한 성취감이 보상으로 작용하기 때문에 지속력이 강하다.

2) 외재적 동기부여와 내재적 동기부여 차이([그림 10-2])

"전통적인 관리"에서는 당근과 채찍이라는 외재적 하급욕구에 초점을 맞춰 동기유발을 한다. 이때 구성원들은 적당한 노력을 통해 정해진 목표를 달성하는 데 안주한

다. 반면, "리더십에 의한 관리"에서는 내재적 상급욕구에 초점을 맞춰 동기유발을 한다. 이때 리더는 구성원의 성장 및 자아실현에 비중을 두어 관리하게 되며 구성원들은 최선의 노력을 통해 목표를 초과 달성하는 데 주력한다. 외재적 동기부여보다는 내재적 동기부여가 훨씬 더 강력한 영향을 발휘하나, 두 가지 동기가 함께 부여되어야 시너지효과를 극대화할 수 있다.

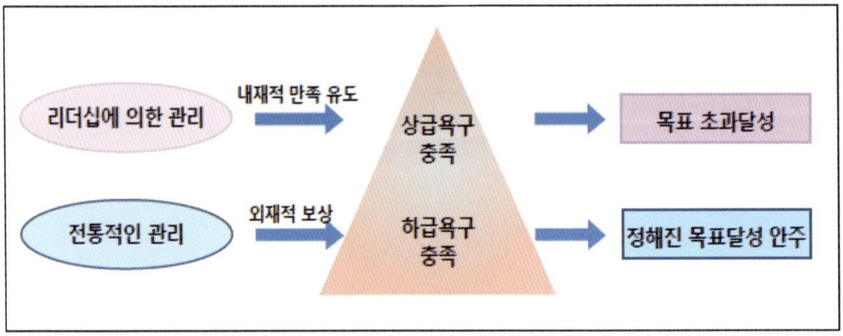

[그림 10-2] 동기부여 효과

3. 동기부여의 중요성

리더가 수행하는 많은 업무 중에 가장 중요한 일이 무엇일까? 그것은 두 말할 것 없이 "부하직원으로 하여금 자발적인 노력을 통해 조직목표에 공헌할 수 있도록 동기를 부여하는 것"이다. Gallup사의 설문조사 결과에 의하면 동기유발수준과 성과수준은 상관관계가 큰 것으로 확인되었다. 직원들이 고도로 동기유발 되었을 때, "고객의 충성도는 70% 증가하고, 직원들의 이직률은 70% 하락하며, 이윤은 40% 상승"하는 것으로 알려졌다.

한편, 슈터마이스터(Schutermeister)는 다음의 공식을 통해 성과(performance)는 능력(ability)과 동기부여(motivation)의 곱이므로 아무리 능력이 좋아도 동기부여가 되지 않으면 성과를 거둘 수 없다고 주장하였다.

$$P = M * A$$

- P=performance(성과)
- M=motivation(동기부여)
- A=ability(능력)

또한, 하버드 대학의 제임스(W. James) 교수는 동기부여 중요성에 대해 다음과 같이 주장했다. “사람은 보통 일을 할 때 자기 능력의 약 20~30%만을 발휘하지만, 강력한 동기부여가 되었을 때에는 자기 능력의 80~90%를 발휘할 수 있다.”

4. 동기부여의 3대 요소

동기부여의 3대 요소를 표현하면 [그림 10-3]과 같다. 먼저 구성원을 자극하여 동기가 발생토록 한 후 지향하는 목표를 향해 구체적인 행동을 취하도록 해야 하며 이러한 행동을 지속토록 해야 한다. 동기가 유발되었으나 지향하는 방향이 틀리거나 지속하지 못하고 일정한 시간이 지난 후 원위치 된다면 애당초 동기부여를 하지 않음만 못할 것이다.

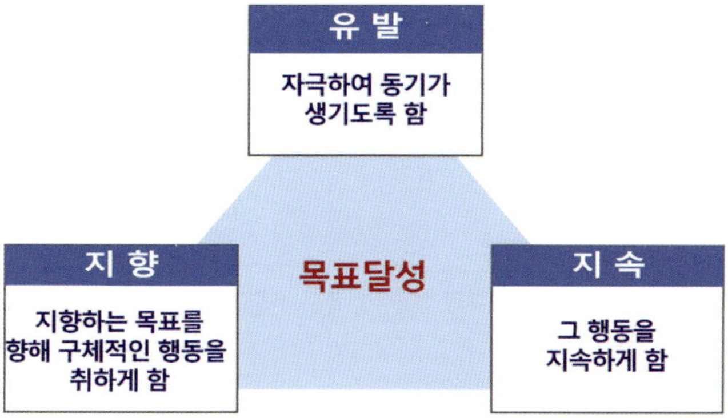

[그림 10-3] 동기부여의 3대 요소

2절 동기부여 이론

수많은 동기부여 이론 중 중요한 몇 가지만 살펴보기로 한다.

1. 욕구계층이론(A. Maslow)

1) 개요

욕구계층이론은 가장 널리 알려진 동기부여 이론이다. [그림 10-4]와 같이 5가지 욕구 단계로 구성되며 위쪽으로 갈수록 보다 고차원적인 욕구가 된다. 이러한 욕구를 많이 만족시킬수록 강하게 동기가 부여된다.

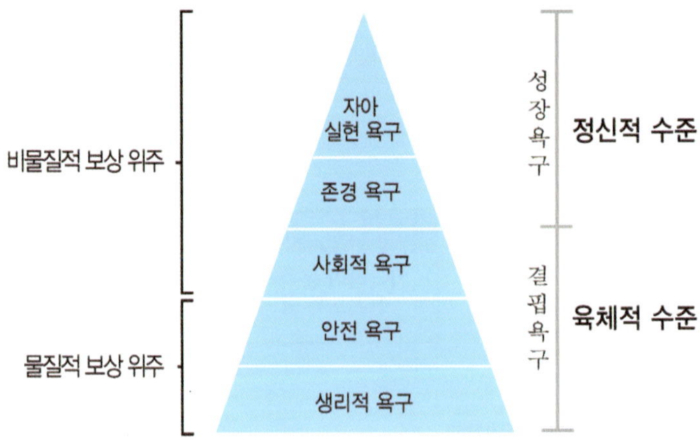

[그림 10-4] 욕구 5단계도

① 생리적 욕구(basic needs): 의식주(衣食住)와 같은 경제적인 욕구와 성적인 욕구 등 삶 그 자체를 유지하기 위한 가장 기본적인 욕구를 말한다. 기본적으로

직장인들은 급여가 높고 쾌적한 근무환경에서 일하고 싶어 한다.

② **안전, 안정 욕구**(security needs): 생리 욕구가 어느 정도 충족된 후 나타나는 욕구로서 주위의 위협에서 자신을 보호하려는 욕구이다. 직장인들은 정신적, 신체적으로 안전하게 근무할 수 있는 직장, 해고되지 않고 안정적으로 정년퇴임할 수 있는 직장을 원하게 된다.

③ **사회적, 소속 욕구**(social needs): 인간은 사회적 동물이므로 혼자서는 살 수 없다. 생리적 욕구와 안전욕구가 충족되면, 사회적 존재로서 가족, 친구, 직장 동료 등과 친교를 맺고, 그 집단에 귀속되며 그들로부터 사랑받고 싶어 하는 욕구를 갖게 된다. 직장인들은 자신이 원하는 조직에 소속되면서 인간적인 리더, 우호적인 동료들과 근무하기를 원한다.

④ **존경 욕구**(esteem needs): 인간은 특정집단에 속하려는 욕구가 충족되기 시작하면 그가 속한 조직에서 단순한 구성원 이상의 존재가 되고 싶어 한다. 즉, 타인으로부터 존경과 인정을 받는 것은 물론, 타인을 지배하고 싶은 욕구(권력욕)도 갖고 싶어 한다. 직장인들은 포상을 받고 승진하며 타인으로부터 인정받으며 비중 있는 업무를 부여받기를 원한다.

⑤ **자아실현 욕구**(self actualization needs): 인간의 자기완성에 대한 열망으로, 지속적인 자기발전을 통해 성장하고, 자신의 잠재력을 극대화하여 자신이 원하는 바를 성취하려는 욕구이다. 직장인들은 도전적 과업을 맡고 창의성을 개발하며 잠재능력을 발휘함으로써 일에 대한 보람을 느끼고 싶어 한다.

2) 이론의 분석

그림에서 보는 바와 같이 이 이론은 피라미드 구조이므로 아래쪽 받침을 빼면 위쪽은 무너진다. 즉, 위로 갈수록 보다 고차원적인 욕구이나 아래쪽 저차원적인 욕구가 충족되지 않으면 위쪽 욕구충족은 의미가 떨어지는 특성을 가지고 있다. 아래로 갈수록 육체적인 욕구 성격이 강한 반면 위로 갈수록 정신적인 욕구 성격이 강하다. 또한,

아래로 갈수록 물질적 보상 비중이 큰 반면 위로 갈수록 비물질적인 보상 비중이 크다. 아울러 아래로 갈수록 부족한 것을 채우려는 욕구 특성을 가지며, 위로 갈수록 현 상태에서 성장하려는 성취욕구 특성을 가진다.

3) 욕구계층이론 활용 전략

부하를 동기부여하고 싶다면, 부하 각각에 대해 어느 단계의 욕구에 만족하고 있는지 파악한 후 현 위치보다 높은 단계의 욕구를 만족시키는 조치를 취해야 한다.

나의 실천 전략

귀하는 현재 욕구계층 중 어느 단계에 와 있으며 상위층으로 올라가기 위해서는 어떤 전략을 구사해야 하는지 생각해 보자.

2. 성취동기이론(D. McClelland)

1) 개요

맥클래랜드(McClelland)는 매슬로우(Maslow)의 다섯 욕구 중 상위욕구만을 대상으로 하여 세 가지 범주의 욕구를 제시하였다.

① **성취욕구(need for achievement)**: 높은 기준을 설정하고 이를 달성함으로써 남보다 앞서려는 욕구를 말한다. 위험을 무릅쓰고라도 목표달성을 하려하며 책임을 적극적으로 수용한다.

② **친화욕구(need for affilation)**: 남들과 밀접하고 친밀한 관계를 맺고자 하는 욕구를 말한다. 그들은 인간관계가 빈번한 일자리와 집단적 과업을 선호하고 커뮤니케이션의 기회를 잘 활용한다.

③ **권력욕구**(need for power): 타인에게 영향력을 미치고 통제하고 싶은 욕구로, 리더의 위치에 있고 싶어 하고 자신의 지위향상에 관심이 크다. 이로 인해 남 앞에 나서기를 좋아하며 남들을 자기가 바라는 대로 행동하도록 강요하는 경향이 크다.

2) 이론의 분석

대부분의 사람들은 이 세 가지 욕구를 동시에 가지면서 어느 한 부분에 더 높은 수준의 욕구를 가지게 되는데 이 중에서 성취욕구가 가장 큰 동기부여 요인이다.

3) 성취동기이론의 활용전략

성취동기이론의 세 가지 욕구의 분류에 따라 종업원을 알맞은 직무에 배치해야 한다. 권력욕이 강한 사람은 타인의 권력이 미치는 직무에 배치하는 것보다는 타인의 행동을 통제하는 직무에 배치하는 것이 동기부여가 되고, 친화욕이 강한 사람은 독립적으로 직무를 수행하는 곳에 배치하는 것보다는 다른 사람과 밀접한 관계를 유지할 수 있는 직무에 배치하는 것이 동기부여의 효과가 크다. 성취욕이 강한 사람은 도전할 가치가 없거나 우연에 의해서 목표를 달성할 수 있는 직무보다는 개인에게 많은 책임과 권한이 주어지는 도전적인 직무에 배치하는 것이 동기부여가 된다.

3. 2요인 이론(F. Herzberg)

인간의 욕구 가운데는 동기요인과 위생요인의 두 가지가 있으며, 이 두 요인은 상당 부분 독립되어 있다는 이론이다([그림 10-5]). 위생요인은 매슬로우 이론의 하위욕구 수준에, 동기요인은 상위 욕구수준과 대략적인 관련이 있다.

1) 동기부여와 관련된 두 가지 요인

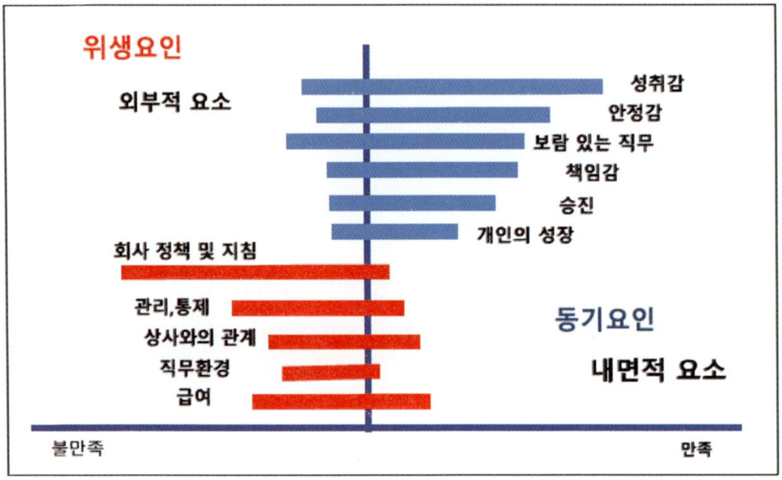

[그림 10-5] 동기부여 2가지 요인

출처: https;//res.cloudinary.com

① 위생요인(hygiene factor): [그림 10-5]의 왼쪽 부분에 있는 '회사정책과 지침, 상사와의 관계, 직무환경, 급여' 등과 같은 외부요인들은 "불만족 여부"에 중점을 두는 요인으로, 이러한 요인 개선 시 불만족을 감소시켰으나 만족을 가져다주었다고 보지는 않는다. 즉, 위생 관리를 잘하면 질병에 걸리지는 않지만 건강해지지는 않는 개념으로 이해할 수 있다. 가령 작업장이 더워 에어컨을 설치(직무환경 개선)했을 경우 만족이 증대되는 것이 아니라 불만족이 제거되었을 뿐이라고 본다.

② 동기요인(motivation factor): [그림 10-4]의 오른쪽 부분에 있는 '일의 성취감, 인정감, 보람 있는 직무, 책임감, 승진' 등과 같은 내면적 요인들은 "만족 여부"에 중점을 두는 요인으로 이러한 요인이 충족되면 업무에 만족을 느낀다. 이 요인들의 강도는 만족하느냐 만족하지 않으냐 하는 느낌에는 영향을 미치지만 불만족에는 영향을 미치지 않는다. 동기요인은 위생 요인과 달리 욕구를 충족시킬수록 만족도는 증가하게 된다.

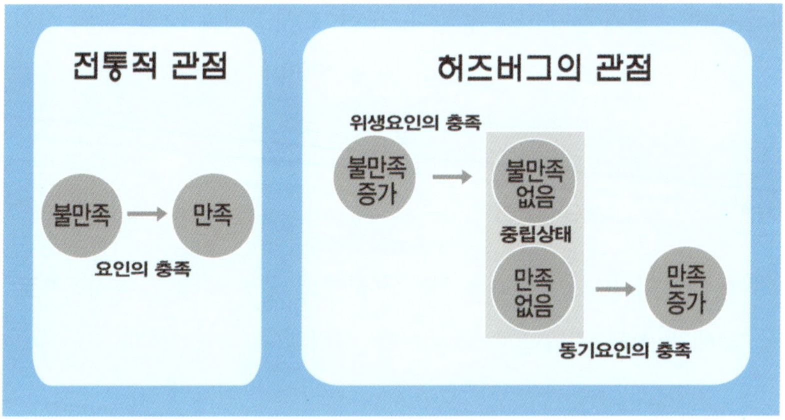

[그림 10-6] 전통적 관점과 허츠버그 관점 비교

다른 동기부여 이론은 '어느 정도 만족하느냐에만 초점(동기요인)'이 맞춰져 있으나 허츠버그(Herzberg) 이론은 이 외에 '불만족이 어느 정도인가에도 초점(위생요인)'이 맞춰져 있다. 즉, 만족과 불만족을 한 차원으로 보지 않고, 별개의 차원으로 보았으며, 불만족의 반대가 만족이 아니라 단지 불만족의 해소로 보았다([그림 10-6]).

이 이론은 두 개의 요인분석을 통해 새로운 접근을 하였으나 두 요인은 상당 부분 혼재해 있어, 완벽하게 불만에만 작용하는 요인이나 만족에만 작용하는 요인으로 구분할 수 없다는 한계점을 가지고 있다.

2) 2요인 이론의 활용전략

위생요인은 욕구를 채우려면 상대적으로 많은 돈이 들 뿐 아니라 저차원적 욕구이므로 어느 수준을 넘어가면 동기부여 강도가 별로 커지지 않는다. 반면 동기요인은 욕구를 채우는 데 상대적으로 돈이 적게 들 뿐 아니라 고차원적 욕구이므로 욕구를 많이 채워 줄수록 동기부여 강도는 커지는 특성을 가지고 있다. 또한, 위생요인은 채워져도 그 순간이 지나면 효과가 떨어지나 동기요인은 일단 채워지면 그 효과가 오래 간다. 그러므로 경영자는 위생요인은 불평불만을 해소하는 수준까지만 채워 주고, 동기요인에 집중하는 전략을 구사해야 한다. 또한 '회사정책과 지침, 일의 성취감, 인정감'과 같이 효과가 큰 요인에 비중을 더 크게 두어야 할 것이다.

4. XY이론(Douglas McGregor)

심리학자인 맥그리거(McGregor)는 인간성에 대해 긍정적, 혹은 부정적으로 보는 측면이 있음을 보고 이를 기반으로 XY이론을 정립했다([그림 10-7]).

1) 인간의 두 분류

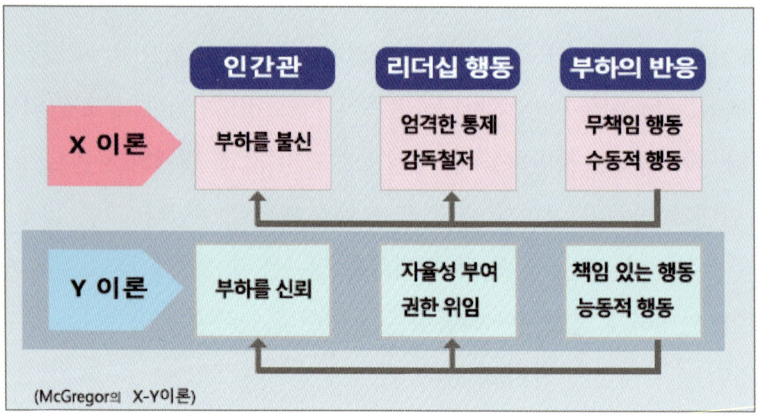

[그림 10-7] XY이론 개념도

① **X형 인간**: X형 인간은 무책임하고 수동적인 인간이므로 일을 시키려면 엄격한 통제와 감독을 해야 한다. 또, X형 인간은 경제적 욕구가 큰 타산적인 존재이므로 경제적 보상을 통해 동기를 유발시켜야 한다.

② **Y형 인간**: Y형 인간은 책임의식이 강하고 적극적이고 능동적으로 행동하므로 리더는 부하에게 자긍심을 심어 주고 많은 권한을 위임한 후 보다 자율적으로 일하게 한다. Y형 인간에게는 스스로 목표를 설정케 하고, 충분한 권한을 부여하

면 정신적인 보상이 되어 보다 강한 동기가 유발된다.

2) XY이론의 활용전략

두 이론 중 어떤 것이 옳을까? 직원들의 성향, 즉 X, Y 형의 특성에 맞게 다음과 같이 동기부여 방식을 달리해야 한다(〈표 10-1〉).

〈표 10-1〉 X형과 Y형 동기부여 방식 비교

X형 인간	Y형 인간
• 통제와 지시를 한다.	• 자율에 맡긴다.
• 감독을 철저히 한다.	• 자긍심과 위신을 세워 준다.
• 물질적 보상을 한다.	• 정신적 보상을 한다.
• 수직적 조직을 갖춘다.	• 수평적 조직을 갖춘다.

맥그리거 자신은 가능한 Y이론이 옳다고 믿었으며, X형 인간도 Y형 인간의 특성이 잠재되어 있으므로 이 잠재력을 잘 끌어내면 직원들의 동기부여에 도움이 된다고 생각했다. 상명하복의 기업문화가 지배하던 산업혁명 시대에는 X이론의 비중이 컸었다. 그러나 시대가 변하면서 점차 지식경영과 혁신이 요구되는 시대가 도래하게 되자 Y이론의 비중이 증대되고 있는 추세이다.

심화학습 XY이론과 성악/성선설

성선설(性善說)은 맹자(孟子)가 주장한 이론으로, 인간의 본성(本性)은 선(善)하여 누구든 선하게 태어나나 부적절한 주위환경에 의해 악해질 수 있으므로 끊임없이 선한 환경과 교육을 제공하여 선한 본성을 유지해야 한다는 것이다. 성악설(性惡說)은 순자(荀子)가 주장한 이론으로, 인간의 본성(本性)은 악(惡)하여 누구든 악하게 태어나나 교육을 통해 선해질 수 있다는 것이다. X이론은 성악설, Y이론은 성선설에 대응되는 이론이다.

5. 공정성(형평)이론(J. Stacey Adams)

1) 개요

모든 구성원들이 똑같은 보상을 받아야 공정할까? 그렇지 않다. 공정은 상대적인 것이므로 성과에 비례하여 보상이 이루어져야 한다. 다시 말해, 일을 잘한 사람은 잘한 만큼 더 받고 못한 사람은 못한 만큼 덜 받아야 공정하다고 할 수 있다. 공정성이론은 이러한 공정성의 개념을 바탕으로, 타인과 비교해서 자신이 더 대우받고 있다고 생각되거나 공평하게 대우받고 있다고 생각되면 동기부여가 되나, 낮은 대우를 받고 있다고 생각되면 동기가 저하된다는 이론이다([그림 10-8]).

① **공정성 인식(A)**: 자신의 투입－보상 비율이 타인의 투입-보상 비율과 동일할 때 발생하고, 공정성을 느낀 사람은 만족감을 경험한다.

② **과대보상 불공정성 인식(C)**: 자신의 투입－보상 비율이 타인의 투입－보상비율보다 큰 경우에 발생하고, 이 경우에는 만족감을 느낌과 동시에 미안한 느낌도 갖는다.

③ **과소보상 불공정성 인식(B)**: 자신의 투입－보상비율이 타인의 투입－보상 비율보다 작을 경우에 발생하고, 이 경우에는 분노와 불만족을 경험한다.

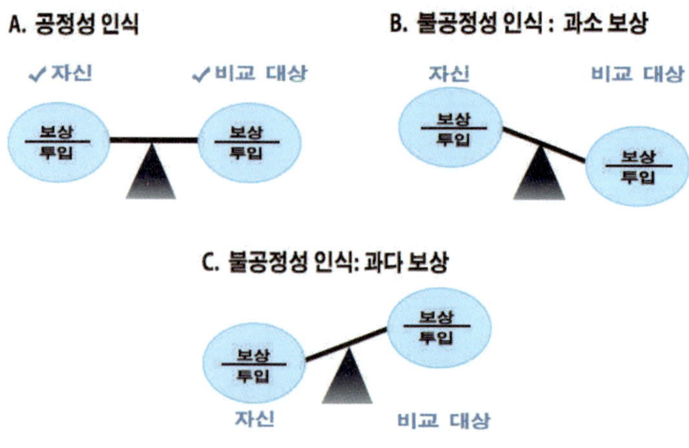

[그림 10-8] 기대이론의 이해

2) 과소보상 불공정성을 감소시키는 방법

'남에 비해 과소평가(B)'를 받을 경우 다음과 같이 불공정성을 해소하고자 하는 욕구를 갖는다.

① 자신이 투입을 줄이거나 보상 증대를 요구한다.

② 비교대상의 투입을 늘리게 하거나 보상을 줄이도록 요구한다.

③ ①,②가 여의치 않을 경우 보다 유리한 비교를 할 수 있는 대상으로 교체하여 비교한다. 심리적인 자기 위안의 형태이다.

④ 이도저도 안되면 타 직무로 전환요청하거나 회사를 그만둔다.

3) 공정성 이론의 활용 전략

구성원들은 자신이 상대적으로 과소 대접을 받는다고 느낄 때 강한 불만을 나타내고 이는 동기저하로 이어진다. 그러므로 조직 관리자는 구성원들이 지각하는 '상대적인 보상'이 공정하게 시행될 수 있는 보상체계를 갖춰야 한다.

심화학습 **일을 많이 하는 것보다 잘하는 것이 중요하다.**

공정성 이론에서 '투입'의 개념을 '노력'으로 봐야 할까? '성과'로 봐야 할까? 일반적으로 '성과'로 보는 것이 바람직하다. 즉, '타인의 노력대비 보상'과 '나의 그것'을 비교하는 게 아니라 '타인의 성과 대비 보상'과 '나의 그것'을 비교해야 한다. "나는 이만큼 '노력'을 하였으니 이에 비례하는 보상을 해 주시오"라고 주장하는 대신 "나는 이만큼 '성과'를 냈으니 이에 비례하는 보상을 해 주시오"가 바람직하다는 것이다. 열심히 노력한다고 해서 항상 좋은 성과가 나오는 것은 아니다. 효율적으로 일한다면 적은 노력으로 좋은 성과를 거둘 수 있다. 비효율적으로 열심히 하는 사람, 즉 투입한 시간대비 성과가 적은 사람보다 한심한 사람은 없다. 이러한 '성과대비 보상의 개념'은 오늘날 대부분의 기업이 도입하고 있는 성과급제의 기본 바탕이 된다.

6. 목표설정이론(E.A. Locke)

1) 개요

목표설정이론은 '목표를 달성하려는 의지가 동기부여의 근원'이 된다는 이론이다. 즉, 어떠한 욕구를 자극하는 어떠한 노력보다 달성해야 할 목표를 분명히 해 주는 것이 동기부여 효과가 크다는 것이다.

2) 목표설정 시 고려해야 할 변수들

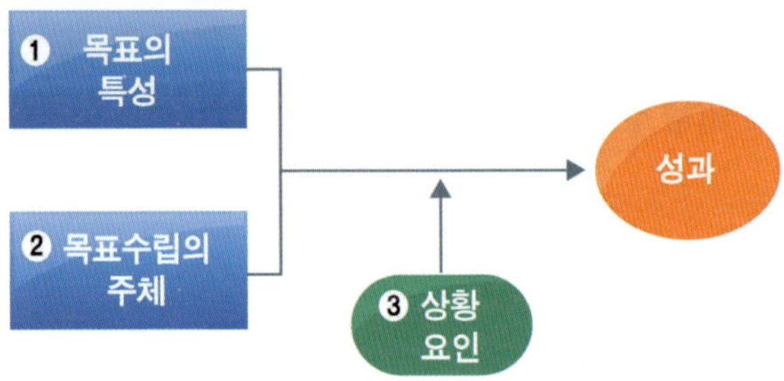

[그림 10-9] 동기부여 변수

목표설정이 동기부여에 효과적이려면 다음이 고려되어야 한다([그림 10-9]).

① **목표의 특성**: 성취 가능한 범위 내에서 다소 도전적인 목표일수록 성과가 높다. 또한, '최선을 다하라'는 식의 애매한 목표보다는 목표량과 기간을 숫자로 제시하는 구체적인 목표이어야 한다.

② **목표수립의 종류(주체)**: 부하의 능력이 현저히 낮은 상태일 경우 상사가 목표를 설정할 수 있으나 부하의 일을 향한 의지와 능력수준이 어느 정도 궤도에 올랐을 경우 스스로 목표를 설정케 하는 게 효과적일 수 있다. 이 경우 목표달성이 용이하도록 낮은 목표를 선정하는 부작용이 발생할 수 있다. 이러한 문제를 해결하기 위해서 상사와 부하가 합의하여 목표를 설정하는 것이 가장 효과적이다.

③ **상황요인**: 목표의 성과를 높이려면 당사자에게 피드백이 필수적으로 동반되어

야 한다. 즉, 중간중간에 목표달성의 정도를 알려 주어 당면한 문제를 보완하고 분발하게 한다. 또한, 목표달성에 준하는 합리적인 보상을 함으로써 목표를 기꺼이 수용하고 노력하도록 해야 한다. 아울러 약간의 경쟁은 있는 것이 좋으며 능력이 높을수록 어려운 목표가 좋다.

심화학습 목표관리(MBO: management by objectives)

근대적 경영이론이 도입되기 이전에는 종업원이 달성해야 할 목표나 이를 위한 구체적인 계획이 관리자에 의해 일방적으로 결정되고 지시되는 '통제에 의한 관리(management by control)'였다. 하지만 이러한 관리방식은 종업원들의 자발적 활동의욕이나 창의성을 억압했으며 결과적으로 생산성을 약화시키게 되는 근본적인 원인이 되었다. 이러한 문제를 타개하기 위해 개인의 자발적 목표설정과 관리에 비중을 크게 두는 '목표에 의한 관리, 또는 목표관리'가 탄생하게 되었다. 목표에 의한 관리가 성공적으로 달성되기 위해서는 [그림 10-10]과 같은 3단계 절차가 필요하다.

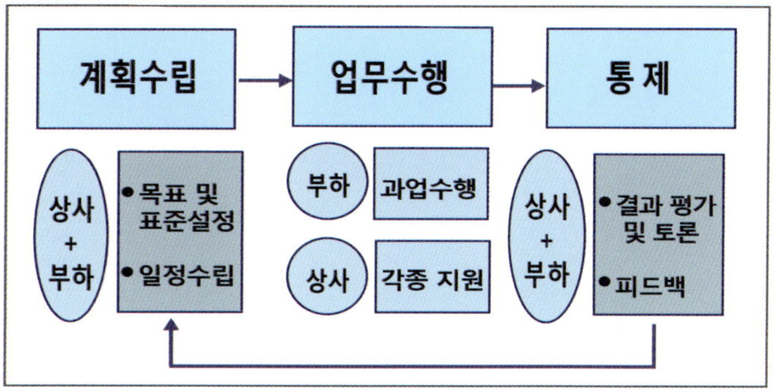

[그림 10-10] 목표관리 단계

① 계획수립 단계: 목표를 설정하고 추진일정을 수립하는 단계로 특별한 예외를 제외하고 상사의 일방적인 결정보다는 상사와 부하가 합의하여 결정하는 것이 바람직하다.
② 업무 수행단계: 수립된 계획에 의해 과업을 수행하는 단계이다. 이때 부하가 스스로 업무를 진행하고 상사는 지시와 통제보다는 지원에 중점을 두는 자세가 필요하다.

③ 통제단계: 결과를 평가하고 잘한 점에 대해서는 인센티브를, 못한 점에 대해서는 페널티를 주며 차후 장점은 발전시키고 단점은 보완할 수 있도록 피드백하는 단계이다. 이러한 통제는 과업이 완료되었을 때는 물론 과업진행 중에도 주기적으로 추진하는 게 효과적이다.

3) 목표이론 활용방안

리더는 부하의 능력보다 다소 높은 목표를 설정토록 유도하고 결과에 대한 적절한 보상책을 마련해야 한다. 또한 부하들이 과업에 몰두할 수 있도록 분위기를 조성해 주고 그들의 과업수행 능력을 향상시키는 노력도 해야 한다.

3절 기타 동기부여 방법

우리는 앞서 살펴본 여러 가지 동기부여 이론을 간단하고 구체적으로 일반화시켜 보기로 한다.

1. 물질적 보상

가장 기본적인 동기부여 방법으로, 매슬로우의 욕구발전 5단계의 첫 단계인 생리적 욕구의 일부분이라고 할 수 있다.

1) 매력적인 급여

종업원의 가장 기초적인 동기부여 방법은 보다 높은 경제적인 보상이다. 정신적 동기부여 방법은 경제적인 보상이 선행되어야만 통하는 2차적인 요인이라 할 수 있다. 경제적인 동기부여 방법에는 직접적인 보상인 임금과 간접접인 보상인 복리후생으로 나뉜다.

2) 성과급제 도입

근래 급속도로 확산되고 있는 연봉제의 키워드가 성과급제이다. 성과급 프로그램은 성과에 따라 종업원의 급여를 차등 지급하는 유용한 보상플랜이다. 만일 보상이 업무성과와 관련이 없다면, 즉 연공서열, 직위에 따라 일률적으로 지급된다면 종업원들은 적극적인 노력을 하지 않게 될 것이다. 성과측정에는 개인성과, 그룹성과, 부문성과, 기업의 이윤 등이 포함된다.

3) 공정한 평가 방법 및 보상제도 구축

조직과 제도에 대한 믿음의 뿌리는 공정한 평가와 보상이다. 아무리 매력적인 경제적 보상이 있어도 공정성이 떨어지면 불만이 커지고 이에 따라 동기부여 효과도 떨어진다(제10장. 공정성의 원칙 참조). 그러나 성과에 대한 보상제도가 잘 갖추어지지 않는다면 공정한 평가 역시 무의미해진다. 그러므로 평가를 공정하게 할 수 있는 방법과 이에 상응하는 적절한 보상제도가 구축되어야 한다.

2. 정신적 보상

정신적(비물질적) 보상은 매슬로우의 욕구발전 5단계의 상위 부분, 즉 보다 고차원적인 보상에 해당된다. 일반적으로 정신적 보상은 물질적 보상보다 효과가 크고 오래가는 것으로 알려져 있다.

1) 인정감 부여하기(칭찬하기)

인정감이란 업무수행에 대해 인정(특히 칭찬)받고 싶은 마음을 말한다. 누구든 자기가 최선을 다한 일에 대해 보상을 받고 싶어 한다. "수고했다", "잘했다"는 말 한마디만으로도 직원들은 생각보다 큰 힘을 얻는다. 자신을 지켜보고 자기 자신을 알아준다는 느낌은 자존감을 높여 주고 동기부여를 해 준다. 『칭찬은 고래도 춤추게 한다』라는 책이 베스트셀러가 된 적이 있다. 이 책에서는 미국 플로리다 주의 해상 동물원에서 오직 칭찬만으로 사납기로 유명한 범고래가 놀라운 재능을 펼치는 것을 생생히 보여준다. 칭찬의 10계명은 다음과 같다.

① 칭찬할 일이 생겼을 때는 즉시 칭찬하라.
② 잘한 점을 구체적으로 칭찬하라.
③ 가능한 공개적으로 칭찬하라.
④ 결과보다는 과정을 칭찬하라.
⑤ 사랑하는 사람을 대하듯 칭찬하라.
⑥ 거짓 없이 진실한 마음으로 칭찬하라.
⑦ 긍정적으로 관점을 전환하면 칭찬할 일이 보인다.
⑧ 일의 진척사항이 여의치 않을 때 더욱 격려하라.
⑨ 잘못된 일이 생기면 관심을 다른 방향으로 유도하라.
⑩ 가끔씩 자기 자신을 스스로 칭찬하라.

2) 소속감 고취하기

소속감이란 집단의 당당한 구성원이라는 느낌, 집단과의 일체의식을 말한다. 소속감은 인정감처럼 개인의 정서적 안정감을 조성하는 중요한 요소로 때로는 임금보다 더 중요한 요소가 되기도 한다. 소속감을 갖게 되면 마음의 안정을 가지게 되고 조직에 헌신할 수 있는 힘이 생긴다. 반대로 소외감을 갖게 되면 불안하게 되고 일할 의욕도 떨어지게 된다.

3) 성취감 고취하기

성취감이란 만족감이나 행복감과 일맥상통하는 말로 자신이 뜻한 바를 이루었을 때 얻는 뿌듯한 감정을 의미하며, 새로운 경험을 얻을 수 있는 기회, 자기 자신의 능력을 발휘해 볼 수 있는 기회, 개선을 위한 발언의 기회를 갖는 것 등을 포함한다. 성취감은 자아를 발전시키는 데 도움이 되며 궁극적으로 동기를 유발하는 주요 인자가 된다.

3. 직무환경개선

경제적, 정신적 동기부여 외에 일하는 환경을 개선해 줌으로써 동기부여를 극대화할 수 있다.

1) 직무재설계

직무재설계란 정신적, 물질적 욕구를 충족시킬 수 있도록 직무내용, 작업방법 및 작업 상호 간의 관계를 재설정하는 것을 말한다. 경영자는 바람직한 방향으로 직무를 재설계해 줌으로써 동기부여를 극대화할 수 있다.

① 직무확대(job enlargement): 작업자가 여러 가지 다양한 과업을 수행할 수 있는 기회를 줌으로써 동일 업무를 반복하는 데서 오는 지루함을 없애고 새로운 업무를 습득하는 데서 오는 만족감을 느낄 수 있도록 하는 제도이다. 이때 업무 확대는 일이 늘어나는 것을 의미하는 게 아니라 업무의 순환을 의미한다.

② 직무순환(job rotation): 직무순환은 작업자로 하여금 다른 부서의 직무를 수행케 함으로써 지루함과 비리를 사전 차단시키며, 폭넓은 업무 경험을 통해 개인의 성장이 가능하도록 하는 제도이다. 직무확대와 직무순환의 경계는 다소 애매하나, 일반적으로 직무확대가 '특정 부서 내에서 상황에 따라 여러 업무를 선택적으로 경험'하는 것에 비해 직무순환은 '타 부서로 완전 이동하여 새로운 업무를

경험'하는 것을 의미한다.

③ 직무충실화(job enrichment): 직무순환이나 직무확대 방법은 직무의 단조로움으로 인하여 나타나는 문제점을 해결하고 다양한 업무를 습득할 수 있지만 구성원들을 적극적으로 동기부여 시켜서 높은 성과를 달성하도록 하는 데는 미흡하다. 직무충실화는 직무의 질적 개선과 근로생활의 질을 향상(성취감, 인정감, 책임감, 성장욕구 등과 같은 내적욕구 충족)시켜 일에 보람을 느끼게 함으로써 궁극적으로 동기부여를 극대화시키는 방법이다.

2) 교육훈련

교육훈련이란 조직이 그 목표를 보다 효율적으로 달성하기 위하여 조직 구성원으로 하여금 직무수행에 필요한 지식과 기술을 연마케 하는 한편, 가치관·태도 등을 바람직한 방향으로 변화케 하는 활동이다. 교육훈련은 탁월한 인재를 확보하고 동기를 부여하여 기업경쟁력을 향상시키는 가장 기본적인 전제조건이다. 업무와 관련된 강의나 세미나 등을 아낌없이 지원해 주면 직원들의 업무가 효율화될 뿐 아니라 업무에 대한 의욕도 충만하게 된다.

사례 사우스웨스트 항공의 동기부여 사례

1) 사우스웨스트 항공사 소개

사우스웨스트 항공(Southwest Airlines)은 기내 서비스를 최소화한 대신 적은 비용으로 이용할 수 있는 미국의 대표적인 저가 항공사이다. 여객운송 기준으로 세계 3위이나 직원만족도와 고객만족도는 단연 선두이다. 1971년에 설립한 이후 항공사들 중 유일하게 매년 흑자를 내면서 많은 도전과 모험을 하는 항공사로 주목받고 있다. 텍사스의 댈러스, 휴스턴, 샌안토니오를 잇는 운항을 처음 시작했을 때 아무도 이 회사가 지금처럼 오래 지속되리라고 생각하지 않았다. 사우스웨스트 항공은 미국 30개 주 60여개 공항에 취항하고 있으며 미국 내 고객만족도 7년 연속 1위, 미 교통부 선정 트리플

크라운 상(정시 도착, 정확한 수화물 운송, 고객 불만이 적은 항공사에 시상하는 상) 7년 연속 수상, 『포춘』지 선정 '미국에서 가장 일해 보고 싶은 100대 기업' 3년 연속 선정, 최근 20년 주가 수익률 1위 등의 화려한 기록을 가진 항공사로 자리 잡았다.

2) 사우스웨스트 항공사 동기부여 사례

사우스웨스트항공의 인재관리 기본 철학은 '구성원에 대한 즐거움(FUN) 선사'와 '구성원에 대한 믿음과 사랑'으로 요약할 수 있다.

① FUN 경영: 허브 켈러허(Herb Kelleher) 전(前) 회장은 '미국에서 가장 웃기는 경영자'로 불릴 정도로 유머경영 혹은 펀(Fun) 경영을 중시했다. 그는 '유머는 조직의 화합을 위한 촉매제'라며 '일은 즐거워야 한다.'고 주장했다. 점잖은 오찬장에 엘비스 프레슬리 복장으로 나타나기, 청바지 입고 이사회 참석하기, 토끼 분장을 하고 출근길 직원 놀라게 하기 등 펀 경영 사례는 셀 수 없을 정도로 많다. 경영자의 근엄한 권위는 어느 구석에서도 찾아볼 수 없었다. 켈러허가 펀 경영으로 얻으려 한 것은 사람들의 마음이었다. 그는 내면에서부터 기쁘고 즐거운 마음으로 일할 수 있는 기업만이 초일류기업으로 성장할 수 있다고 확신했다.

② 직원 최우선 경영: 사우스웨스트 항공은 "손님은 왕이다"가 보편화된 세상에 공공연하게 "종업원이 왕이다."라고 주장한다. 그런데도 고객만족도는 어느 항공사보다 높다. 동기부여된 종업원이 고객에게 질 높은 서비스를 자발적으로 시행하기 때문이다. 1996년, 창립 25주년 기념식에서 허브 켈러허 회장은 대놓고 "직원이 첫 번째이고, 고객은 그 다음이다(고객은 1순위, 종업원은 0순위).", "고객이 항상 옳다는 말은 틀렸다. 그것은 직원을 배신하는 것이다. 가치 있는 고객만이 대접받을 가치가 있다."고 말하면서, '기내에서 폭음을 하고, 이유 없이 직원을 괴롭히는 불량(?)고객'은 과감하게 내보내라고 지시했다. 허브 켈러허는 일요일 새벽 3시에 회사 청소부 휴게실에 들어가 도넛을 나눠 주고, 작업복을 입고 그들과 함께 비행기를 청소하기도 했다. 그 영향력은 놀라우리만치 컸다. 직원은 자신이 리더로부터 인간적 대우와 사랑을 받게 될 때 외부고객에게 똑같은 사랑을 베풀게 된다.

(출처: YES24 문화웹진 채널예스)

사례 효과적인 동기 부여를 위한 학습 성공 사례

집중력이 약하고, 쉽게 싫증을 내는 성향의 아이 또는 자신감 상실로 인해 학습 동기가 상실된 아이를 무조건 앉혀 놓고 공부를 시키는 것은 역효과를 내기 십상이다. 그 대상이 누구이건 어떠한 종류의 공부건, 공부에 푹 빠지게 하는 비결은 다름 아닌 동기 부여이다. 동기가 분명한 아이는 누가 시키지 않아도 목표 달성을 위해 공부에 매진한다. '말을 물가에 끌고 갈 수 있어도 물을 먹일 수 없다'는 격언이 있다. 학습의 성공을 위해 올바른 학습법을 선택하는 일만큼이나 중요한 것은 다른 아닌 동기부여이다.

사례 1) 학습 성과가 부진하면 자신감을 갖게 해 주고 아낌없이 칭찬하라.

초등 5학년인 영선이는 또래의 평균 수준보다 영어를 잘하지 못하는 학생이었다. 때문에 학교 수업에도 적응하지 못하고, 새로운 내용을 익히는 것에도 매우 부담스러워했다. 영선이 어머니 김 씨는 아이가 영어에 대해 호기심을 가지고 공부하려는 의욕이 없는 상태에서 진도를 나가는 것이 무의미하다고 판단하고 해결책을 찾아보았다. 결론은 자신감을 잃은 영선이에게 칭찬을 통해서 동기부여를 해 주는 것이다.

① 우선 김 씨는 영선이에게 영어를 못하는 것은 부끄러운 일이 아니라는 것을 강조하고 "너는 충분히 할 수 있는 재능을 가졌으니 두려워할 필요 없다."고 마음을 편하게 해 주었다. 풀이 죽어 있는 영선이가 먼저 용기와 자신감을 갖게 하는 데 초점을 맞춘 것이다. 그런 뒤 이미 배웠던 내용을 다시 복습하는 기회를 만들어 주자 영선이는 자신 있게 수업에 임하게 되었다.

② 이후에 새롭지만 조금 더 어려운 내용으로 수준을 차츰차츰 높여 나갔다. 이때 김 씨는 아이에게 전과 비슷하지만 어렵지 않은 수준의 학습물을 준비하고, '모르면 도와주겠다.'라는 식으로 앞으로 공부할 내용에 대해서 미리 설명해 두어 두려움을 최대한 없앴다고 한다. 설사 아이가 배웠던 내용에 대해서 정확히 기억하지 못하더라도 꾸중을 하는 것이 아니라 '다시 복습해서 기억을 살려 보자'는 식으로 복습을 유도하고, 이를 성공적으로 해냈을 경우 칭찬을 아끼지 않았다. 이 모두 영선이가 자신감을 회복하고 영어공부에 의욕을 갖도록 하기 위한 엄마의 노력이었다. 여기서 중요한 점은 자칫 캐묻거나 미미한 성과에 실망하는 모습을 아이에게 보여서는 안 된다는 것이다.

사례 2) 흥미를 느끼지 못할 경우 다양한 활동을 유도하라.

공부는 같은 내용을 어떻게 배우느냐에 따라 그 학습 결과는 달라진다. 초등학교 3학년인 은희는 교재 본문 내용도 곧잘 이해하고, 영어도 좋아하는 아이였지만 그 이상은 좀처럼 하려고 들지 않았다. 특히 공부의 양이 늘어나는 집중학습이나 교재 테이프 듣기를 하자고 하면 좀처럼 따라오지 않아 엄마 최 씨의 속을 태웠다. 은희가 공부하다 중단한 이유는 재미가 없다는 것. 엄마 최 씨는 싫증을 쉽게 내는 은희에게 다양한 학습법을 이용해서 흥미를 끌어내는 해법을 찾았다.

① 아이가 가장 좋아하는 영어 교재를 활용해서 한 편의 역할극을 시도해 보았다. 교재 속 주인공의 역할을 정해 실제 연기하듯 교재 줄거리로 말을 해 보고, 집 안에 있는 소품도 적절히 활용해 아이의 적극적인 참여를 이끌어 냈다.
② 평소 피아노를 잘 치는 은희와 함께 영어 동요를 피아노로 치면서 노래도 불러 보면서 자연스럽게 말하고, 읽는 활동으로 유도한 결과, 은희의 집중력이 높아지는 결과를 얻었다(출처: 동아출판 공식 블로그).

Chapter

11 의사소통과 갈등관리

어떤 조직이건 조직 구성원들 상호 간에는 많은 의사소통이 이루어지고 있으며 그만큼 많은 갈등도 존재한다. 특히, 오늘날과 같이 변화의 속도가 빠르고 조직구조가 복잡한 경영환경 속에서, 이러한 의사소통과 갈등은 더욱 빈번하게 발생되고 그 양상도 복잡해지고 있다. 조직 목표달성을 위해서는 의사소통을 원활히 하고 갈등을 효율적으로 해소하는 것이 필수적이다. 의사소통과 갈등관리는 상호보완적인 관계에 있다.

| 1절 | 의사소통

| 2절 | 갈등관리

"인간은 입이 하나 있고 귀가 두 개 있다.
이는 말하기보다 듣기를 두 배 하라는 뜻이다."

– 탈무드

1절 의사소통

1. 개요

1) 의사소통(意思疏通, communication)의 개념

의사소통(커뮤니케이션)은 더불어 살아가는 인간에게는 필수불가결한 요소로 인류가 언어나 문자를 사용하기 전부터 함께해 왔다. 'communication'은 '상호 공통점을 나누어 갖는다.'라는 의미를 지닌 라틴어 'communis'에서 유래하였으며, 두 사람 이상의 사람들 사이에서 서로의 생각과 느낌을 나누고, 감정이나 의견을 교환하는 상호작용을 의미한다. 즉, [그림 11-1]과 같이 말하는 사람은 전달 매체를 통해 듣는 사람에게 자신의 생각이나 감정을 전달하고 들은 사람은 이에 대해 반응하게 되는 과정을 말한다. 의사소통을 잘한다는 것은 말하는 정보를 정확히 잘 전달하며, 듣는 사람이 말하는 사람의 말을 정확히 이해하는 것을 의미한다.

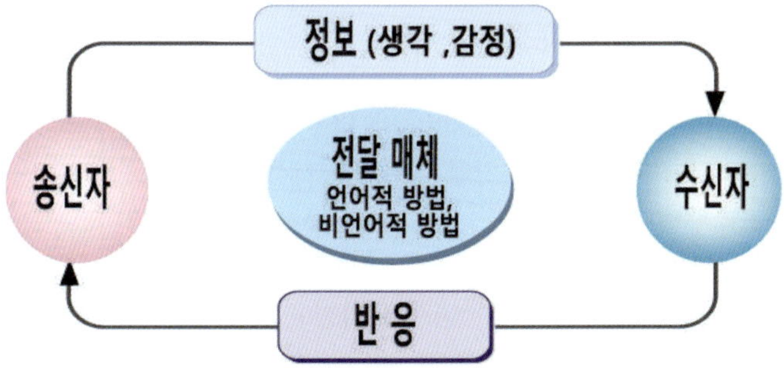

[그림 11-1] 의사소통

2) 의사소통의 중요성

조직은 공동목표를 달성하기 위해 수많은 구성원들이 효과적으로 상호작용하는 유기체(有機體)라고 할 수 있다. 조직 내에서 의사소통이 부실할 경우, 즉 의도한 메시지가 제대로 전달되지 않거나 오해가 발생할 경우 조직 내 갈등을 일으켜 공동목표를 제대로 달성할 수 없는 비효율적인 조직으로 전락할 수밖에 없게 된다. 반면, 의사소통이 제대로 이루어질 경우 서로의 생각과 감정을 교환하면서 서로를 이해하고 관계를 원만히 유지할 수 있으며 조직 구성원 간의 결속력도 높여 준다. 즉, 정보의 정확한 전달과 활발한 교류에 의하여 조직 구성원은 합리적 협동행위를 함으로써 궁극적으로 원하는 목표에 쉽게 접근할 수 있다. 그러나 현대사회에 커뮤니케이션을 위한 기술과 장비가 대단히 발전했음에도 불구하고 조직이 커지고 조직을 둘러싼 환경변화가 극심해짐에 따라 오히려 소통은 더욱 어려워지고 있는데 이로 인해 커뮤니케이션의 중요성은 더욱 커지고 있는 실정이다. 따라서 리더는 커뮤니케이션 원활화를 위한 분위기를 조성하고 다양한 커뮤니케이션 채널을 개발해야 한다. 경영의 대가인 피터 드러커는 “기업에서 발생하는 문제의 60% 정도는 잘못된 커뮤니케이션에서 비롯된다.”면서 리더들이 커뮤니케이션에 보다 많은 주의를 기울여야 한다고 강조하였으며, 전 마이크로소프트 회장, 빌 게이츠(Bill Gates)는 “앞으로 기업의 성패는 커뮤니케이션 갈등을 얼마나 줄이느냐에 달려 있다.”고 하였다.

> **사례** **행복한 가정의 의사소통**
>
> 한 마을에 가까이 살고 있으면서도 너무나 다르게 살아가는 두 가족이 있었다. 한 집은 가족끼리 서로 의지하며 행복하게 살아가는 데 반해, 다른 한 집은 하루가 멀다 하고 아옹다옹 다투며 살고 있었다. 늘 다투기만 하다가 하루는 이대로는 안되겠다고 생각했던지 그 비결을 알기 위해 행복한 집을 방문했다. "우리는 가족끼리 하루가 멀다 하고 다투는데 어떻게 하면 화목하고 명랑한 가정이 될 수 있나요?"라고 묻자, "글쎄요. 특별한 비결 같은 것은 없는데요."라고 대답하였다. 마침 행복한 가정의 딸이 방문한 손님들을 대접하기 위해 차를 내오다가 그만 접시를 깨뜨리고 말았다. "어머, 죄송해요. 제가 조심하지 못해서 일어났어요."라고 딸이 말했다. 옆에서 지켜보고 있던 엄마가 유리 조각을 주워 담으며 말했다. "아니란다. 이 엄마가 하필이면 그런 곳에 접시를 둔 탓이지." 그 말을 들은 아버지가 말했다. "아니오. 내가 아까 그곳에 있으면 위험하다고 생각해서 치우려고 했는데 그만 깜빡 잊어버렸소. 미안하오." 늘 다투는 집의 가족들은 그들의 대화를 듣고는 뭔가 깨달은 듯이 고개를 끄덕이며 조용히 일어났다. "정말 행복은 가까이 있었군요. 이제야 우리가 무엇을 바꿔야 하는지 알게 되었습니다. 감사합니다."(출처: 아버지의 술잔에는 눈물이 절반이다.)

3) 의사소통의 채널과 특성

[그림 11-2]는 의사소통의 채널과 특성을 보여 주고 있다. 의사소통 채널은 홈페이지나 게시판 공지, SNS나 이메일, 전화나 화상회의, 면대면 대화 등으로 나누는데 오른쪽으로 갈수록 의사소통의 쌍방향성, 집중도 및 정확도 향상 등의 이유로 의사소통의 충실도는 높아지게 된다. 반면, 많은 사람이 지정된 시간에 지정된 장소에 모여야 하므로 소요 시간과 비용은 늘어난다. 그러므로 간단하고 중요하지 않은 사안일 경우 비용이 적게 소요되는 왼쪽 채널을, 복잡하고 중요하거나 예의를 차려야 할 경우에는 비용이 들더라도 오른쪽 채널을 택하는 게 좋다.

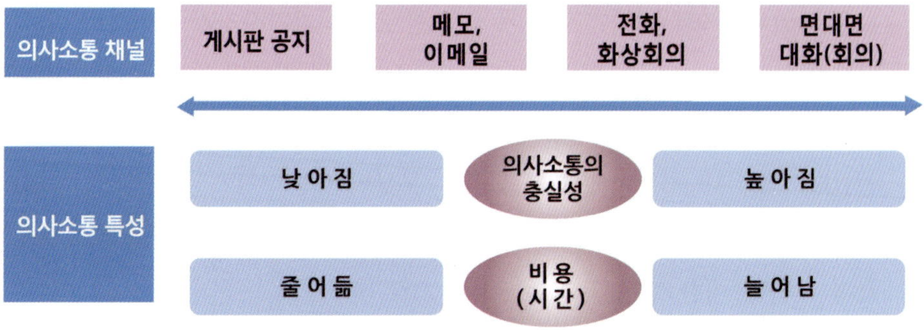

[그림 11-2] 의사소통 채널의 종류와 특성

2. 의사소통의 유형

1) 공식적 의사소통과 비공식적 의사소통(〈표 11-1〉)

〈표 11-1〉 공식적 및 비공적 의사소통 비교

공식적 의사소통	비공식적 의사소통
• 계획적 · 의도적 • 공표됨 • 일상적인 일에 관련됨 • 업무지향적 • 경영자 중심	• 자발적 · 무의식적 • 공표되지 않음 • 비일상적인 일에 관련됨 • 인간지향적 • 종업원 중심

의사소통은 공식적 의사소통과 비공식적 의사소통으로 구분된다.

① 공식적 의사소통(formal communication): 공식적 의사소통은 업무보고, 지시, 결재 등과 같이 공적인 권한의 계층을 따라 소통하는 것을 말한다. 전달자와 피전달자 간에 책임관계가 명확하고 의사소통이 확실한 장점이 있는 반면, 융통성이 없는 단점이 존재한다.

② 비공식적 의사소통(informal communication): 비공식적 의사소통이란 휴식시간의 대화, 사적인 대화 등 비공식적인 인간관계에 의한 의사소통을 말한다. 이

것은 은밀하게 이루어지기 때문에 그 소통현상을 파악하기가 곤란하다. 공식적 의사전달체계가 제공해 주지 못하는 유익한 정보를 전달해 주는 장점이 있는 반면, 사실이 왜곡되고 과장되기 쉬우며 공식적인 권위관계를 파괴하는 단점도 존재한다. 조직 내 커뮤니케이션 중 많은 부분이 비공식적으로 이루어지는데 한 조사에 의하면 특정 사안에 대해 종업원의 75%가 비공식 소문을 통해 처음으로 특정 사안에 대한 정보를 입수하는 것으로 나타났다.

공식적인 커뮤니케이션에만 의존하는 리더는 진정한 리더라 할 수 없다. 비공식적 커뮤니케이션을 배척하거나 무시하지 말고 잘 활용한다면 조직성과 극대화에 많은 도움을 받을 수 있을 것이다.

2) 언어적 의사소통과 비언어적 의사소통

어떠한 형태의 의사소통이건 언어적, 비언어적 요소가 혼합되어 있다. 다만 상황에 따라 그 비율이 달라지게 된다.

① **언어적 의사소통**: 대화, 연설, 발표 등 말로 하는 의사소통과 편지, 메일, 문자, SNS, 메모 등 문서에 의한 의사소통을 말한다.

② **비언어적 의사소통**: 눈짓, 몸짓, 웃음, 말의 속도, 목소리의 높고 낮음, 입술의 경련, 얼굴의 붉어짐, 그리고 눈물 등 언어가 아닌 의사소통의 통칭을 의미한다. 복잡, 미묘한 감정이나 태도 전달에 용이하므로 언어적 의사소통 과정의 이해도를 높이는 데 도움을 준다.

심화학습 **메라비언 법칙**(The Law of Mehrabian)

메라비언 법칙은 커뮤니케이션 효과의 비중에서 시각적 이미지(외모, 표정, 태도, 복장, 머리 모양 등), 즉 바디 랭귀지(body language)는 55%, 목소리(높고 낮음, 부드러움과 거침 등)는 38%로 높은 반면, 말의 내용은 7%에 불과하다는 법칙이다. 다시 말해, 언어적 요소(7%)보다 비언어적 요소(93%)가 훨씬 더 중요하므로 효과적인 커뮤니케이션을 위해서는 비언어적 요소를 잘 활용해야 함을 의미한다([그림 11-3]).

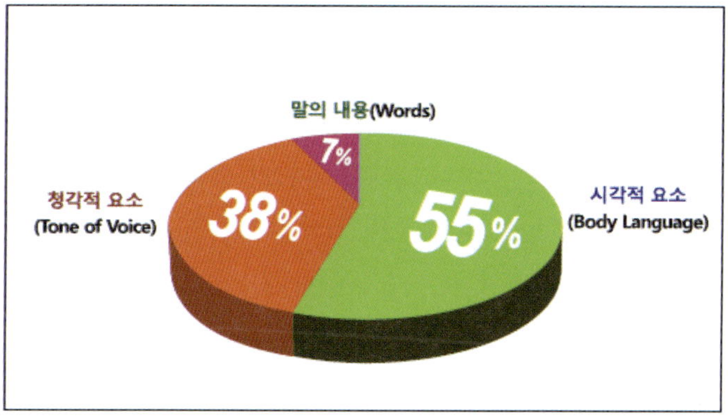

[그림 11-3] 메라비언 법칙

매라비언 법칙에서 시사하는 바와 같이 비언어적 의사소통은 의사소통에 매우 중요한 요소이지만 해석이 애매한 경우가 많아 오해를 일으키기 쉽다. 포옹하기나 머리 쓰다듬기, 따뜻한 사랑의 미소 보내기 등의 우호적인 표현은 관계 개선을 위해 꼭 필요한 것이지만 잘못 사용하면 큰 낭패를 볼 수 있다.

3. 의사소통의 장애요인

커뮤니케이션 과정 중 의도한 정보가 제대로 전달되지 않거나 왜곡, 오해 등의 문제가 발생하여 커뮤니케이션 장애를 일으킬 수 있다.

1) 일반적 장애요인

① 해당 사안에 대한 선입견이 있을 때나 누구에게 나쁜 감정을 품고 있을 때 의사 전달에 문제를 일으키게 된다.

② 사람들은 자신이 듣고자 하는 내용만 받아들이고 그렇지 않은 정보는 무시하는 경향을 가지고 있다. 즉, 자신의 의사와 일치되는 정보에만 선택적으로 주의를 기울이기 때문에 중요한 정보를 놓치게 되는 경우가 있다.

③ 상대방의 정서 상태나 능력 등을 고려하지 않고 각자가 원하는 것을 명령하거나 강요하고, 훈계하듯 말하게 되면 의사소통이 단절되기 쉽다. 따라서 상대방이 불쾌한 감정을 느끼지 않는 범위 내에서 자신의 생각을 전달하는 것이 중요하다.

④ 엄격한 계층제에 의한 신분상의 간격, 고도의 전문화에 의한 분야상의 간격, 장소 분산에 의한 공간적 간격 등이 의사소통에 장애가 될 수 있다. 또한, 과다한 업무량이라든가 비밀유지를 특별히 필요로 하는 업무인 경우에도 마찬가지이다.

⑤ 다언어를 사용하는 다민족 국가의 경우는 물론, 은어라든가 전문용어, 방언 등이 장애요소가 될 수 있다.

2) 계층별 장애요인

① **하향적 의사소통 저해 요인:** 상급자가 충분한 설명 없이 권위적이고 독단적으로 일방적으로 지시, 명령할 경우, 하급자는 심리적 위압감을 느껴 지시 내용을 정확히 인지할 수 없을 수 있다.

② **상향적 의사소통 저해 요인:** 상급자의 태도, 하급자의 성격이나 성향, 조직 내 존재하는 심리적 장벽이 상향적 의사소통을 가로막는 경우가 있다. 특히 상급자가 하급자의 말을 적극적으로 경청하지 않는 경우에 더욱 그러하다.

③ **수평적 의사소통 저해 요인:** 동료 간, 부서 간, 사업 부문 간 이기주의적(상호

경쟁적) 사고방식, 불신을 유발하는 조직 분위기 등은 수평적 의사소통을 저해하는 주요 요인이 된다.

4. 의사소통 과정에서 발생되는 장애 극복 방법

1) 의사소통 기본 원칙

우리는 제9장에서 인간관계 향상을 위한 대화법을 살펴보았다. 그러나 직장에서는 '인간적인 관계 맺기 커뮤니케이션'만 가지고는 부족하다. 직장은 목표를 달성하기 위해 효율성을 우선으로 삼는 조직이기 때문에 다음과 같이 다소 비인간적이지만 지켜져야 할 기본 원칙들이 있다.

① **간단명료(簡單明瞭)한 표현**: 말을 장황하게 하면, 듣는 사람은 피곤하다. 도대체 뭘 해 줘야 할지 모르게 될 때도 많다. 어떤 사람은 자기가 많이 알고 있다는 걸 과시하려 장황하게 말한다. 상대방이 정말 잘 알아듣는지 불안해서 그런 이들도 있다. 이렇게 되면 제대로 된 의사소통이 불가능해진다. 의사를 간단명료하게 표현하려면 먼저 전달하고자 하는 사안의 핵심을 파악한 후 이를 명쾌하게 전달할 수 있도록 가능한 짧은 문장으로 미리 잘 요약해야 한다.

② **결론부터 표현**: 대화 시 내가 무엇을 원하는지, 어떤 얘기를 전하고자 하는 지가 가장 먼저 나와야 한다. 누구도 구구절절 늘어놓는 서론에 긍정적인 태도로 기다려 주지 않는다. 서론이 너무 길면 상대는 지루해지고 집중력도 떨어질 뿐 아니라, 이를 다 들어줄 만큼 한가한 사람은 거의 없기 때문이다. 그렇다고 만나자마자 본론부터 꺼내라는 것이 아니다. 인사말을 통해 부드러운 분위기를 먼저 조성하는 것이 필요하다. 그러나 일단 전달하고자 하는 본론에 들어가면 결론부터 꺼내는 것이 좋다.

③ **육하원칙(六何原則: who, when, where, what, how, why)에 의거한 구체적 표현**: 애매한 표현은 의사소통의 최대 장애물이다. 특정한 업무를 지시하거나

요청할 때는 가능한 육하원칙에 의거하여 구체적으로 해야 한다. 듣는 사람도 그냥 상대가 말하는 대로 듣고만 있어서는 안 된다. 육하원칙을 기준으로 빠진 것이 있는지, 모호한 것이 있는지 확인하는 것이 바람직하다.

④ **기록하기:** 인간의 기억력에는 한계가 있으므로 업무를 받는 입장에 있는 사람은 이를 기록하는 것이 좋다. 내용을 받아 적다 보면 그냥 듣고 있는 것보다 정리도 잘 되고 그것을 바탕으로 추가 질문을 할 수도 있어 좋다. 요즘은 스마트 기기도 잘 나오니 쓰기가 좀 그런 자리라면 녹음을 하거나 사진을 찍는 것도 나쁘지 않다. 업무를 전달하는 입장도 마찬가지이다. 보다 체계적으로 이해성을 높이려면 말할 내용을 미리 글로 정리해 보는 게 좋다.

⑤ **경청과 자기 개방:** 경청의 사전적 의미는 '주의를 기울여 열심히 듣는 것'이다. 즉, 어떤 선입견이나 판단, 분석을 내려놓고 중간에 상대의 말을 끊지 않으면서 상대가 하는 이야기에 온몸으로 귀 기울여야 한다. 대화의 기술이 좋은 사람은 화려한 말기술보다 상대방의 말을 잘 경청하면서 적절한 질문을 던져 상대방이 하고 싶은 얘기를 더 잘할 수 있도록 도와준다. 제대로 된 소통을 위해서는 경청만 가지고는 부족하다. 자기 개방도 필요하다. 적절히 자기를 드러내면 상대방이 경계심을 풀게 되어 자연스럽게 대화를 촉진시킬 수 있다.

2) 의사소통을 위한 리더의 책무

효과적인 의사소통을 위해 본인이 기본 원칙을 지키는 것도 중요하지만 조직과 리더 측면에서 이를 촉진시킬 수 있는 적극적인 지원도 필요하다.

① **자유로운 소통문화 정착과 권위주의 분위기 쇄신:** 자유스럽게 의사표시를 할 수 있는 분위기를 조성해야 한다. 특히, 하급자들이 상급자들에게 접근하기 용이한 문호 개방정책을 실시한다. 그러기 위해서는 조직 내 상급자의 권위주의를 최소화한 상태에서 쌍방향 의사소통이 이루어져야 한다.

② **다양한 의사소통 통로(채널) 개발과 의사소통 체계의 확립:** 언제 누구든 접근할

수 있도록 가능한 많은 의사소통 통로가 구축되어야 한다. 의사소통 통로는 공식적으로 명시되고 명확하게 모든 구성원들에게 알려져야 한다. 또한, 모든 의사소통 통로는 막힘없이 항상 열려 있어야 한다.

사례 IBM의 4대 의사소통 통로(채널)

〈IBM 로고와 IBM사〉

세계적인 초우량기업으로 무노조전략을 취하고 있는 IBM이 노조의 필요성을 느끼질 못할 정도로 노사 간에 협조적인 관계를 유지해 올 수 있었던 4대 커뮤니케이션 시스템을 소개한다. 이 시스템의 핵심은 쌍방향(two way)이다.

1) 스피크 업(Speak up) 제도: 종업원들은 업무를 수행하는 과정에서 의문이나 해결하지 못하는 불만사항이 생기면 스피크 업 함에 적어 넣으면 된다. 이름을 적을 수도 있고 익명으로 할 수도 있는데 전자의 경우에는 본인에게 그 결과를 알려준다.
2) 오픈도어(Open Door) 시스템: IBM은 "사장실은 항상 열려 있다"고 말한다. 스피크 업 제도로 개선되지 않은 사항이 있다면 언제든 사장이나 중역을 만날 수 있다.
3) 중역인터뷰(Executive Interview): 대부분의 구성원들은 본인의 직속 상관과는 대화가 가능하나 보다 큰 영향력을 행사할 수 있는 중역들을 만나기는 매우 힘이 든다. IBM은 1년에 한 번 정기적으로 중역 주관으로 면담을 할 수 있게 하여 커뮤니케이션 문제를 해결한다.
4) 종업원 의견조사(Employee Opinion Survey): 이 외에도 IBM은 매년 종업원 전체의 의견조사를 통해 종업원들의 애로사항을 경청하고 이를 해결해 준다(출처: 김태열, 이덕로, 2014).

③ **계층적, 공간적 거리 축소:** 상대방과의 거리를 가깝게 하고 단순하게 해 준다면 커뮤니케이션 효과를 높일 수 있다. 그러기 위해서는 계층을 축소하여 상하 간의 커뮤니케이션 단계를 줄이고, 정보 시스템을 활용하여 수많은 조직들과 구성원들 간을 하나로 통합하여야 한다.

사례 세종대왕과 정조대왕의 소통 정치

〈세종대왕〉

〈정조대왕〉

조선왕조에서 대왕과 성군이라고 부를 만한 왕은 조선 전기를 이끌었던 세종대왕과 후기를 이끌었던 정조대왕이다. 두 대왕이 그 많은 업적을 이룩하게 한 원동력은 무엇일까? 두 분의 업적과 역할은 달랐지만 한 가지 공통적인 특성은 신하와 백성들과 꾸준히 시행한 소통의 리더십이라 할 수 있다.

1. 세종대왕(1397~1450)

1) 주요이력

세종은 1397년에 태종 이방원의 셋째 아들로 태어났다. 어려서부터 눈병이 날 정도로 독서와 공부에 열중했고, 그런 습관은 임금이 된 후에도 계속되었다. 그의 성실함과 높은 학문, 백성에 대한 깊은 애정 덕분에 수많은 업적이 만들어졌다. 세종은 학문 연구기관인 집현전을 통해 유교정치의 기반이 되는 의례와 제도를 정비하였다. 1446년에 만든 훈민정음은 가장 훌륭한 문화유산으로 꼽히고 있다. 활자와 인쇄기가 만들어졌고,

천문기구, 물시계, 해시계를 만들었으며, 농사의 기본이 되는 천문연구를 발전시켰다. 백성들의 생활향상을 위해 농사법 개량에 힘썼으며, 아악을 정비하였다. 화기의 개발과 병서의 간행 등에 힘을 기울였으며 왜구의 본거지인 쓰시마를 정벌하고 압록강 유역에는 4군을 설치해 두만강과 압록강 남쪽 지역을 조선의 영토로 삼았다. 우리 역사상 가장 위대한 임금이었으나, 태어날 때부터 몸이 약했던 세종은 쉰세 살이 되던 해인 1450년에 세상을 떠났다(네이버 지식백과).

2) 세종대왕의 소통 리더십

① 경청과 토론을 통한 소통의 장 활용: 세종이 주관한 연회석상에서 있었던 일이다. 세종의 면전에서 참찬 김점과 예조판서 허조는 임금의 도리에 대해 오랫동안 설전을 벌였다. 주제로만 본다면 불경스럽기 짝이 없는 노릇이었다. 그렇지만 세종은 두 신하가 왕은 이래야 한다, 저래야 한다고 서로 치받는 상황에서 일체 말을 섞지 않고 끝까지 경청했다. 자신의 주장이 강한 사람일수록 하고 싶은 말을 참는 인내가 필요하다. 조직에서 토론이 잘 이루어지지 않는 이유 중에서 리더가 말을 독점하는 것이 원인일 때가 적지 않다. 그러다 보니 좋은 아이디어를 내기도 힘들고, 의견을 냈다가 무참하게 깨진 경험을 가진 사람이라면 아예 입을 닫아 버리는 게 낫다고 생각한다. 세종은 신하들에게 많은 발언기회를 주었으며, 국사를 결정하는 과정에서도 일방통행을 하지 않고 비판과 토론을 거친 후 결론에 이르기를 원했다.

② 'Yes, but' 화법을 통한 설득력 제고: 세종대왕의 소통 방식은 독특한 화법에서 잘 나타난다고 한다. 대개 자신과 다른 의견을 말하거나 반대하는 신하를 엄하게 내치지 않고 일단은 '그 뜻이 좋다'고 수용(Yes)한 후 자신의 다른 의견(but)을 설명하는 방식이었다. 그때도 언성을 높이거나 화를 내지 않고 예리하게 상대의 논리를 파고들면서 설득을 했다. 바로 소통의 본질을 보여 주는 모습이다. 상대방의 말을 잘 들어주고 나서 자신의 의견을 말하면 상대방도 일단은 듣게 되어 있다. 그래야 감정이 상하지 않고도 대화가 가능한 것이다.

③ 소통 채널의 다양화: 정책을 시행하면서 합리적인 결론을 얻기 위해 시사, 경연, 윤대 등, 다양한 채널을 적절히 활용하였다. 시사(視事)는 왕이 정부의 핵심 부서로부터 보고를 받고 결재하는 일이었는데 이를 통해 승지 등 측근과 협의하고 세세한 내용까지 직접 지시할 수 있었다. 경연(經筵)에서는 신하들과 정책 결정에 적용할 원리와 선례를 연구하였으며, 윤대(輪對)를 통해서는 하급관리들로부터 실무에 관한 보고를 들을 수 있었다. 이러한 소통과 의견 수렴은 지방의 촌민에 이르기까지 다양하게 이루어졌다.

④ 끝까지 토론하며 지혜를 모으는 '공론화' 과정: 가능하면 다양하게 사람들의 의견을 듣고 수용하였던 세종의 면모는 세종 15년(1433) 파저강 야인의 토벌전의 경우에서 잘 나타난다. 조선에서는 당시 수개월에 걸쳐 파저강 유역에 거주하는 여진인을 정벌할 것인가에 여부를 놓고 논의를 거듭하게 된다. 당시 여진족은 압록강 상류 및 두만강 일대에 산재해 있으면서 조선과 갈등이 고조되어 있는 상황이었다. 이에 대한 논의는 세종 14년(1432) 12월부터 이듬해 2월까지 약 3개월간 진행되었다. 당시 세종은 조정 내의 충분한 논의와 지지를 바탕으로 파저강 야인 정벌을 실시하고자 하였다. 그리고 조정의 토론 과정에서 집단적 지혜를 모아 정책의 실패 가능성을 최소화했다.

(출처: 세종대왕 소통 리더십, http://chulsoosaid.tistory.com)

2. 정조대왕(1752~1800)

1) 주요이력

정조는 영조(英祖)의 손자로 1752년 사도세자와 혜경궁(惠慶宮) 홍씨 사이에서 태어났다. 1759년 세손으로 책봉되었고, 같은 해 아버지 사도세자가 뒤주에 갇혀 죽자, 영조는 세손(世孫)을 요절한 장남 효장세자(孝章世子)의 맏아들로 입적시킴으로써 '죄인의 아들'이라는 굴레를 벗겨 주고자 하였다. 이후 정조는 정적(政敵)들의 제거 위협에 시달리며 험난한 동궁(東宮) 시절을 보내야 했다. 이런 불안한 상황을 딛고, 영조가 승하(昇遐)하자 그 뒤를 이어 조선의 제22대 국왕이 되었다. 정조는 영조의 탕평책을 계승하여 당파간의 다툼을 타파하고자 하였다. 1794년에는 수원 화성(華城)을 2년 만에 완공하였다. 이와 동시에 화성을 한양을 대체할 새로운 중심지로 육성함으로써 기득권 세력을 약화시키겠다는 정치적 구상을 가지고 있었으나, 뜻을 이루지 못한 채 1800년 49세의 나이로 승하하였다. 정조의 죽음에 대한 몇 가지 석연찮은 점과 정치적 논란 때문에 심환지(노론의 수장)와 정순왕후(정조의 계조모)의 주도로 정조가 암살되었다는 암살론이 제기되었으나 확실하지는 않다.

2) 정조의 소통 리더십

① 반대파도 포용하는 소통 리더십: 정조는 반대당파인 노론 인물을 기용하여 포용하는 소통정치를 했다. 노론은 정조의 아버지인 사도세자를 죽게 만드는 데 일조하였으며, 정조가 즉위하면 자신들이 위험해질까 두려워 정조 등극을 반대했을 뿐 아니라 즉위해서는 정조를 여러 번 암살까지 시도한 것으로 추측되는 당이다. 그러나 그는 즉위 후 노론에서 많은 관리를 등용했다. 그중 백미는 벼슬에서 물

러나 있던 노론의 수장 심환지를 복귀시킨 일이었다. 정조의 측근들은 심환지의 복귀는 노론의 구심점이 조정에 뿌리를 내리는 결과를 초래할 것이라고 반대했지만 정조는 듣지 않았다. 예상대로 심환지는 타협 없는 성품으로 정조를 괴롭혔다. 정조의 의견에 주저 없이 반대론을 펼쳤으며 정조가 굽히지 않으면 침묵시위를 할 정도로 왕과의 대립을 서슴지 않았다. 그러나 그는 그를 내치지 않고 정치 동반자로 대우했는데 2009년에 발견된『정조어찰첩(正祖御札帖)』에서 그 사실을 확인할 수 있다. 이 어찰(임금의 편지)집은 약 4년 동안 정조가 심환지에게 보낸 297건을 모은 것으로 다양한 분야에 걸쳐 심환지의 협조를 요청하는 내용들이 포함되어 있었는데, 왕이 신하에게 보낸 편지가 맞는지 의심될 정도로 파격적인 내용이 담겨 있었다. 이 편지들은 정조가 자신의 암살을 시도한 인물일지도 모르는 심환지를 정치적 파트너로 인정하고 정치적 사안에 대해 조율해 왔다는 것을 증명하고 있다.

② 최하 백성층까지 소통하는 리더십: 상언과 격쟁[1] 제도를 적극 시행하였다. 조선시대 정치에 있어서 소통의 주체는 왕과 신하였으며, 왕은 전교(傳敎)를 내리고 신하는 상소(上訴)를 올림으로써 정치가 이루어졌다. 임금과 고위 관리만의 한정된 소통으로 일반 백성들의 의견은 묵살되는 형태였다. 정조는 백성들까지도 소통의 대상으로 삼고 그들의 의견을 듣기 위해 노력하였다. 재위기간 중 총 66차례의 능행(陵幸)길에 백성들과 직접 접촉하여 그들의 고충을 듣고 해결해 주었다. 글을 아는 백성들은 상언(上言)을 올리고, 글을 모르는 백성들은 격쟁(擊錚)을 하라고 허락한 것이다. 능행 도중 접수된 상언과 격쟁이 총 3,355건에 달했다는 통계자료에서 정조의 강렬한 대민(對民) 소통 의지를 엿볼 수 있다. 이렇듯 임금에게 민원을 호소할 수 있는 기회가 보장된 정조의 행차는 백성들에게는 축제와도 같았다. 정조는 아무리 늦게 궁궐에 도착하더라도 격쟁과 상언을 가지고 오라고 하여 그것을 먼저 처리하고 잠자리에 들었다.

---

1) **상언과 격쟁**: 조선시대 관원과 유생이 국왕에게 올리는 '상소(上疏)'와 대비되는 것으로 관원이 아니라 사인(私人)이 올리는 것을 '상언(上言)'이라 한다. 격쟁은 억울하고 원통한 일을 당한 사람이 국왕이 거동하는 때를 포착하여 징, 꽹과리, 북 등을 쳐서 이목을 집중시킨 다음 자신의 사연을 국왕에게 직접 호소하는 행위를 말한다.

토론

세종과 정조의 소통 리더십과 현대 지도자들의 소통 리더십을 비교해 보자.

"갈등이 생겼을 때 그 관계를 망치는가 아니면 더 깊은 관계로 발전하는가 하는 것은 전적으로 그 사람의 태도에 달려 있다."

– 윌리엄 제임스(William James)

2절 갈등관리

1. 갈등의 정의

갈등[2]의 영문 표현 'conflict'는 라틴어의 'confligere(상대가 서로 맞선다)'를 어원으로 하며, "개인이나 집단 사이에 목표나 이해관계가 달라 서로 대립하거나 충돌하는 상태"를 말한다. 갈등이 조직에 미치는 영향은 매우 크므로 이를 잘 관리하지 않으면 조직목표 달성이 어려워진다.

2) **갈등(葛藤)의 유래**: 갈(葛)은 칡을, 등(藤)은 등나무를 뜻한다. 등나무의 줄기는 시계가 돌아가는 쪽으로 감싸며 올라가고, 칡은 시계가 돌아가는 반대쪽으로 감싸며 올라간다. 따라서 두 식물은 아무리 길게 뻗어가도 화합하여 만날 수가 없다. '갈등'이란 어원은 이와 같은 두 나무의 줄기 모습에서 비롯되었다.

심화학습 우리나라 갈등 수준

2021년 1월, 한국 사회갈등 해소센터와 한국리서치가 공동으로 실시한 '2020 한국인의 공공갈등 의식조사'에 따르면 국민 10명 중 9명은 우리 사회의 갈등 수준이 심각하다고 인식했고, 10명 중 6명은 문재인 정부 출범 이후 집단 간 갈등이 '늘었다'고 봤다. 갈등이 늘었다고 생각한 가장 큰 이유로는 '정부의 일방적 정책 및 사업 추진 때문(44.8%)'이 1위였으며 갈등이 심각한 집단으로는 '진보와 보수'(85.1%)를 가장 많이 꼽았다. '정규직 · 비정규직 갈등이 심각하다'는 응답은 79.7%로 나타났다. 이강원 한국 사회갈등해소센터장은 "노(勞) · 노(勞) 갈등이 심각하다는 것은 정책을 둘러싼 집단 간 갈등은 점차 증가하고 있는데 정부의 갈등 조정 노력이 보이지 않기 때문"이라고 분석했다. '남성과 여성' 갈등이 심각하다는 응답(45.9%)도 4년 만에 증가세로 돌아섰다. 특히 20대(66.9%)와 여성(48.2%) 층에서 부정적 인식이 상대적으로 컸다(출처: 한국일보, 2021.01.18.).

그렇다면 우리나라의 사회갈등의 정도를 외국과 비교해 보면 어떨까? 한국사회는 일제 식민지를 거쳐 6.25 전쟁 후, 서구사회가 150년 만에 이룬 경제발전을 단 30년 만에 끝내면서 세계가 놀란 경이로운 '한강의 기적'을 이루어 세계 11위권의 경제 강국이 됐다. 하지만, 70년 동안 내부적으로 깊게 누적된 정치갈등과 지역갈등, 이념갈등, 계급갈등 등이 심각한 '초갈등 사회'가 되었다. 우리나라의 갈등지수는 0.71로 OECD 평균인 0.44를 한참 상회하고 있으며, OECD 34개국 중 4번째로 사회갈등이 심한 국가이다. 삼성경제연구소에 의하면, 우리나라의 갈등 수준이 OECD 평균 갈등지수인 0.44로 완화될 경우, 1인당 GDP는 27% 증가할 것으로 분석됐다. 우리 사회의 갈등 비용은 최대 246조 원에 달한다고 추정되는데, 단순하게 계산하자면, 개인들이 매년 약 1,000만 원을 사회갈등 비용으로 쓰고 있다는 것이다. 이처럼 사회갈등이 많고, 그래서 많은 비용을 치루는 것은 기본적으로 사회 구성원들 간의 신뢰지수가 낮고 통합과 갈등조정 능력이 떨어지기 때문이다.

(출처: http://www.pressian.com)

2. 갈등의 기능

과거에는 조직 내에서 일어나는 갈등을 해로운 역기능으로만 작용하는 것으로 생각했었으나 근래에 와서는 갈등이 어떻게 관리되느냐에 따라서 조직에 유익한 측면도 있다는 주장이 제기되고 있다.

1) 갈등의 역기능

갈등은 조직에 해로운 것이므로 그것의 원인 규명과 해결 방안을 찾아야 한다는 입장이다.

① 갈등은 조직의 안정성, 조화성, 통일성을 깨트려 부정적 조직 분위기를 조성한다.
② 갈등은 집단적 세력을 믿고 위계질서(位階秩序)를 파괴할 수 있다.
③ 갈등은 목표달성에 필요한 시간과 자원을 낭비한다.

2) 갈등의 순기능

어느 정도의 갈등은 집단 활동의 유지 발전을 위해 필요하다는 입장이다. 이때 갈등이 합리적으로 해결되면 쇄신이나 발전과 재통합의 기회가 온다.

① 어떤 사안에 대해 각자 제시한 대안을 놓고 토론 과정에서 생겨나는 갈등은 건설적인 갈등이라고 말할 수 있다. 이러한 갈등은 오히려 조직 발전을 촉진시켜 주는 원동력이 될 수 있다.
② 갈등은 조직 구성원들로 하여금 선의(善意)의 경쟁을 하도록 함으로써 정체된 사고방식에서 탈피하게 하고 조직의 활성화를 촉진케 한다.
③ 조직 내에 갈등이 생긴다는 것은 곧 조직 내에 문제점이 있다는 신호이다. 이때 관리자는 그 갈등과 관련된 문제 부분을 진단하여 조직의 혁신을 기할 수 있게 된다.

④ 갈등을 해소시키는 과정에서 서로를 더 깊이 이해하게 되고 다양한 갈등을 대처하는 능력을 기르게 된다.

3) 갈등수준에 대한 관점

[그림 11-4]는 갈등의 정도가 높을 경우는 물론이고 너무 낮을 때에도 문제가 발생하며 적정한 수준일 때 가장 바람직함을 보여 주고 있다. 3개 영역에 대한 특징을 살펴보자.

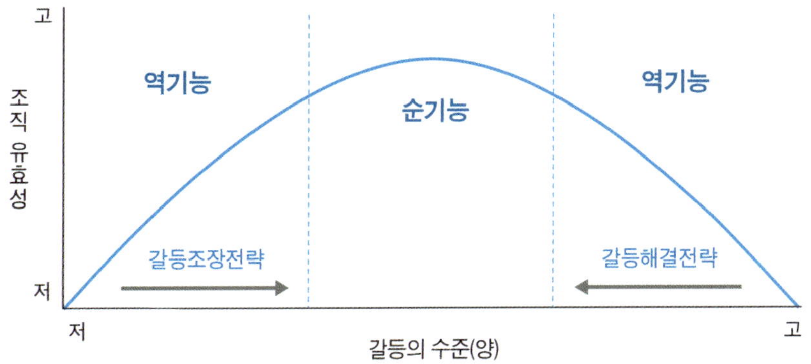

[그림 11-4] 갈등의 정도에 따른 조직 성과

① 갈등이 너무 적을 경우: 무사안일에 빠지기 쉬우며 냉담하고 침체적이어서 변화에 대응하지 못하며 창의성이 실종된다. 그러므로 오히려 갈등을 조장하는 전략을 써야 한다.

② 갈등이 적당할 경우: 생동적이고 변화에 적절하게 대응해 창조적인 활동을 하게 될 뿐 아니라 자신에 대한 비판적인 사고를 가지고 있어 조직발전에 크게 기여하게 된다.

③ 갈등이 너무 클 경우: 혼란과 분열이 생기고 조직에 투쟁을 일삼으며 비협조적이므로 조직 분위기 일신을 위해 갈등 해소전략을 써야 한다.

3. 갈등의 유형

일반적으로 갈등의 유형은 갈등 분야에 따라 또는 이용 목적에 따라 다양하게 구분할 수 있다.

1) 개인 간 갈등(interpersonal conflict)

두 개인이 동일한 문제에 대해 상충되는 견해를 드러낼 경우에 발생한다. 예를 들어, 같은 학년에 수학을 담당하고 있는 두 명의 교사가 평가에 관점이나 배점에 대하여 서로 다른 의견을 가지고 있을 경우에 갈등이 생긴다.

2) 집단 간 갈등(intergroup conflict)

두 집단이 동일한 문제에 대해 상충되는 의견을 드러낼 경우에 발생한다.

① **계층적 갈등**(hierarchical conflicts): 조직의 상하계층 간에서 발생되는 갈등이다. 이러한 갈등은 권한의 행사과정에서 나타나기도 하고 보상과 관련되어 유발되기도 한다.

② **기능적 갈등**(functional conflicts): 각각 다른 기능을 수행하는 부문 간에서 발생되는 갈등이다. 기능 간 갈등은 상호 의존관계에 있는 부서가 자신의 부서목표 달성이 다른 부서에 의해 방해받는다고 지각될 때 발생한다. 예로, 생산 부문과 마케팅 부문 간의 갈등, 라인과 스텝 간의 갈등이 있다.

③ **경쟁적 갈등**(competive conflicts): 한 조직 내에서 여러 집단이 유사한 기능을 가질 때에 발생한다. 예로, 기업에서 특정고객에 대하여 영업1부와 영업2부가 동시에 판매활동을 벌이게 될 경우 이러한 갈등이 일어나게 된다.

4. 갈등관리

갈등관리란 갈등이 긍정적인 효과를 발휘하도록 하는 행동을 말하는데 크게 두 가지로 나누어볼 수 있다. 하나는 갈등이 너무 심해서 문제를 해결해야 하는 문제이고, 다른 하나는 갈등수준이 너무 낮아서 갈등을 순기능 수준까지 끌어올려야 하는 문제이다.

1) 토마스의 갈등 해소 전략

[그림 11-5]는 토마스가 제시한 갈등 대응 유형으로, X축에는 상대의 주장을 받아들이는 정도를, Y축에는 자신의 주장을 펴는 정도를 표현하여 크게 5가지 유형으로 분류했다.

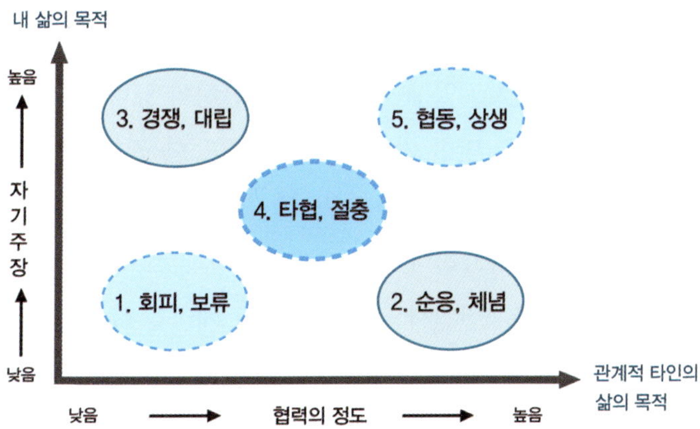

[그림 11-5] 갈등 대응 5가지 유형

① 회피: 타인에게 양보하지도 본인의 의견을 주장하지도 않는 유형, 즉 갈등상태에 대처하지 않고 피하려는 유형을 말한다. 당장은 갈등을 손쉽게 가라앉힐 수 있는 장점이 있으나 근본적인 해결이 안되어 갈등이 더욱 심화되는 단점이 있다. 당면한 일보다 더 급한 문제가 있거나 갈등에 맞섰을 때 겪는 피해가 갈등이

해결됨으로써 얻는 이득보다 큰 상황, 그리고 자신의 의견을 관철시킬 수 없다고 판단되는 상황에 유효하다.

② **순응**: 자신의 주장보다는 상대의 주장을 전적으로 수용함으로써 갈등을 해결하려하는 유형이다. 시간이 적게 걸리고 타인과 좋은 관계를 유지할 수 있는 장점이 있으나 자신이 원하는 것을 얻지 못하는 단점이 있다. 자신이 틀리다는 것을 깨닫거나 현안 문제가 자신보다 다른 사람에게 훨씬 중요할 경우에 유효하다. 조직 분열을 피하는 것이 특별히 중요한 상황일 경우도 이에 해당된다.

③ **경쟁**: 자신의 입장을 고수하며 상대방을 압도함으로써 갈등을 해결하는 유형이다. 강한 추진력을 발휘할 수 있는 장점이 있으나 갈등이 증가하여 관계가 나빠질 수 있는 단점이 있다. 신속하게 결정해야 하는 긴급 상황일 경우나 중요한 사안이므로 조직 이익을 위해서 자신의 생각이 옳다는 것을 확신할 경우에 유효하다.

④ **타협**: 양측 모두의 이익을 생각해 어느 정도 만족할 수 있는 선에서 적절한 타협으로 갈등을 해결하는 유형이다. 적절히 이익과 손해를 조절할 수 있는 장점이 있으나 자신이 원하는 것을 일부만 얻게 되는 단점이 있다. 목표가 중요하긴 하지만 다른 사람과 대립할 만한 가치가 없거나 동등한 권한을 가진 상대가 서로 배타적인 입장을 고수하는 상황일 경우, 그리고 복잡한 문제에 대해 잠정적인 해결이 필요할 경우에 유효하다.

⑤ **협력**: 자신의 목표를 추구하면서도 상대에 대한 배려를 하여 모두를 만족시키는 유형이다. 모두가 만족할 수 있는 장점이 있으나 상반되는 의견을 모두 만족시킬 수 있는 해법을 찾아야 하므로 시간과 노력이 많이 소요되는 단점이 있다. 양측 의견이 모두 매우 중요해 통합적인 해결책을 찾지 않으면 안되거나, 타인의 의견을 받아들여 의사결정을 함으로써 참여의식을 조성하고자 할 경우에 유효하다.

일반적으로 사람은 이러한 5가지 중 하나의 유형을 가지고 있으나 상황에 따라 같은 사람이라 하더라도 혼합된 유형도 있을 수 있다. 따라서 갈등에 대처하는 방식을 보고 '어떤 사람은 어떤 유형이야'라고 규정짓는 것은 위험하다. 자신과 타인을 모두 존중하는 방식인 협력형이 가장 이상적이지만 상황에 따라서 다른 방식을 채택하는 것이 유용할 수도 있다.

2) 일반적인 해결방법

① **문제의 공동해결**: 갈등을 해결하기 위한 가장 건전하고 보편적인 방법으로 갈등 당사자들이 서로 얼굴을 맞대고 문제가 되는 부분에 대한 논의를 통해 갈등을 해소하는 방법이다. 당사자들이 협동적인 문제해결 능력을 가지고 있을 때 이 방법이 효율적일 수 있으며, 새로운 쇄신적 대안을 창출할 수 있다.

② **상위목표 설정**: 개별적인 목적추구에서 빚어지는 갈등은 공동의 상위목표가 제시되면 상당히 완화될 수 있다. 상위목표는 갈등상태에 있는 행동주체들이 모두 추구하기를 원하는 것이지만 어느 하나의 행동주체가 단독으로는 성취시킬 수 없는 것이어야 한다. 이와 같은 방법이 효과적이기 위해서는 상위목표가 현재 갈등이 되고 있는 사안의 목표보다 더 중요한 것이어야 한다.

③ **자원 확충**: 집단이나 조직 내의 많은 갈등은 각종 인적·물적 자원이 부족하기 때문에 야기된다. 이 경우 부족한 자원을 추가 확보함으로써 문제를 해결할 수 있다. 그러나 원가절감이 절실한 기업 특성상 자원을 충분하게 공급하는 것은 쉽지 않은 문제점이 있다.

④ **불필요한 경쟁의 회피**: 개인 간 또는 집단 간 경쟁은 조직성과를 극대화하기 위해 필수적이다. 그러나 경쟁이 필요 이상으로 과열되거나 잘못된 방향으로 흘러간다면 오히려 부정적인 효과가 더 커질 수 있으므로 불필요한 경쟁을 회피할 수 있는 방안을 찾아야 한다.

3) 조직 구조적인 해결방법

① **규칙이나 계획 수립**: 집단갈등을 사전에 예측한 후 이에 대한 규칙을 설정하거나 사전 계획에 포함시킴으로써 갈등의 여지를 아예 없애는 방법이다. 이 방법은

가장 간단하고 기본적인 해결방법이라는 장점이 있으나 사전에 문제를 예측하기 어렵다는 단점이 있다.

② **조정이나 강압 행사**: 갈등을 빚고 있는 두 사람이나 집단을 모두 관장하는 상사가 주어진 조정권한을 발휘하여 갈등을 조정할 수 있다. 조정이 어려울 경우, 공식적 권한을 가진 상사가 명령에 의해 일방적으로 부하들의 갈등을 해소시킬 수도 있다. 그러나 이 방법은 원인이 제거되지 않고 단지 갈등행동만을 감소시킨다는 단점이 있으므로 가능한 피해야 한다.

③ **전담자(전담 조직) 활용**: 리더가 갈등해소 전담자를 운영하는 방법이다. 이 경우, 개인역량 의존도가 너무 높다는 한계를 가지고 있다. 조직이 커지면 조정 담당자 1인으로는 운영이 어려워지므로 전담 부서를 설치할 수 있다. 상설부서 대신 T/F Team을 운영할 수도 있는데 이 경우 한시적인 조직이므로 단기간에 조직문화를 바꾸기 어렵다는 문제를 안고 있다.

4) 갈등 조장전략

조직 구성원들이 무사안일주의에 젖어 조직이 침체 상태에 있을 경우, 의도적으로 갈등을 조성하여 조직에 활력을 불러넣을 수 있다.

① **경쟁 강화 또는 견제 유도**: 조직 내 집단들 간에 경쟁적인 상황을 조성하거나 조직단위의 수를 늘려 서로 견제시킴으로써 갈등을 조장할 수 있다. 이 경우에 조직단위 간의 의존도를 높이면 갈등이 발생할 가능성이 더욱 커진다.

② **이질감의 조성**: 기존의 조직 구성원들과는 가치관, 경험, 배경 등이 다른 사람을 투입하여 기존의 구성원들과 이질감을 조성함으로써 갈등을 야기하는 것이다. 이와 같이 함으로써 조직의 침체된 분위기를 깨뜨리고 조직에 새로운 변화와 활력을 일으키도록 할 수 있다.

③ **리더십 스타일 변경**: 리더십의 유형을 변경시킴으로써 조직 구성원의 태도변화를 통해 갈등을 조성할 수 있다.

사례 원전 공론화를 통한 갈등 해소

1) 개요

문재인 대통령은 자서전『문재인의 운명』에서 "정부가 해야 할 일 가운데 가장 중요한 것 중 하나가 갈등을 조정하는 일이다. 정부가 정책에 확신을 갖고 있더라도, 반대 의견이 있으면 귀 기울이고 설득하는 노력이 필요하다. 반대 의견이 집단적일 경우는 더 말할 나위가 없다"고 말했다. 그러면서 "그런 갈등을 합리적으로 조정하고 중재할 수 있는 시스템 마련이 국가적으로 반드시 필요하다고 느꼈다"고 했다. 그는 자신의 선거공약으로 원전철폐를 내세웠는데 대통령 당선 후 온 국민이 찬반으로 나뉘어 갈등을 빚게 되자 전문가들로 이루어진 원전공론화 T/F팀을 만들어 토론케 하였다. 그는 여기에서 나온 결론을 조건 없이 따르겠다고 했으며 실제 이 약속을 지켰다.

2) 원전갈등 해결

'원자력 발전 공론화위원회'가 원전을 확대할 것인가 또는 축소할 것인가에 대해 오랜 토론과 여론 조사과정을 거쳐 아래와 같은 결론을 내렸다.

① 건설이 중단된 신고리 5 · 6호기 건설을 재기할 것인가? 중단을 유지할 것인가?
조사결과 재개가 59.5%로 건설 중단을 선택한 40.5% 보다 19% 높게 나타났다고 밝혔다. 오차범위를 크게 벗어난 수준이어서 건설이 중단되어 있는 신고리 5 · 6호기의 건설 재개를 권고하기로 했다.

② 향후 원전을 축소할 것인가? 유지할 것인가? 아니면 확대할 것인가?
조사결과 축소가 53.2%로 유지(35.5%)나 확대(9.7%)를 오차범위 이상 넘어서 현재 운영 중인 원자력 발전소를 축소하는 것을 권고키로 했다.

③ 상기 두 가지 결론을 토대로 '신고리 5 · 6호기 건설은 재개하되 향후 원자력 발전 자체는 축소'하는 안을 마련하면서 원전 정책을 둘러싼 갈등을 일단락 지었다. 사회적 논란이 팽팽한 가운데 어느 쪽으로 결론이 나더라도 불만과 갈등이 커질 수밖에 없는 민감한 사안에 대해 바람직한 판결을 내린 셈이다.

신고리 5 · 6호기 건설 재개 여부에 대한 찬반 조사결과가 오차범위 안에 있을 경우 정부 · 여당으로선 더욱 어려운 결단을 해야 했다. 그렇다고 어느 한쪽으로의 쏠림 현상이 나타난다고 해도 문제는 간단치 않다. 결과에 대한 승복여부 등 찬반진영 간에 반목과 갈등이 불거지면서 여야 간의 정치권 싸움으로 비화될 가능성이 우려됐던 것이다.

하지만 결과적으로, 장기적으로는 축소, 단기적으로는 재개라는 명분과 실속을 두루 감안한 결정을 공론화위가 내림으로써 이 같은 우려를 피해갈 수 있게 됐다. 이번에 처음 도입된 공론화위원회 운영을 통해 이해관계가 엇갈린 세력이 모두 승자로 남을 수 있는 결론을 냄으로써 갈등 관리의 모범 사례를 세운 셈이다.

Chapter

12 팀워크 향상

| 1절 | 팀

| 2절 | 팀워크

| 3절 | 팀제

"팀워크가 없는 회사는 제대로 운영되지 않는다. 작은 사업체라도 반드시 팀워크가 필요하며 기업과 팀워크는 떼려야 뗄 수 없는 요소이다. 성공한 회사들을 분석해 보면 반드시 능률적이고 조화롭게 팀워크가 이뤄지고 있다."

– 카네기(Carnegie)

1절 팀(team)

1. 팀의 정의

팀은 '특정한 목적을 달성하기 위하여 상호작용하는 둘 이상의 사람들의 단위'를 말한다. 특정한 팀의 성원들은 보통 전문화된 지식, 기술, 기타 팀에 기여할 수 있는 능력을 가지고 있다. '팀' 하면 우리는 스포츠 팀을 생각하게 된다. 농구 팀을 보면 5명의 선수들은 각 포지션이 모두 정해져 있고 포지션마다 할 일은 따로 있다. 그런데 그들이 경기할 때 보면 센터이면서 슛을 쏘고 가드이면서도 리바운드를 잡아낸다. 여러 가지 자기 역할들이 공격할 때나 수비할 때 각각 달라진다. 오늘날 분업화된 기업조직에서 말하는 팀은 팀 구성원들 간의 상호작용 극대화를 통해 목표를 지향해 간다는 측면에서 이러한 농구팀과 매우 유사하다고 볼 수 있다. 우수한 팀의 특징은 다음과 같다.

① 목표가 분명하다.
② 팀원들을 그들의 책임과 역할을 잘 알고 있다.
③ 팀의 전반적인 업무를 서로 신뢰하고 돕는다.

④ 커뮤니케이션이 개방적이다(조직의 모든 데이터를 서로 공유한다).

⑤ 팀원들은 주요 의사결정에 참여할 수 있다.

⑥ 팀원들은 결정된 사항을 열과 성을 다하여 실행에 옮긴다.

⑦ 팀 구조와 절차들은 목표와 모순되지 않으며 팀원들은 이를 잘 따른다.

⑧ 팀원들은 서로의 의견 차이를 무시하지 않고 인정한다.

2. 조직구조 유형

조직구조는 형성되는 목적이나 분류기준에 따라 다양한 유형이 도출될 수 있으나 크게 상설 조직(기능 조직)과 한시 조직(프로젝트 조직)으로 분류된다.

1) 상설 조직: 기능 조직(技能 組職 : function organization)

기능조직이란 비슷한 업무를 매일 함께하는 사람들로 구성되며, 우리가 일반적으로 접하는 마케팅, 생산, 재무, 회계, 인사 등과 같이 각각의 기능을 가진 부서들을 말한다. 이러한 조직은 개별 업무조직에서부터 최고경영책임자와 고위관리자들로 구성된 조직에 이르기까지 다양하게 구성될 수 있으며, 업무의 기획 및 조정, 업무 할당, 업무 속도 관리, 문제해결을 위한 의사결정, 공급자 및 고객 상대 등의 업무에 이르기까지 매우 광범위한 과업을 수행한다. 기능조직은 대부분 계층제(階層制) 조직으로 구성되며 지속적으로 운영되는 상설 조직이다. 계층제 조직은 명령통일 등을 유지하기에는 효과적인 반면, 조직이 경직되어 있어 환경변화가 심하고 업무가 복잡한 현시대에는 비효율적이라는 지적을 받고 있다(제3절. 팀제 참조). 이러한 문제를 해결키 위해 최근 많은 기업들이 계층제 조직을 팀조직으로 변화시키려는 시도가 이어지고 있으나 조직이 크고 변화를 싫어하는 조직특성 때문에 어려움을 겪고 있는 실정이다.

2) 한시 조직: 프로젝트팀 조직(project team organization)

태스크포스팀(task force team: TFT)으로도 불리는 프로젝트팀 조직은 계층 조직의 비효율성을 해결하기 위한 한시적인 조직이다. 혁신적인 특별 과업을 수행코자 할 경우 각 기능부서에서 다양한 전문성을 가진 구성원들을 차출하여 팀으로 조직한 후 현안이 해결되면 해체되어 원래 부서로 복귀한다. 특정 과업에 꼭 필요한 소수정예 인력으로 구성되어 있어 기능조직에서 추진하기 어려운 프로젝트를 신속하고 집중적으로 처리할 수 있는 장점을 가지고 있다. 현재 대부분의 기업들이 다양하고 복잡한 프로젝트를 수행하기 위해 이러한 팀을 운영하여 많은 성과를 거두고 있다. 팀 구성 시 가장 중요시해야 하는 점은 기능부서에서 가장 능력 있는 핵심인력을 차출해야 한다는 것이다. 일반적으로 각 부서장들은 현업에 급급하여 핵심인력 대신 능력이 떨어지는 인력을 차출시키는 경향이 있다. 현업에서 가장 뛰어난 소위 A급 인력을 차출하지 않으면 프로젝트팀은 원하는 목표를 달성할 수 없다.

프로젝트팀과 비슷한 용어로 기능교차팀(cross-functional team: CFT)과 문제해결팀(problem-solving team)이 있다. 프로젝트팀이 모든 분야를 아우르는 용어인데 비해 기능교차팀은 주로 신제품 개발과 같은 좁은 범위에 주로 사용된다. 문제해결팀은 업무 프로세스나 작업방법의 개선에 초점을 두는 조직으로 프로젝트팀이 다른 부서의 직원들로 구성된 반면 문제해결팀은 품질관리 분임조처럼 주로 동일부서에 소속된 종업원들로 구성되는 경우가 많다.

프로젝트팀, 기능교차팀, 문제해결팀은 그 자체가 팀 성격을 띠고 있어 기능 조직에 비해 팀 조직으로의 전환이 용이한 편이다.

2절 팀워크(teamwork)

1. 팀워크 개요

팀워크는 '팀 구성원이 공동의 목표를 달성하기 위해 각 역할에 따라 책임을 다하고 협력적으로 활동하는 것'을 의미한다. 결론적으로, 팀의 성공은 여러 개개인의 역량을 얼마나 효과적으로 집결하여 사용하는가, 즉 해당 팀의 팀워크 수준이 얼마나 높은가에 달려 있다고 할 수 있다.

2. 팀워크의 중요성

기업을 둘러싼 환경이 변하지 않고 과업이 매우 단순하다면 팀워크는 그다지 중요한 요소가 되지 않을 것이다. 그러나 환경변화는 점점 극심해지고 있으며 이에 따라 과업수행도 점점 어렵고 복잡해지는 현 상황에서 소수의 인력이 과업을 수행하는 것은 불가능하다. 불가피하게 많은 인력이 함께 일해야 하는데 팀워크가 제대로 되지 않으면 당연히 좋은 성과를 거둘 수가 없게 된다. 미국 프로 풋볼경기에서 만년 꼴찌를 벗어나지 못하던 세인트루이스 팀을 슈퍼볼 우승의 주인공으로 만든 딕 버메일(Dick Vemeil) 감독은 "조직을 승리로 이끄는 힘의 25%는 실력이고, 나머지 75%는 팀워크다."라고 말했다. 팀워크 활용의 대표적 성공 사례로 불리는 GE에서는 영업성과를 150% 달성했더라도 팀워크가 미흡한 사람은 즉각 교체 대상이 된다. 만약 그가 팀워크를 적절하게 발휘했다면 150%를 훨씬 넘는 영업성과를 달성할 수 있을 것으로 판단하기 때문이다(한국과학기술원, 2013).

3. 기능적 팀워크와 인간적 팀워크

일반적으로 팀워크는 기능적 팀워크와 인간관계적 팀워크로 구분할 수 있다.

1) 기능적 팀워크

① **구성원 개개인의 업무 수행능력:** 조직 구성원 각자는 자신의 업무를 수행하는 데 필요한 충분한 능력을 갖추어야 한다. 그렇게 되면, 조직 개개인이 갖추지 못한 부분들을 서로 보완할 수 있는 능력을 갖춤으로써 조직 차원에서 조화로운 팀워크가 형성될 수 있다.

② **동료 간의 유기적인 업무협조:** 조직 구성원 각자가 자기 직무를 수행하는 데 필요한 능력을 구비했다면 그다음은 각각의 구성원들이 다른 사람과 얼마나 업무적으로 협조를 잘하느냐에 따라 그 결과가 달라진다. 협조성 외에 의사소통 능력, 상호의존성, 공동목표 공유성도 이에 해당된다.

2) 인간관계적 팀워크

조직에서 구성원들 간에는 다양한 인간관계가 형성되는데 이때 그릇된 인간관계는 높은 수준의 팀워크를 형성할 수 없으며, 활발한 교류와 신뢰할 수 있는 관계 속에서만 질적으로 높은 수준의 팀워크를 유지할 수 있다. 이러한 인간관계적 팀워크를 구성하는 요소로서 구성원 간의 이해성, 평등성, 상호존중, 신뢰성, 교류성, 관심성 등을 들 수 있다.

이러한 두 가지 팀워크 모두 높은 수준을 유지하면서 하나로 통합될 때 조직은 좋은 성과를 유지하고 목표를 달성할 수 있다. 만약 인간관계적 팀워크가 낮은 상태에서 기능적 팀워크를 강조한다면 일시적으로 팀워크가 강화되는 것처럼 보일 수는 있지만 지속적으로 팀워크를 유지하기는 어렵다. 또한 인간관계적 팀워크는 높은데 기능적 팀워크가 낮다면 조직이 성과를 내는 데 한계에 봉착할 것이며 목표달성이 불가능할 수도 있다.

심화학습 시너지 효과와 링겔만 효과

1) 개요

팀워크를 극대화하기 위해서는 어떤 조치를 취해야 할까? 시너지 효과는 극대화하고 링겔만 효과는 최소화해야 한다. 협력과 상호보완을 통해 1+1을 '2'보다 크게 만드는 것을 시너지(Synergy) 효과라고 한다([그림 12-1, 2]). 한편, 1+1이 2가 되지 못하는 그 반대의 효과가 나타나는 경우도 있는데 이를 일컬어 '링겔만 효과'라 부른다. 혼자서 일할 때는 '1'의 역할을 하는 구성원들이 집단 속에서 함께 일할 때 '내가 잘해 보았자 내가 잘한 것인지, 내가 못했다고 해서 내가 못한 것인지 아무도 모르니 적당히 하자.'는 심리에 의해 '1'보다 낮은 성과를 내게 되는 현상이다. 역사적으로 보면, 수적으로 크게 우세했던 무리가 전쟁에서 패하게 되는 경우가 흔히 있는데 시너지 효과 대신 링겔만 효과를 빚었기 때문이다.

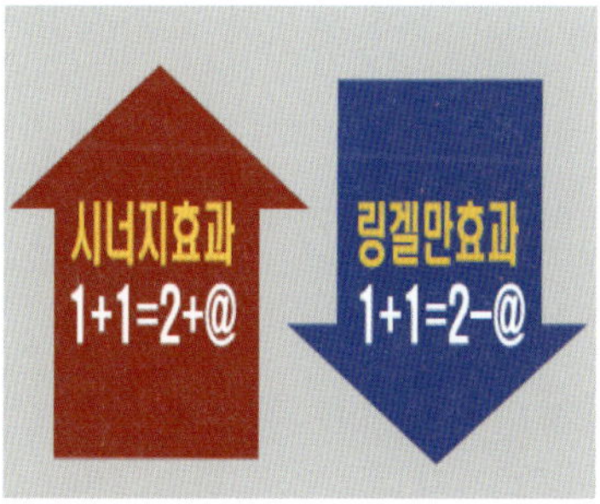

[그림 12-1] 시너지 효과와 링겔만 효과

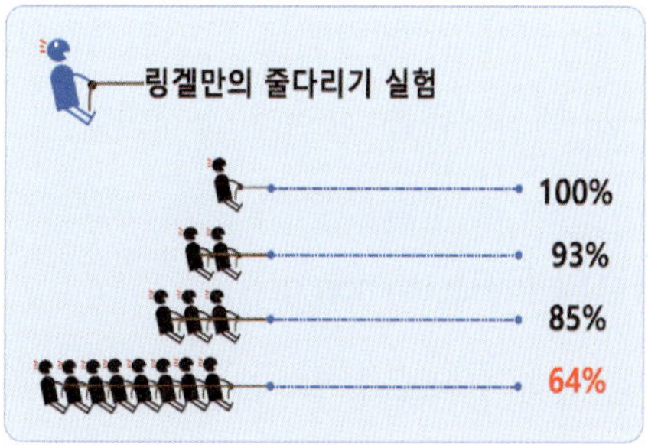

[그림 12-2] 링겔만의 줄다리기 실험

2) 링겔만 효과의 발생원인

이러한 링겔만 효과는 다음과 같은 경우에서 주로 발생하게 된다.

① 팀워크가 원활치 않을 때 나타나기 쉽다. 화려한 스타플레이어들로 구성된 팀이 경기에서 패하는 경우가 있는데, 이는 팀워크 부재 때문이다. 반대로 무명 선수들로 구성된 팀이 팀워크를 잘하여 예상하지 못한 좋은 결과를 내기도 한다.

② 개인별 업무분장이 불분명하거나 책임이 애매할 경우 그리고 집단 속에서 개인의 잘잘못이 명확하게 드러나지 않을 때 주로 나타나게 된다. 특히, 팀의 규모가 클수록 개개인에 대한 평가가 어려워져 이런 현상이 나타날 가능성이 커지게 된다.

링겔만 효과 사례로 대학 조별과제 활동을 들 수 있다. 조별과제를 진행하게 되면 조장을 정하고, 조장은 각각의 조원들에게 역할을 분배하게 된다. 대부분의 조원들은 각자 제 역할수행에 소극적인 자세를 취하게 되고, 발표 날이 다가오면 어쩔 수 없이 조장 혼자서 자료조사와 발표를 하게 된다. 이렇게 부실한 조별 과제활동은 결국 발표내용의 부실로 이어지게 된다.

4. 효과적인 팀워크를 위한 조건

그렇다면 팀워크를 효과적으로 수행함으로써 링겔만 효과를 최소화하고 시너지 효과를 극대화하기 위한 방법은 무엇일까? 라슨(Larson) 등이 제시한 효과적인 팀워크 요소들 중 핵심내용을 간추려 소개한다.

1) **공동의 목표**(common goal)

모든 조직 구성원들이 추구하는 공통적인 지향점은 팀워크를 형성하는 가장 필수적인 요소로 조직 구성원의 단결된 행동을 유도할 수 있다. 이때 구체적이고 측정가능하며 도전적인 목표를 부여할수록 효과는 더 커진다.

2) **훌륭한 구성원**(competent team members)

모든 업무의 성공 핵심요인은 결국 사람이다. 팀이 효과를 발휘하려면 전문적인 지식, 문제해결 능력과 의사결정 기술, 그리고 인간관계 기술이 필요하다. 팀의 실질적 경쟁력은 이러한 기술들을 소유한 구성원들을 확보 유지하고 각 능력을 조화롭게 구성할 수 있느냐의 여부에 따라 결정된다.

3) 경영진의 지원과 인정

팀이 성공적으로 목표를 달성하기 위해서는 경영진으로부터 필요한 지원과 인정을 받아야 한다. 이는 과업수행의 촉진제가 될 뿐 아니라 조직 구성원의 사기도 북돋아 준다. 적절한 정보와 설비 제공, 격려, 기타 경영지원 등이 해당된다.

4) 효과적인 리더십(leadership)

효과적인 리더십은 조직의 기본적인 욕구를 충족시킴으로써 조직 내 팀워크를 향상시키는 데 매우 중요한 역할을 한다. 즉, 리더는 과업 수행에 대한 피드백을 제공하고, 조직 구성원 개개인의 관심을 파악하며, 성취감 및 확신을 심어 주고, 필요시 조직에 변화를 주는 등의 적절한 리더십을 발휘함으로써 팀워크를 향상시킬 수 있다.

5) 다양성을 가진 구성원 보유

팀 활동은 여러 가지 기술과 지식을 필요로 한다. 팀 구성원들이 각 전문분야에 대한 다양한 경험을 가지고 있어야 개개인의 단점을 보완함으로써 시너지 효과를 극대화할 수 있다. 즉, 서로 다른 다양한 능력을 보유한 종업원들을 선발해야 하며, 이들을 적재적소에 배치해야 한다. 이로 인해 팀 내에 다양한 갈등이 존재할 수 있지만 일반적으로 다양성의 장점이 갈등의 단점을 압도한다고 알려져 있다.

6) 적합한 팀 규모

조직의 특성과 규모에 따라 달라지나 일반적으로 팀은 4~10명으로 구성되는 것이 이상적이라고 가정되며 구성원이 많아도 20명을 초과하지 말아야 한다는 것이 정설이다. 팀 구성원이 너무 많으면, 응집성과 책임감이 감소하고, 사회적 태만과 도덕적 해이가 발생하며, 구성원 간 대화의 기회가 적어지기 때문이다. 불가피하게 팀 규모가 커지면 하부 조직인 파트(part)를 둘 수 있다.

5. 팀워크 역량 향상

조직 내 팀워크가 올바로 작동할 경우, 조직 구성원의 상호협력을 통한 역량발휘에 커다란 영향을 미치게 되므로 리더는 특성에 따라 팀워크를 향상시킬 수 있는 다양한 역량 향상 방법을 모색해야 한다. 캐논 바우어스(Cannon-Bowers) 등은 '팀 지식', '팀워크 스킬', '팀워크 태도'의 3가지 역량을 향상시켜야 한다고 주장했다.

1) 팀 지식

팀의 성과창출을 위하여 팀원들이 가지고 있어야 할 종합적 지식체계를 말한다.

① **해야 할 과업에 대한 지식**: 제품지식, 사업지식, 재무지식 등 업무수행에 필요한 지식은 물론, 절차나 방법, 관련 법규 및 사규, 표준, 관련 정보 등 실질적으로 과업수행에 활용되는 모든 지식을 말한다.

② **팀원에 대한 지식**: 효율적인 과업수행을 위해 요구되는 타 팀원들의 역할 및 책임 그리고 서로의 장단점 등을 잘 알고 있을 때 협업을 극대화할 수 있다.

2) 팀워크 스킬(기술)

아무리 많은 관련 지식을 알고 있어도 이를 활용하는 기술(스킬)이 부족하다면 성과를 얻기 어렵다. 팀워크 스킬이란 업무를 쉽고 정확하게 수행하는 능력을 말한다.

① **적응성**: 팀 과업을 실행하는 데 있어 여러 가지 상황에 잘 적응할 수 있는 스킬을 의미한다.

② **대인관계 능력**: 좋은 대인관계는 협력적 행동을 활성화하여 동기를 극대화하고, 갈등해소를 통해 팀 내 상호작용의 질을 높일 수 있다.

③ **조정 스킬**: 팀 구성원들 간 업무상 불균형이 발견되거나 기타 어떠한 형태로건 갈등이 있을 경우 올바른 방향으로 조정하는 스킬을 말한다.

④ **커뮤니케이션 스킬:** 팀 구성원들 간에 정보가 정확하고, 신속하게 이루어질 수 있도록 하고, 다른 이의 말을 경청하며, 서로 다른 견해를 절충하는 능력을 말한다.

⑤ **의사결정 능력:** 의사결정에 필요한 정보를 통합, 수집하고, 논리적으로 판단하여 최선의 해결책을 선택하는 능력이다.

3) 태도

'팀 태도'란 팀 구성원으로서의 마음가짐과 자세에 해당하는 부분으로 '팀 성과를 효과적으로 촉진할 수 있는 바람직하고 적절한 태도'를 말한다. 아무리 뛰어난 지식과 스킬을 구비했다 하여도 팀 운영에 바람직하지 못한 태도로 대응한다면 제대로 된 팀워크를 발휘할 수 없다.

사례 **팀워크로 스타군단 넘어선 전 퍼거슨**(Alex Ferguson) **감독**(1941~)

1) 주요이력

알렉스 퍼거슨은 영국 스코틀랜드 출신의 전 축구 감독이다. 1986년부터 2013년까지 맨체스터 유나이티드 FC의 감독을 맡았다. 애버딘 감독으로 취임하며, 스코틀랜드 리그 3회 우승, 스코틀랜드 컵 4회 우승, 1983년 UEFA 컵, 위너스컵 우승을 하며 감독으로서 큰 성공을 거두었다. 1986년 11월 맨체스터 유나이티드에 취임하였고, 26년 재임 중 프리미어리그 우승 13회, 잉글랜드 FA컵 20회, UEFA 챔피언스 리그 12회 우승 등 총 138회의 트로피를 들어올렸다. 영국 축구 역사상 최초로 1999년 맨체스터 유나이티드가 트레블(리그 우승, FA컵 우승, UEFA 챔피언스 리그 우승을 동시에 이루는 것)을 달성 후, 이 공로를 인정받아 기사작위에 서임되었다. 그는 감독의 평균 재직 기간이 2년이 채 안 되는 영국 프리미어 리그에서 25년 넘게 자리를 지킨 역대 최장수 감독이다. 2012~2013 시즌을 마지막으로 팀을 리그에서 우승시키며 은퇴하였다(네이버 지식백과).

〈관중의 환호에 답하는 퍼거슨 감독〉

2) 퍼거슨의 팀워크 중시 경영

우수한 스포츠 팀들에는 공통점이 있다. 강한 정신력과 투지 그리고 상대팀보다 한 발 더 뛰는 체력이 그것이다. 그러나 무엇보다 중요한 것은 그들의 팀워크가 강했으며 그 중심에는 팀워크를 중시하는 명감독이 있었는데, 퍼거슨 전 축구 감독이 전형적인 인물이다. 스포츠에는 팀워크를 강조하는 격언들이 유난히 많다. 그중 가장 유명한 것은 알렉스 퍼거슨이 즐겨 쓰던 '팀보다 중요한 선수는 없다'이다. 퍼거슨 감독은 아무리 뛰어난 선수라도 팀워크를 해치면 냉정하게 내친 것으로 유명하다. 데이비드 베컴, 야프 스탐, 로이 킨 등이 퍼거슨에게 반기를 들거나 동료 선수를 비난해 맨유의 유니폼을 벗어야 했다. 그만큼 팀이 승리하기 위해서는 팀워크가 중요하다는 것을 그는 깊이 깨닫고 몸소 실천, 프로 축구 사상 전무후무한 성과를 이루었다(출처: 한국경제매거진, 2014.06.).

사례 구글의 팀워크 사례

1) 구글 소개

〈구글 본사와 구글 로고〉

구글은 전 세계의 정보를 체계화하여 모든 사용자가 편리하게 이용할 수 있도록 하는 것을 목표로 하는 미국의 다국적 기업이다. 검색 서비스 제공을 주력으로 한다. 구글 검색은 2018년 기준 전 세계 검색량의 90%를 점유하고 있다. 기업 규모는 페이스북과 트위터를 합친 것보다도 크다. 유일하게 경쟁할 수 있는 상대라곤 애플, 아마존닷컴, 마이크로소프트뿐이다. 1996년 스탠포드대학 박사과정에 재학 중이던 래리 페이지(Larry Page), 세르게이 브린(Sergey Brin)은 '페이지랭크'라는 검색 기술을 개발했다. 이들은 이 기술을 기반으로 1998년 공동으로 구글을 설립했다. 구글은 전 세계 60개국 이상에 지사를 두고, 130개가 넘는 언어로 검색 인터페이스를 제공하고 있다. 검색 엔진에 더해 유튜브와 마케팅 회사를 인수함으로써 온라인 광고시작에서 높은 수익을 내고 있다. 그 외에도 시너지를 일으키는 웹브라우저 크롬, 모바일 운영체제인 안드로이드 등 다양한 사업에 진출하여 성공하게 된다. 구글이란 이름은 10의 100 제곱을 뜻하는 수학 용어 구골(googol)에서 유래했다.

2) 구글의 팀워크 중시 조직문화

구글에서 근무하는 6만 명에 이르는 임직원들은 적어도 팀 하나를 이루고 있으며, 3명에서 70명까지 다양한 인원으로 구성된 팀을 갖고 있다. 팀은 일반적으로 프로젝트 지향적이며 조직에 가장 중요한 요인으로 팀워크를 꼽고 있다. 구글은 혼자만 잘하는 '독불장군' 스타일을 싫어한다. 혼자 아무리 잘해 봐야 협업보다 나을 수 없기 때문이다. 그러므로 아무리 똑똑해도 팀워크에 문제가 있을 것 같다면 채용 자체가 안되며 설사 채용되었다 하더라도 견뎌 내지 못한다. 많은 사람들은 구글의 강한 팀워크문화를 레고 블록에 비유하여 다음과 같이 설명한다. "모양과 색깔이 다른 6만 개의 블록이 각자의 역할을 하면서 하나의 작품을 완성한다."

3) 구글이 밝혀낸 생산성 높은 팀의 5가지 비결

엔지니어, 통계 전문가, 심리학자, 사회학자 등 전문가가 모여 구글 내 180개가 넘는 팀을 분석해 생산성이 좋은 팀의 5가지 비결을 찾아냈다.

① 정서적으로 안정된 팀: 팀워크 향상에 가장 중요한 것은 '심리적 안정(Psychological Safety)'이다. 팀원 상호 간 서로 상처받지 않고 자연스럽게 행동하며 두려워하지 않고 기꺼이 위험을 감수함을 의미하는데, 구글은 이 항목이 나머지 4개의 기본이라고 설명한다. 이것이 전제되지 않으면 개인은 역량을 발휘하지 못하며 팀의 신뢰도 무너진다.

② 서로 의존할 수 있는 팀: 업무의 질을 높이고 높은 수준의 성과를 이루어 내기 위해서는 서로 의존할 수 있는 팀 분위기를 조성해야 한다. 서로 의존한다는 것은 자신의 역할을 다하면서 상대방의 협조도 효과적으로 끌어낼 수 있음을 의미한다.

③ 명확한 체계를 갖춘 팀: 팀 체계가 명확하다는 것은 팀의 목표와 팀원 개개의 역할, 실행 계획 등이 뚜렷하다는 것을 의미한다. 이런 요소가 불분명하거나 명확히 공유되지 않으면 팀의 효율성이 떨어질 수밖에 없다. 구글에서는 팀 매니저가 팀원들에게 세세한 부분까지 일을 지시하기보다 그들 스스로 업무를 수행할 수 있도록 하는데, 이는 팀원 모두 명확한 역할과 계획, 목표를 수행하고 있을 때라야 가능하다.

④ 전체의 목표와 개인의 목표가 일치하는 팀: 팀의 목표는 곧 개개의 목표와 연결돼야 한다. 개개인이 지향하는 목표의 방향이 다를 경우 그 합은 당연히 현저하게 낮아지게 된다.

⑤ 스스로 중요한 일을 하고 있다고 믿는 팀: 마지막은 일의 영향력(Impact)을 깨닫고 내적 동기부여를 하는 것이다. 팀원 개인이 지금 하고 있는 일이 회사와 사회에 얼마나 큰 영향을 주고 얼마나 큰 변화를 가져오는지 안다면 과업에 더욱 몰입케 하여 좋은 성과를 내는 원동력을 제공하기 때문이다.

3절

팀 제(team制: team system)

1. 팀제 개념

팀제는 말 그대로 팀을 조직의 기본단위로 운영하는 제도를 의미한다. 경영환경의 변화에 보다 유연히 대처하기 위해 전통적 기능조직과 계층형 구조를 해체, 하위단위들을 팀으로 재편하는 조직 체계이다. 전통적인 조직과 팀제 조직 차이를 다음과 같이 두 가지 측면에서 찾아볼 수 있다.

1) 조직 구조 차이

계층형 조직과 팀조직의 차이를 간단히 정리하면 '계층형 조직은 상위조직에서 하위조직까지 계층이 많고 조직 변경도 적으나, 팀조직은 계층이 적고 각 팀은 언제든 헤쳐모일 수 있다.'는 점이다. 또한, 계층형 조직은 능률성과 생산성을 높일 수 있지만 유연성 미흡, 의사결정 지연, 조직의 비대화 등이 단점으로 지적되는데 이로 인해 급변하는 경영환경을 따라잡을 수 없게 된다. 반면, 팀조직은 능동적이며 신속하고 유효적절하게 대처할 수 있도록 종전의 수직적 조직을 수평적인 조직으로 전환시킨 것이다. 전통적인 조직은 수직적 조직으로 사원부터 CEO까지 철저하게 서열화되어 있고 군대식 조직처럼 위계질서가 뚜렷하다. 그에 반해 팀조직은 수평적 조직으로 각 세부조직을 '팀원－팀장'으로 재설계하여 조직 내의 서열과 위계를 파괴하고 능력과 실적에 따라 조직을 운영한다. 전통적인 조직의 결재라인은 '사원－대리－과장－차장－부장－임원－사장'으로 되어 있어 과장만 되더라도 결재 업무가 많아져 가장 일을 잘할 나이인데도 점점 실무에서 멀어지게 된다. 반면, 팀제는 팀장 한 명만 있고 나머지는 모두 팀원으로 구성되어 있어, 즉 관리계층의 축소를 가져와 조직의 유연성을 제고할 수 있다. 또한 직급에 관계없이 누구든 팀장이 될 수 있고 팀장이 아닌 간부는 팀원으로 실무에 투입케 된다([그림 12-3]).

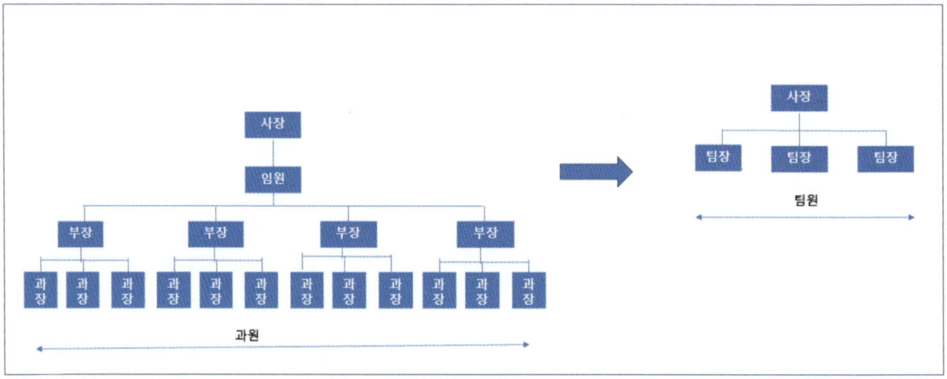

[그림 12-3] 전통적 조직과 팀제의 조직구조 차이

2) 구성원들 간 상호작용 차이

전통적인 작업집단에서 각 구성원은 상사와 상호작용하면서 상사의 지시에 따라 각자의 업무를 수행한다. 구성원들 사이에는 상호작용이 없어도 되며 상사가 중요한 의사결정을 도맡아 하고 구성원들을 통제하기 때문에 상사는 전체집단의 성과실현에 책임을 지고, 개별 구성원은 부여된 업무만 책임진다. 이에 비해 팀은 목적 실현에 공동책임을 지니고, 서로 상호작용하며 주요의사결정 또한 상사보다는 팀에 의해 이루어진다. 구성원 상호 간에는 의존성이 크고 팀장은 자원제공, 코칭, 타 집단 및 조직과의 연계를 수행한다([그림 12-4]).

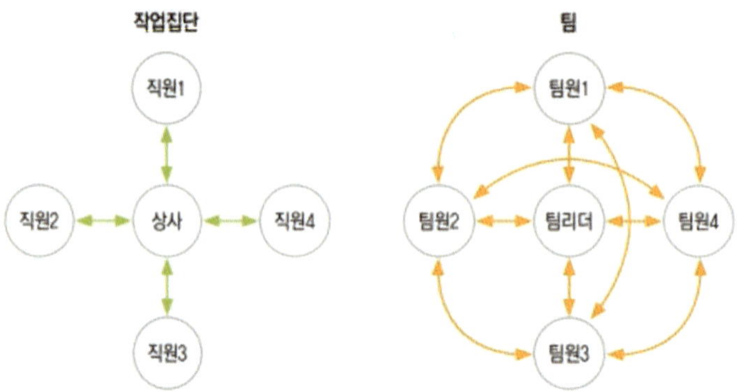

[그림 12-4] 전통적인 조직과 팀제의 상호작용 차이(박원우, 2010)

2. 팀조직의 발전

1) 직위와 직책의 변화

팀제 효과를 극대화하기 위해 다음과 같이 직급과 직책에 대한 변화가 일어나고 있다.

① **직위(職位) 직책(職責) 분리:** 직위(職位)는 '직무 계층상 위치', 즉 구성원 한 명에게 부여되는 직무와 책임의 단위를 의미(예: 사원, 대리, 과장, 차장, 부장, 상무, 부사장)하며, 직책(職責)은 '직무상 책임', 즉 구체적인 권한과 책임을 동반한 보직을 의미(예: 팀조직에서 마케팅 팀장, 계층조직에서, 인사부장, 총무과장)한다. 상당수 기업 조직은 〈그림 12-5〉의 왼쪽 그림처럼 직위와 직책이 아예 통합되어 있거나 분리는 되어 있으나 직위와 직책의 계층 수가 비슷하여 분리의 의미가 별로 없는 실정이다. 팀제를 정착시키기 위해서는 이를 분리하고 직책을 단순화한 팀조직(가능한 '팀장-팀원'의 2개 계층)으로 변경시켜야 한다. 이때 팀의 크기와 중요도에 따라 과장에서 부사장까지의 직급이 팀장 직책을 맡을 수 있으며, 신입사원에서 전무까지의 직급이 팀원이 될 수 있다. 이때 팀장에서 탈락된 다수의 간부들은 팀원으로 편입되어 실무자 역할을 수행한다.

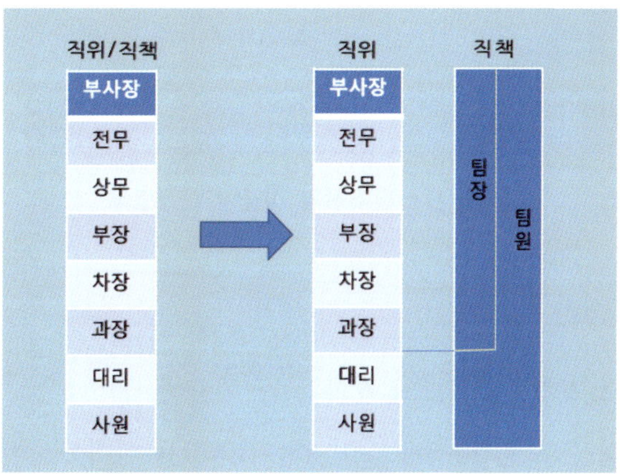

[그림 12-5] 직위와 직책의 분리

② **직위파괴**: 직급파괴란 직위와 직책 분리에서 한걸음 더 나아가 기존의 직위를 대폭 축소하거나 아예 없애 팀제 운영에 적합토록 해 주는 조치이다. 국내 S사는 2019년 임원 직위를 '사장－부사장－전무－상무'(4단계)에서 '사장－부사장'(2단계)으로 축소한 데 이어 2021년에는 직원 직위를 '부장－차장－과장－대리－사원'에서 PM(Proffesional Manager)로 단일화함으로써 명함만 봐서는 누가 선임인지, 회사에서 위치가 어디쯤인지 알 수 없게 되었다([그림 12-6]). 이에 따라 자연스레 승진의 개념조차 없어졌으며 직위가 아니라 성과에 따라 보상하는 체계로 바뀌게 되었다. 따라서, 누구든 능력만 있으면 팀장이 될 수 있고 기존에 팀장의 선임이었던 사람도 자연스럽게 팀원이 될 수 있다. 기업별로 다소 차이는 있으나 많은 기업들이 이러한 조직파괴를 통해 팀제 효과를 극대화시키고 있다.

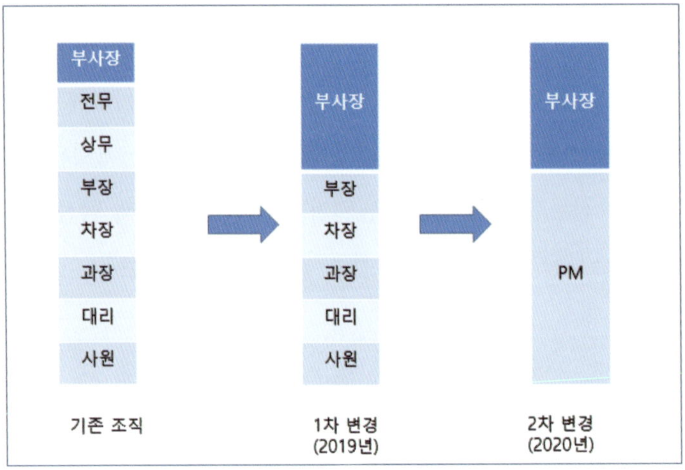

[그림 12-6] S사의 직급파괴 개념도

2) 팀장 역할의 변화

① **팀장의 4가지 역할**: 팀워크의 효과를 잘 이끌어 내기 위해서는 팀장의 역할이 중요한데 팀장은 [그림 12-7]과 같이 4가지 역할을 한다. "감독자" 역할이란 구성원들에게 수직적으로 영향력을 행사하는 형태로 주로 계층제 조직에서 운영되는

형태이다. "팀워크 촉진자" 역할은 리더가 수평적인 위치에서 구성원들의 업무가 잘 되도록 지원해 주는 역할을 말한다. "참여자" 역할이란 리더도 구성원과 같은 팀원으로 활동하는 기능을 말하는데 규모가 작은 팀일 때 적용되는 경우가 많다. "코치" 역할이란 리더가 팀 구성원을 직접 지도하는 것이 아니라 간접적으로 지원해 주는 역할을 말한다(7장. 코칭 리더십 참조).

② **팀장 역할의 비중 변화**: 상기 팀장의 네 가지 역할은 어느 특정한 상황에만 적용되기보다는 대부분의 팀에 같이 존재하며 리더와 업무 특성 그리고 업무 상황에 따라 그 비중이 달라질 뿐이다. 다만, 권한위임화, 조직의 수평화, 자율비중의 확대로의 패러다임 변화로 감독자 기능보다 다른 3가지 기능의 비중이 높아져 가고 있는 추세이다.

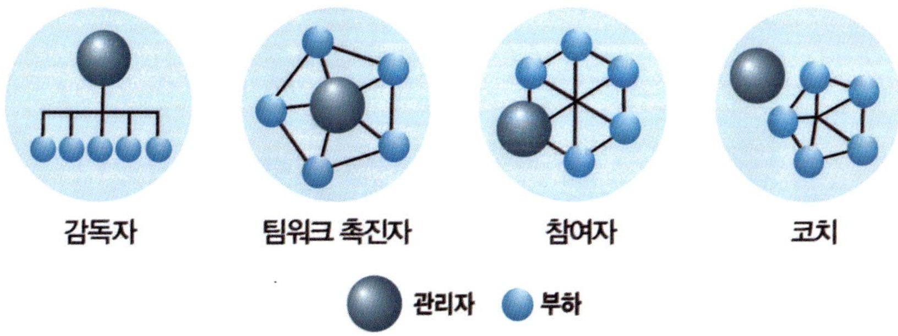

[그림 12-7] 팀 관리자의 역할

출처: 장영광 외(2016).

사례 포스코의 부문장 제도

포스코는 기존의 '회장–사장–관장임원–담당임원'의 4개 계층으로 이루어진 체제를 '회장(CEO)–부문장'의 2개의 계층으로 이루어진 팀 체제로 전환했다([그림 12–8]). 회장을 중심으로 생산기술부문, 마케팅부문, 스테인리스부문, 기획재무부문, 경영지원부문 등 5개의 부문으로 나누고, 각 부문장에는 사장, 부사장, 전무급을 보임시키는 체제로 전환한 것이다. 이렇게 계층 수를 줄인 팀제로 전환시킨 이유는 부문별 자율 책임경영을 통한 전문성 제고, 신속한 의사결정 체계 강화 그리고 조직운영의 효율성을 강화하기 위한 차원이다. 이를 통해 회장의 미래 성장전략 구상, 범포스코 차원의 경영활동이 강화됐고 대부분의 업무가 부문장 보고로 종결돼 의사결정 스피드가 43% 이상 단축되었다. 특히 경영진은 잡무에서 벗어나 주요전략에 집중할 수 있게 되었으며, 부문 내 조직 간의 시너지 효과가 증대되었다. 이러한 부문장 제도는 의사결정 시간을 단축하는 효과뿐만이 아니라 임원 개인들에게 주어지는 책임과 권한이 증대됨으로써 책임경영체제 정착 효과를 동시에 유발시키고 있다(출처: POSRI 경영연구, 2007).

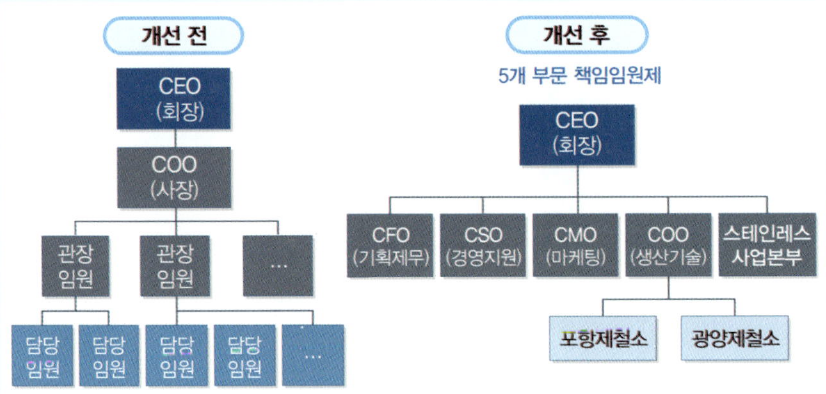

[그림 12–8] 제도 도입 전후 비교

3. 팀제의 장단점

1) 장점

기존 위계조직에 비해 팀 조직의 장점을 보다 구체적으로 살펴보면 다음과 같다.

① **의사소통과 상호협력 증진**: 조직계층을 축소함으로써 의사소통이 원활해지고 상호협조가 잘되며 의사결정을 빠르게 하는 등 오늘날의 스피드 경영에 적합한 조직이 된다.

② **유연성 확보**: 조직을 둘러싼 환경이 변하거나 조직 내 문제점이 발견될 경우 조직을 상황에 맞게 즉시 팀 구성을 바꿀 수 있다.

③ **인력의 소수정예화**: 팀제하에서는 업무의 배분과 역할분담이 매우 탄력적으로 이루어진다. 즉, 한 사람이 다양한 업무를 수행할 수 있으므로 개인이 맡은 업무의 범위는 자연적으로 확대될 수밖에 없고 그 업무를 제대로 소화해 낼 수 있는 능력만 개발된다면 모든 인력을 소수 정예로 운용할 수 있다.

④ **생산성 향상**: 팀제하에서 팀장을 제외한, 심지어 팀장까지를 포함하여 모든 팀원은 기본적으로는 동등한 실무자이며 전문가이다. 팀장에서 탈락한 많은 관리자가 실무자로 전환되므로, 즉 일하는 사람이 많아지므로 생산성이 향상된다.

2) 팀제의 단점

팀제는 장점이 많지만 다음과 같은 단점도 존재한다.

① **변화에 대한 저항**: 팀제를 운영하면 과업상황에 따라 팀조직이 자주 바뀌게 된다. 이때 야기되는 변화에 대한 두려움이 제도 정착의 걸림돌이 될 수 있다. 인간은 현실에 안주하려는 본성을 가지고 있다. 특히 현실에 만족해 있거나 어느 정도 높은 위치에 있는 사람일수록 기득권 상실 때문에 변화하는 것이 더욱 어렵다. 현실에 안주하려는 보수세력과 모험을 선호하는 진보세력과의 갈등도 문제

가 대두될 수 있다. 기존 조직은 혁신과 추진력이 강한 자율적 경향보다는 보수적인 경향이 있기 때문이다.

② **직위 상실에 대한 불만 초래**: 신분이 중시되는 한국사회에서 직위를 상실하여 팀원으로 배치된 중간 관리층에게 사기저하나 불만의 소지가 있을 수 있다. 또한, 많은 중간 관리자를 팀원으로 편입시킨다는 것은 곧 승진의 기회가 감소한다는 것을 의미하므로 불만의 여지가 된다.

③ **팀제로의 전환이 획일적으로 시행될 경우 실패할 우려**: 팀제의 도입이 경영진의 지시에 의해서나 주도부서의 일방적 방침에 따라 시행될 경우 각 부문의 특수성을 고려하지 못하고 획일적으로 진행되어 제대로 뿌리내리지 못할 수 있다. 이로 인해 조직은 팀제로 바뀌었으나 운영은 기존처럼 하는 소위, 무늬만 팀제인 경우가 허다한 실정이다.

④ **감독과 통제의 어려움**: 다양한 인력이 빈번하게 해산하고 재통합되기 때문에 감독과 통제가 어려워져 일사불란한 지휘가 어려워진다.

4. 효과적인 팀제를 위한 조건

팀제를 효과적으로 운영하려면 다음과 같은 전제조건이 필요하다.

1) 고정관념 타파

구성원들은 기존의 기득권을 포기하고 새로운 기능과 역할을 수행할 수 있도록 고정관념에서 탈피하는 의식개혁이 필요하다. 특히, 결정권자, 관리자가 중앙 집권적 사고방식을 없애야 한다.

2) 능력 있는 팀장 발탁 후 강한 권한 부여

근속연수와 직급에 의해 성장해 온 대부분의 간부들은 과거의 타성에 젖어 있기 마련이므로 그들이 팀장이 된다면 실패할 확률이 높다. 직급과 관계없이 팀장 역량을 지닌 사람을 과감하게 발탁함으로써 이러한 문제를 해결할 수 있다. 또한 팀의 운영은 전적으로 팀장의 판단과 책임하에서 수행되므로 팀장이 윗선에 끌려다닌다면 좋은 성과를 얻기 어렵다. 그러므로 경영진은 팀장의 권한을 대폭 확대하여 팀을 원활하게 이끌어갈 수 있는 환경을 조성해 주어야 한다.

3) 충분한 사전 검토 및 도입 후 보완

다른 기업이 팀제를 도입하였다고 하여, 우리 기업도 팀제로 바꿔야 한다는 생각은 잘못된 것이다. 팀제로 조직을 바꾸고자 할 경우, 우선 기업의 특성을 파악하고, 팀제 도입 시 야기될 수 있는 문제점과 기대효과 등을 충분히 검토하여야 한다. 팀제를 도입하기로 최종 결정했다면 앞서 언급한 효과는 극대화시키고 단점은 극복, 보완하는 대책을 각 조직 특성에 맞게 수립, 운영해야 할 것이다.

4) 제도적 장치 보완

단지 하드웨어 측면인 구조만 바꾸어서는 큰 변화가 있을 수 없다. 구조의 변화와 함께 소프트웨어 측면, 즉 전결규정, 평가제도, 정보체계 등 관련제도 등이 지속적으로 정비되어야 한다. 아울러, 팀 운영 중에 발생하는 모순이나 허점에 대해서도 즉각 보완할 수 있어야 한다.

5) 상황에 맞는 업무 재배정

내외적인 상황이 변하면 필요에 따라 이에 상응하는 업무 재배정이 이루어져야 한다. 이때 무엇보다 팀 구성원들이 '자기 일'이라는 생각을 가질 수 있도록 각자의 적성과 능력에 맞게 배정해야 한다.

6) 평가 및 보상시스템 정립

팀제가 제대로 정착되기 위해서는 합리적인 평가와 보상 시스템이 정립되어야 한다. 팀 단위와 개인별 평가가 동시에 이루어져야 하는데 무엇보다 팀에 대한 개인별 기여도를 정확히 집어 낼 수 있는 시스템 도입이 필요하다. 팀 및 개인단위로 성과에 비례하는 인센티브를 과감히 부여하되 개인단위 보상 시 근속연수가 아닌 실적에 따라 이루어져야 한다.

PART

5

리더십 역량 개발

Chapter

13 글로벌 리더십 역량 개발

| 1절 | 개요

| 2절 | 글로벌 리더십 역량개발 단계

| 3절 | 글로벌 리더십 역량개발 방법

"조직에 영향을 미치는 가장 좋은 방법은 리더십 개발에 집중하는 것이다. 좋은 인재를 뽑아, 리더로 키워 내고, 지속적으로 발전시키는 조직의 잠재력은 무한하다."

– 존 맥스웰(John Maxwell)

1절 개요

1. 리더십 역량 개발의 정의

리더는 타고날까? 아니면 육성되어질까? 리더의 역량과 자질에 따라 가정이나 조직은 물론이고, 심지어는 국가의 운명까지 좌우되기 때문에 이 주제는 리더십을 연구하는 학자들 사이에서 매우 중요한 이슈이다. 인류 역사상 뛰어난 리더들이 타고난 능력만으로 또는 효율적인 교육훈련만으로 성공을 이룰 수 있었을까? 상당수 리더십 개발론자들은 인간 능력의 약 30%는 타고 나지만, 나머지 약 70%는 환경과 교육에 의해 결정된다고 보고, 리더십 훈련을 통해 많은 효과를 볼 수 있다는 입장이다. 끊임없이 변화하는 사회는 훌륭한 지도자를 원하고 있으며, 여기에 맞는 지도자는 개발되어질 수 있는 것이다. 리더십 역량개발이란 '개인적인 특성뿐 아니라, 하는 일, 조직, 환경 등의 특성까지 고려한 리더십 이론을 개발하여 이를 각각의 상황에 맞게 체득하는 과정'이라고 정의할 수 있겠다. 앞서 수차례 강조한 바와 같이 모든 조직의 흥망성쇠는 그 조직의 리더들이 가지고 있는 리더십에 의해 결정된다. 성공한 조직을 자세히 들여다보면 예외 없이 각계각층에 뛰어난 리더들이 존재하고 있으며 그들은 리더십 제고를 최고의 가치로 믿고 끊임없이 리더십 역량을 개발하고 있다.

2. 리더십 역량 개발 시 고려해야 할 사항

리더십 역량 개발 시 다음의 몇 가지를 고려할 필요가 있다.

① 우리는 수많은 학자들에 의해 연구되어진 다양한 리더십 이론을 접할 수 있다. 다양할 뿐만 아니라 각각의 이론들은 서로 모순되거나 상이한 면도 적지 않다. 이러한 이론들을 모두 실무에 적용할 수가 없다. 사람은 모두 개성이 다르고 자신이 처한 환경도 다르며 하는 일도 다르기 때문에 적절한 이론을 취하여 자신에 맞게 적용해야 한다.

② 오늘날 경영환경의 급격한 변화에 따라 기업에서 요구되는 리더십도 변화하고 있으므로 상황에 따라 요구되는 리더십 역량도 달라져야 한다. 아울러 리더십 역량은 현재뿐 아니라 미래에 요구되는 역량에도 초점을 맞추어야 한다.

③ 기업구조가 과거의 위계적 조직에서 팀에 기초한 수평적 조직으로 변화가 이루어지고 있으므로 경영자, 관리자의 리더십 역량개발에만 집중할 게 아니라 구성원 개개인의 리더십 역량개발로 확대되어야 한다.

④ 리더십 역량개발의 궁극적 목표는 조직의 목표를 달성하는 것이다. 그러므로 리더십 역량은 조직의 미션이나 전략목표와 연계되어야 한다.

⑤ 리더십 역량개발은 구성원들에게 반드시 투자해야 할 핵심요소임을 인식하고 많은 시간을 할애하여 훌륭한 교육 프로그램을 구축해야 한다. 그러기 위해서는 무엇보다 최고경영자의 적극적인 후원이 필요하다.

3. 계층별 리더십 필요 역량

리더십 역량의 상대적 중요성은 개인이 속한 계층에 따라 다르다. 로버트 카츠(Robert L. Katz)가 제시한 계층에 따라 요구되는 리더십 역량(자질)은 [그림 13-1]과 같다.

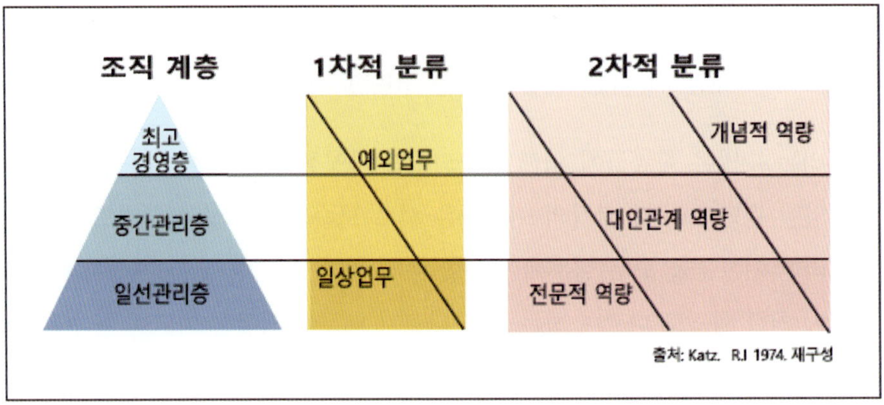

[그림 13-1] 계층에 따라 요구되는 리더십 역량(자질)

로버트 카츠는 계층에 따라 요구되는 리더십 역량에 대해 1차적으로 심플하게 일상업무와 예외업무의 2가지로 분류했다. '일상(routine)업무'란 업무가 정형화되어 기계적으로 반복되는 업무를 말하며 '예외(exception)업무'란 업무가 비정형화되어 있어 그때그때 상황에 따라 판단해야 하는 업무를 말한다. 상위직급으로 갈수록 예외업무 비중이 커지고 일상업무 비중은 적어지므로 고위층이 될수록 예외업무 처리능력이 뛰어나야 한다.

그는 다시 2가지 분류를 보다 구체적으로 3가지 분류로 나누었다.

1) 경영자의 필요 역량

① 전문적 역량(technical skills): '업무'에 초점

자신의 분야에 대해 갖추어야 할 전문적인 지식과 관련된 역량을 말한다(설계, 시장조사, 회계업무, 컴퓨터 프로그래밍, 노사관계 능력 등).

② 인간관계 역량(human relationship skills): '사람'에 초점

다른 사람과 더불어 일할 수 있는 능력을 말한다(구성원들을 리드하고 동기부여 시

키며 갈등을 관리하는 등).

③ 개념[1)]구축 역량(conceptual skills): '조직'에 초점

조직 전체를 파악하고 모든 분야를 동시에 고려하면서, 복잡하고 추상적인 문제를 분석하여 최선의 해결책을 제시할 수 있는 능력을 말한다(의사결정 능력, 기획능력, 미래에 대한 통찰력, 비전과 전략 수립능력 등).

2) 계층별 필요한 리더십 역량

전문적 역량은 주로 실무적인 역량이므로 하위수준에서 중요시되며 상위로 올라갈수록 그 중요성은 낮아진다. 반면에 개념적 역량은 기업 전체에 영향을 미치게 되는 포괄적이고 전략적인 의사결정을 해야 하는 역량이므로 직위가 높아질수록 중요시된다. 모든 조직의 가장 가치 있는 자원은 사람이기 때문에 대인관계 역량은 모든 경영자층에 필요한 역량이다.

전문적 역량의 경우 예외적인 비중이 적어 통상 대학의 교과목이나 직장훈련 프로그램에서 쉽게 가르쳐질 수 있다. 그러나 개념구축 역량은 예외적인 비중이 커서 포괄적인 지식을 바탕으로 많은 경험과 직관 그리고 통찰력이 있어야만 습득이 가능한 특징을 가지고 있다. 대인관계 역량 역시 개념구축 역량 못지않게 습득이 쉽지 않다. 이론도 중요하지만 많은 경험과 시행착오를 거쳐야만 제대로 된 역량을 얻을 수 있기 때문이다.

3) 계층별 리더십 역량 수준 체크

[그림 13-2]는 자신의 현재 리더십 역량수준을 확인할 수 있는 체크 리스트로, 1, 4, 7번 점수 합은 전문적 역량, 2, 5, 8번 점수 합은 인간관계 역량, 3, 6, 9번 점수 합은 개념 구축 역량수준을 나타낸다. 대체적으로 8점 이상이 바람직하다.

---

1) 개념(概念: concept): 개개의 사물로부터 비본질적인 것은 버리고 본질적인 것만을 뽑아내어 종합 · 정제하여서 얻은 하나의 보편적인 관념을 말한다.

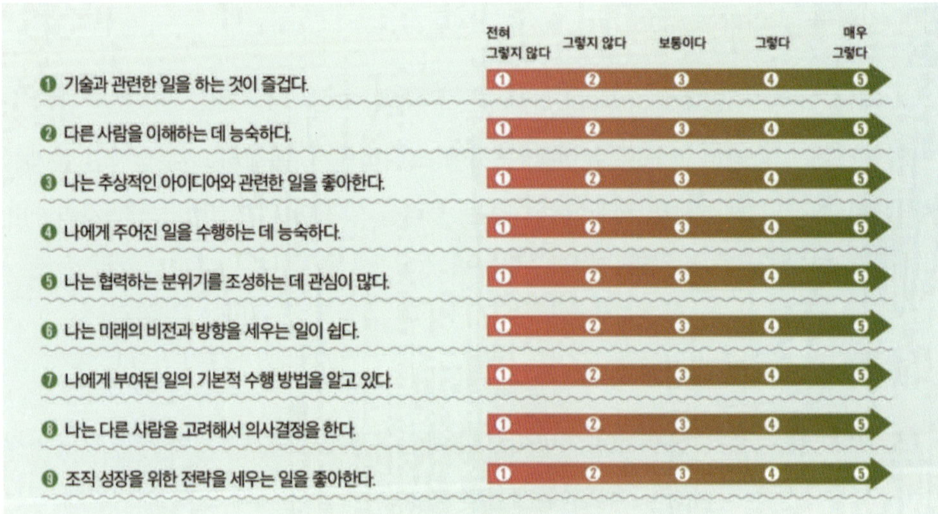

[그림 13-2] 리더십 역량 수준 체크 리스트

출처: 최승희, 나의 리더십 수준.

2절 글로벌 리더십 역량개발 단계

리더십은 단순한 교육훈련을 통해 단기간에 개발할 수 없으며, 리더십을 개발한다는 것과 리더십을 이해한다고 하는 것은 별개의 문제이다. 실제로 리더십에 대해 박식한 지식을 가지고 있는 사람이라도 리더십을 제대로 발휘하지 못하는 사람이 많다. 그렇다면 제대로 된 리더십을 개발하기 위해서 어떠한 단계를 거쳐야 할까? 심플한 3단계 개발방법과 이를 확장한 5단계 개발방법을 살펴보기로 한다.

1. 3단계 개발

일반적으로 리더십 역량 개발 프로세스는 [그림 13-3]과 같이 3단계로 이루어진다.

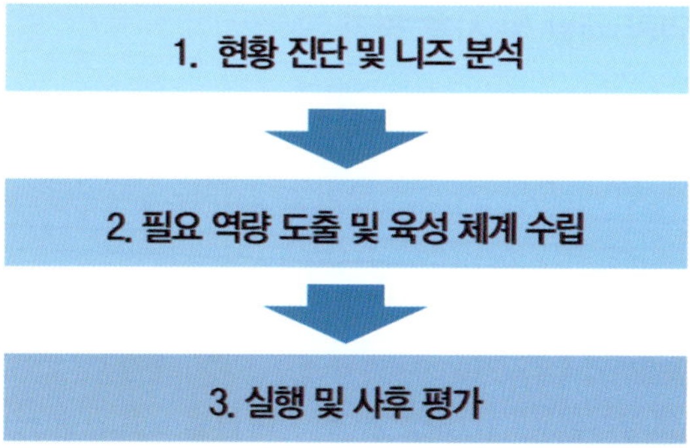

[그림 13-3] 리더십 3단계 개발절차

1) Step 1. 조직 내외부 현황 진단 및 니즈 분석

① **외부 니즈 분석**: 사업 외부환경 검토를 통해 시장과 고객이 원하는 것이 무엇인지 파악한다. 아울러 사업에 대한 기회요인과 위협요인을 찾아내어 기회요인은 포착하고 위협요인을 제거하는 방안을 모색한다.

② **내부 니즈 분석**: 경영진 및 임직원 인터뷰 등을 통해 그들이 원하는 것은 무엇인지 그리고, 기업목표를 달성키 위해 조직원의 어떤 부분을 변화시켜야 하는지 파악한다. 아울러 조직의 강점과 약점을 찾아내어 강점은 살리고 약점은 보완하는 방안을 모색한다.

2) Step 2. 필요역량 도출 및 육성체계 수립

내 · 외부 니즈를 충족시키기 위해 자사에 무슨 역량이 필요한지를 파악하고 이러한 역량을 육성하는 체계를 확립하는 단계이다. 이때, 외부의 자문에만 의존하기보다는 내부 전문인력도 적절히 활용한다. 외부 인력은 현상을 객관적으로 볼 수 있는 장점이 있으나 내부 상황은 잘 모르는 단점을, 내부 인력은 내부 상황은 잘 아나 너무 주관적으로 흐를 수 있는 단점이 있기 때문이다.

3) Step 3. 필요역량 개발 및 사후 평가

규명된 필요 역량을 개발하고 이행정도를 평가하는 단계로 리더십 개발 프로세스의 핵심 단계이다.

① 리더로 하여금 리더십 역량을 개발하고 경험과 학습을 통해 역량을 습득하도록 유도한다.

② 리더십 육성 프로그램을 적용한 후에는 반드시 그 효과를 평가한다. 즉, 교육 참가자의 반응, 지식 습득의 정도, 행위 변화 등을 평가하고 피드백 한다.

2. 5단계 개발

최은수(2016)가 제시한 5단계 리더십 개발 프로세스는 다음과 같다([그림 13-4]).

1) 나 자신과 내가 처한 상황에 대한 이해

먼저 리더가 되고자 하는 사람은 자기 자신에 대한 이해와 자신이 당면한 상황에 대해 가급적이면 자세하게 파악해야 할 필요가 있다. 나는 어떤 성격을 가진 사람인가? 나 자신이 삶에 있어서 중요하게 생각하는 핵심 가치와 미래비전은 무엇인가? 나의 업무적 특성과 내가 처한 상황은 어떠하고, 의욕과 능력은 어느 수준인가 등에 대한 이해가 필요하다.

2) 나의 리더십 수준 진단

다음은 나는 이런 정도의 리더십 역량을 가져야겠다는 목표를 설정하고, 이에 대한 현재의 나의 리더십 수준은 어느 정도인지 진단한다. 진단이 되면 자연스레 자신의 리더십역량 목표와 현수준의 갭(gap)이 도출된다.

3) 리더십 발휘에 필요한 기본적인 스킬을 개발하기

다음 단계는 목표와 현 수준의 갭을 좁히기 위한 리더십 스킬을 개발해야 한다. 예를 들어, 창의적으로 문제를 해결하고 합의를 이끄는 기술, 상황을 파악하고 문제의 우선순위를 정하는 기술, 효과적으로 의사 결정하는 기술, 다양한 지식습득을 통해 미래를 예견하는 기술, 일을 위임하고 사람들의 참여를 촉진하는 기술, 사람들에게 피드백을 하거나 코칭하는 기술 등이 대상이 된다.

4) 현장에서 리더십을 경험하고 보완하기

다음은 자신이 개발한 리더십 스킬을 현장에서 시행해 보는 것이다. 리더십이 이해되고, 리더십 스킬이 개발되었다 할지라도 리더십을 현장에서 발휘해 보지 않으면 자신의 리더십이 효과적인지 그렇지 않은지를 알 수 없다. 이를 통해 자신이 습득한 리더십 스킬에 대한 개선점도 찾을 수 있다(3절. 직접경험을 통한 리더십 역량개발 참조).

5) 타인으로부터 또는 상호적으로 피드백 받기

다음은 다른 사람으로부터 피드백을 받는 것이다. 사람은 자신에 대해 주관적으로 평가하는 경향이 있어 자신의 부족한 점을 깨닫지 못하는 경우가 많다. 그러므로 자신의 리더십 수준에 대해 누군가로부터 평가받고 조언받은 후 미흡한 부분에 대해서는 적절히 보완해야 한다.

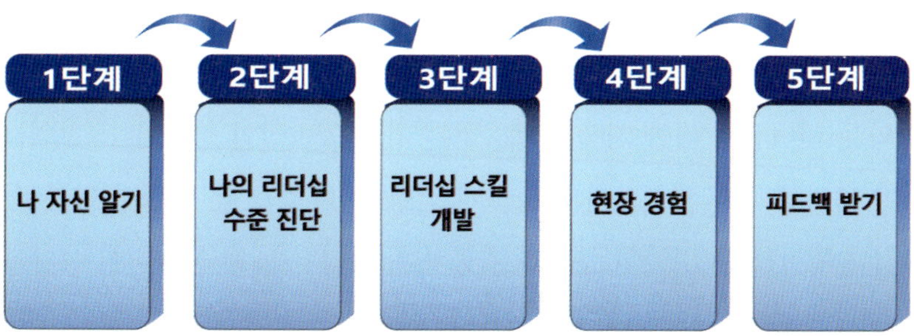

[그림 13-4] 5단계 리더십 개발 프로세스

3절 글로벌 리더십 역량개발 방법

제2절의 리더십 역량 개발 3단계 중 2단계, 5단계 중 3단계에 해당되는 리더십 역량 개발방법에 대해 살펴보기로 한다. 리더십 역량개발 방법은 크게 자신이 직접 몸으로 부딪혀 시행착오를 범하면서 습득하는 '직접경험을 통한 방법'과 비직접적으로 습득하는 '간접경험을 통한 방법'으로 나눌 수 있다. 일반적으로 간접경험을 통해 리더십 역량을 개발한 후 직접 경험을 통해 문제점을 보완하고 이를 효과적으로 습득하는 과정으로 이루어지는 게 바람직하다.

1. 간접경험을 통한 리더십 역량개발

간접경험을 통한 리더십 역량개발 훈련은 대학, 컨설팅, 회사연수원 등 다양한 기관에서 수행되고 있다. 김정일(2003)이 분류한 공식적 훈련, 개발활동, 자습활동으로 나누어 간접경험을 통한 리더십 역량개발을 소개한다.

1) 공식적 훈련(formal training)

대체로 정해진 시간에 실시되며, 교육 참가자들이 현업을 떠난 상태에서 교육전문가의 교육을 받게 된다.

① '강의'는 리더십에 대한 지식을 제공하는 가장 일반적인 방식이다. 강의는 학습과정이 토의와 같은 방식보다도 빠르게 진행될 수 있을 뿐 아니라 다른 훈련 방법에서 놓치기 쉬운 것들의 분석이 가능하며, 다양한 매체를 통하여 보다 효과적으로 전달될 수 있다. 또, 다량의 지식을 체계적으로 전달할 수 있고, 전체적이고

종합적인 시각을 유지할 수 있는 장점도 있다. 반면 이론에 치우쳐 현장적용 효과에 회의적이라는 시각도 존재한다.

② 다양한 리더십 상황을 묘사한 '사례 토의'를 통해 리더십 역량을 끌어올리는 방식도 있다. 사례연구는 특정 사안에 대해 간접적 경험을 통해, 즉 서로의 의견을 주고받는 과정을 통해 효과적으로 리더십 역량을 습득할 수 있는 장점을 가지고 있다.

③ 강의실을 하나의 드라마 연출장으로 설정하여 참여하는 '역할 놀이'도 있다. 모든 사람에게 별도의 역할을 부여하여 연기하도록 배정한다. 조직생활에서 발생할 수 있는 다양한 상황에서 실제로 서로의 행동을 관찰하고 건설적인 비판을 해 보기 때문에 문제해결 능력향상에 효과가 높다.

2) 타인의 도움을 통한 개발활동

타인의 도움을 통한 개발활동은 여러 형태를 띠고 있는데 대표적인 것이 컨설팅과 피드백을 통한 개발활동이다.

① '컨설팅'은 외부 전문 상담자의 도움을 받아 역량을 향상하려는 방법이다. 개인적 행동이나 집단 내 인간관계 등 조직 전반적인 운영과정에서 나타나는 당면 문제를 분석하고 그 해결 능력을 향상시킴으로써 리더십 역량을 개발할 수 있다.

② 구성원들을 대상으로 한 질문지를 통하여 얻은 피드백 자료를 활용하여 부족한 부분을 파악하고 이에 적합한 리더십 역량을 개발하는 '피드백 개발기법'도 있다. 피드백 과정을 통한 리더십 역량개발 성공을 위해서는 전 과정에 걸친 구성원들의 관심과 참여가 있어야 한다.

3) 자습활동(self-help activities)

개인 스스로 수행하는 독서, 관련 동영상 시청, 기술개발을 위한 컴퓨터프로그램 사용 등과 같은 학습활동을 말한다.

2. 직접경험을 통한 리더십 역량 개발

경험학습은 지식전달 위주의 형식적이고 추상적인 교육으로부터 경험에 기초한 교육으로 전환하려는 시도로 시작되었다. 현장에서 몸으로 부딪히면서 얻은 리더십 역량습득은 간접경험을 통한 방식보다 효과가 큰 장점을 가지고 있으나 시간과 비용이 많이 드는 단점이 있다.

1) 콜브(Kolb)의 경험학습 모형

콜브는 대표적인 경험학습 연구자이다. 그의 경험학습 모델은 학습자가 자신이 학습하고자 하는 사안에 대해 실제적으로 경험해 봄으로써 과학적이고 효과적으로 학습하게 된다는 논리이다. 즉, 구체적인 경험을 해 본 후 이를 분석하여 이론화하고 이를 현장에 실행해 보는 과정을 거치면서 학습하는 원리이다. [그림 13-5]와 같이, '구체적 경험' → '경험에 대한 분석' → '원리정리' → '재경험을 통한 습득'의 네 과정을 통해 학습한다.

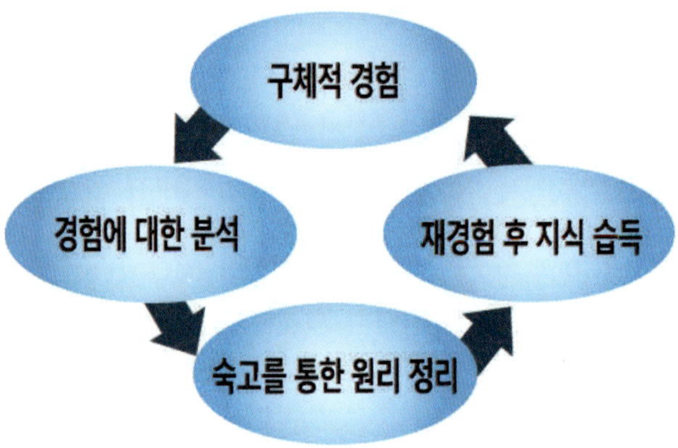

[그림 13-5] 콜브의 경험학습 모형

특정분야에 대한 역량이 습득되면 새로운 분야로 바뀌 상기 사이클을 반복하면서 해당 개념을 심도 있게 학습한다. 학습자는 자신이 선호하는 학습방식을 순환과정의 어느 위치에서나 시작할 수 있지만, 의미 있는 학습을 수행하기 위해서는 네 단계 모두를 거치는 것이 좋다.

2) 콜브의 경험학습 이론을 활용한 리더십 개발

리더십 역량도 콜브 이론을 통해 습득할 수 있다. 아래 각 항목 밑에 서술한 사례는 리더십 이론을 배우는 학생들이 유치원에서 유아들과 어울리면서 리더십 관련 지식을 습득하는 과정이다.

① **구체적 경험:** 실제적인 경험을 하는 단계로, 일반적으로 새로운 경험에 직면했을 때 개방적으로 몰입하며 체계적으로 접근하기보다는 느낌에 의존하는 것이 좋다. 체계적으로 접근할 경우 경험에 의한 리더십 습득보다는 기존에 나와 있는 이론대로 접근하게 될 경향이 크기 때문이다.

> **사례**
>
> 사례) 유치원을 방문하여 유아들과 어울리는 구체적인 경험을 한다. 이때 체계적이 아닌 감(感)으로 접근한다.

② **경험에 대한 분석:** 다양한 시각에서 앞선 경험들을 꼼꼼히 분석하는 단계이다. 이때 경험과정에서 나타난 문제점을 반성하고 개선책도 강구한다.

> **사례**
>
> 사례) 유아들과 어울렸던 것에 대해 내용을 정리한다. 이때 스스로 관점을 바꿔 보고 다른 학생들의 의견도 들어 본다.

③ 숙고를 통한 원리 정리: 자신이 관찰하고 분석결과들을 정리하여 이론화한다.

사례

사례) 유치원에서 리더십에 대해 새로 알게 된 내용을 논리정연하게 정리한 후 이를 체계적으로 이론화한다.

④ 재경험을 통한 지식 습득: 정리된 원리나 가정을 다른 현장에서 능동적으로 적용해 보고 최종적으로 정리함으로써 학습이 마무리되는 과정이다. 이 단계에서 필요시 이론의 수정이 발생할 수 있다.

사례

사례) 마지막으로 초등학교 등과 같은 다른 장소로의 현장견학을 실시하여 새로 체득한 지식을 검증하게 되는데, 이때 정리한 이론과 차이점이 발생하면 수정한다.

심화학습 **암묵적 지식와 형식적 지식**

지식은 암묵적 지식과 형식적 지식으로 구분된다. 암묵적 지식 또는 '암묵지(暗默知: tacit knowledge)'는 언어로는 습득이 불가하고, 직접적인 체험을 통해 몸에 쌓인 지식으로만 습득이 가능하다. 예를 들어, 자전거의 경우 아무리 많은 이론을 습득해도 직접 몸으로 경험해 보지 않으면 배울 수 없으며 한 번 배우면 많은 시간이 지나도 타는 법을 잊지 않는다. 암묵지와 상대되는 개념인 형식적 지식 또는 '형식지(形式知, explicit knowledge)'는 언어나 문자를 통하여 겉으로 표현된 지식으로 누구나 책이나 인터넷 검색을 통해 얻을 수 있는 지식을 말한다. 그렇다면 미래의 일자리는 어떻게 변할까? 옥스퍼드대 마이클 오븐(Michael Oven) 교수는 향후 20년 내 현재 일자리의 약 절반이 없어지게 되는데 사라지는 직업의 대부분은 형식지를 기반으로 하는 직업이고, 유지되거나 생기는 직업은 암묵지를 기반으로 한 직업이 될 것으로 예상했다. 즉, 일정한 패턴의 분석능력을 요구하는 형식지를 기반으로 하는 직업은 인공지능이 대신하게 되고 인공지능이 따라오기 어려운 암묵지를 기반으로 하는 직업은 유지되거나 늘어난다는 것이다. 예를 들어, 형식지를 기반으로 하는 '텔레마케터'는 99%를 인공지능이 대체하나 암묵지를 기반으로 한 '레크레이션을 활용한 치료사'는 전혀 대체하지 못한다고 밝히고 있다. 그만큼 경험을 통한 학습이 중요하다는 것을 의미한다.

3. 리더십 역량개발의 실패요인 및 개선방향

오늘날 많은 기업들은 리더십 개발의 중요성을 실감하고 나름대로 이를 실천하고 있다. 그러나 방향이 바람직하지 않다면 하지 아니함보다 못하다. 많은 경영자들이 흔히 범할 수 있는 우(愚)와 이에 대한 바른 방향을 제시해 보기로 한다.

1) 리더십 역량개발 시 이론에 중점을 둔다

리더십 역량개발의 출발점이 관련 이론임을 부정할 수는 없으나 조직현장과 격리된 이론 중심으로만 개발할 경우 현실과의 괴리로 원하는 결과를 얻기 어렵다. 그러므로 이론을 바탕으로 하되 철저히 현장을 고려해야 한다. 백 번 듣는 것보다 한 번 보는 게 낫고(百聞不如一見), 백 번 보는 것보다 한 번 해 보는 게 낫기(百見不如一行) 때문에 경험을 통해 시행착오를 범하면서 개발할 때 가장 큰 효과를 얻을 수 있음을 간과해서는 안된다.

2) 리더십 개발의 주권을 회사가 쥐고 있다

회사 또는 교육 주관부서가 전권을 가지고 그들의 논리대로 리더십 역량을 개발하고 컨텐츠를 선정할 경우 다양화 요구가 넘쳐 나고 분권화된 조직에 매우 비효과적이다. 그렇다고 모든 주권을 현업 부문에 떠넘겨서도 안된다. 리더십 개발의 내용을 모든 이해관계자와 공유하고 이에 대한 상호책임의 문화를 정착시켜야 하므로 교육 프로그램의 주권은 현업 부서가 가지되 회사(교육 담당부서)는 이를 전폭적으로 지원하는 형태가 바람직하다.

3) 눈앞에 보이는 현상만을 보완하는 프로그램을 단시간에 만든다

리더 자신의 임기 내에 성과를 내려는 단기성과주의 리더십 개발은 반짝 효과밖에 내지 못한다. 자신의 임기 내 마무리를 못하는 한이 있어도 근본 원인을 파악하여 실질적인 성과를 낼 수 있는 리더십 프로그램을 개발해야 한다. 반년만에 추수하여 적은 수익을 낼 수 있는 벼 대신 5년이 걸려도 많은 수익을 낼 수 있는 과일 나무를 심어야 한다.

4) 다른 회사가 성공한 사례를 그대로 도입한다

남에게 잘 맞는 옷을 그대로 입지 말고 자신에 맞게 고쳐 입어야 한다. 즉, 타사가 성공한 내용을 벤치마킹은 하되 자사의 실정에 맞게 수정, 보완해야 한다. 프로그램의 효과는 그 회사의 조직문화와 사업특성에 따라 달라지기 때문이다.

5) 조직의 고위층이나 고객을 대상으로 한 보여 주기식 리더십역량을 개발한다

보여 주기 위해 포장만 그럴듯하게 만들어진 리더십 역량 프로그램은 돈과 시간 낭비이다. 당연히 조직 구성원들에게 실질적으로 효과를 발휘할 수 있는 내용이어야 한다. 제대로 된 프로그램을 만들기 위해서는 프로그램 운영 결과에 대한 평가 척도도 제대로 만들어야 한다. 연수원 가동율, 강의 일수, 교육인원 등이 효과를 측정하는 잣대가 되어서는 안된다. 진정한 리더십 역량 개발 측정을 위한 계량적 측정지표를 개발해야 하며 아울러 객관적으로 인정되는 정성적 측정방법도 강구해야 한다.

사례 GE의 리더십 프로그램 개발 및 운용

전 세계의 기업 중 핵심인재 교육에 가장 많은 투자를 하고 있는 기업은 어디일까? 대부분의 조사결과에서 단연 1위를 차지하는 기업은 GE이다. GE는 기존의 리더십 개념을 극복하기 위해 다양한 리더십 프로그램을 운영하고 있는데 이 중 가장 대표적인 5가지 리더십 프로그램을 소개한다.

① 경력가속화(Career Acceleration)의 과정: 직원들의 경력과 능력을 조기에 향상시키는 제도다. '핵심 재무인재 육성 프로그램(FMP)', '정보관리 리더십 프로그램(IMLP)' 등의 다양한 리더십 프로그램, 글로벌 감사요원(Corporate Audit Staff)제도, 6시그마 품질요원 자격 취득 등이 있다.

② 글로벌 경험 과정: 책상머리에서 도표를 분석하는 능력도 필요하지만 해당국가에서 직접 근무기회를 갖는 것은 더 중요하다. 해외에 직원을 단기간 파견하여 해외 근무 기회를 제공함으로써 글로벌 시각과 경험을 익히게 한다.

③ 멘토링 과정: 경영자를 비롯하여 경험 많은 직원을 멘토(Mentor)로, 인재양성대상자를 멘티(Mentee)로 지정하여 멘티의 업무 능력을 향상시키는 멘토링 프로그램이 활성화되어 있다.

④ 스트레치(Stretch) 과정: 동기부여를 통해 개인의 자발적인 의지로 창의적 능력을 극대화시켜 자신이 달성할 수 있는 직무와 목표를 최고로 확장(Stretch)하게 한다.

⑤ 사업부문 간 순환 근무: GE는 11개의 서로 다른 사업부문에서 근무할 수 있는 기회를 주어 산업과 지역 및 제품과 서비스 등에 대한 폭넓은 경험을 갖게 한다.

한편, GE는 중역 이상을 대상으로 하는 교육의 경우 반드시 미국에 있는 '크로톤빌 연수원'에서 실시하고 있다(출처: 심재우, 2006).

사례 **포스코의 리더십 개발**

급변하는 철강산업의 경영환경 변화 속에서 자사에 맞는 리더십 프로그램을 개발하여 운영 중인 포스코의 사례를 살펴본다.

1) 계층별 리더십 교육과정의 개발과 실행

계층별, 즉 고급 경영자, 중간 관리자, 일반 직원별로 구분한 리더십 교육과정을 개발하고 교육을 실행 중이다.

① 토요학습(고급 경영자 대상): 계층별 리더십 교육 프로그램들 중 가장 먼저 개발하여 실행한 것이 임원, 부장대상의 토요학습이었는데, 이는 경영층과 고급관리자들부터 교육에 솔선하여 참여함으로써 전사적인 차원의 학습 분위기를 고취하기 위한 조치였다. 2006년도부터 토요학습은 5대 핵심 교육 분야를 중심으로 리더십스쿨, 평생학습과 연계되어 실행되었고, 사외 강의와 사내 강의의 비중을 50:50으로 설정하였다.

② 리더십스쿨(중간관리자 대상): 리더십스쿨의 학습 프로세스는 「3단계 학습모형」에 따라 개발되었다. 교육 분야별로 '기본 학습'은 기본적 지식과 정보를 숙지하는 학습단계이고, '본 학습'은 참여와 실습을 통한 문제해결과 실천의 방법을 체득하기 위한 학습 단계이며, '사후학습'은 현업 복귀 후 사전학습과 본 학습에서 교육받은 내용을 현장에 실제로 적용하고 실천하는 학습 단계이다. 사후학습 단계에서는 교육 분야별 전임교수와 교육 부서를 중심으로 현장실천 활동을 지원해 준다. 예를 들어, 일반 직원들의 반응을 모니터링하고, 분야별 리더십 발휘의 수준을 측정하고 피드백해 주며, 현장 방문과 코칭(coaching), 온라인 질의응답, 우수 실천사례 발굴 및 공유, 현장용 교안 제공 등의 활동을 수행한다.

③ 평생학습(일반직원 대상): 회사는 일반 직원 1인당 연간 최소 40시간에서 최대 80시간의 범위에서 현장의 실정에 맞게 자율적으로 학습토록 하는 등 일반직원들이 회사에 근무하는 평생 동안 지속적으로 학습할 수 있도록 필요한 교육 자원을 제공해 주고 있다. 또한, 중간관리자들은 리더십 스쿨에서 학습한 내용을 평생학습교육 시간을 활용하여 직원들에게 전파함으로써 학습효과를 극대화하고 있다.

2) 효과적 리더십 교육을 위한 변화관리

계층별 리더십 교육과정을 효과적으로 개발하고 실행하기 위해 다음과 같은 변화관리를 추진하였다.

① 전사적 협의체 구축: 기존에 현업 부서별로 수시로 시행하던 교육들을 전사적인 차원의 리더십 교육 프로그램으로 전환하기 위해서는 관련 부서들과의 긴밀한 협력이 반드시 필요하다. 전사적인 차원의 교육에 11개 부서들의 부서장들이 협의위원으로 위촉되었고, 부서별 교육책임자와 교육과정 개발요원, 사내강사 등이 구성원으로 참여하였다. 전사적 협의체는 부서별 교육 니즈를 수시로 수렴한 후 분기마다 정례적으로 공식적인 협의회를 개최함으로써 리더십 교육과정 개발, 강사 양성, 교육 운영 등과 관련된 각종 계획과 실행 방안들을 조정하고 결정하였다.

② 사내 교수단 운영: 토요학습과 리더십스쿨의 기획과 실행을 주도적으로 시행할 수 있는 강사의 양성은 계층별 리더십 교육 프로그램의 성공적 실행에 있어 핵심적인 관건이었다. 이를 위해 5대 핵심 교육 분야별로 '사내 교수단'을 설치하여 운영하였다. 사내 교수단은 교육 분야별로 고급 수준의 전문성과 경험을 갖춘 우수 직원과 직책 보임자들 중에서 선발되었고, 심층적인 교육내용 연구와 교육과정 개발 및 강의스킬 향상교육을 통해 양성되었다. 이들은 교육의 니즈 파악에서부터 사전학습 과정개발과 강의, 집합교육 교재 개발과 강의, 사후학습 지원 활동 등에서 주도적인 역할을 수행하였고, 토요학습, 리더십 스쿨과 평생학습을 긴밀하게 연계하여 운영하는 데에 크게 기여하였다(출처: 김현주, 2007).

참고문헌

■ 단행본

강수진(2017). 한 걸음을 걸어도 나답게. 서울: 인플루엔셜.
강주헌(2009). 서번트 리더십. 서울: 참솔.
권석만(2017). 젊은이를 위한 인간관계의 심리학. 서울: 학지사.
고진숙(2004). 이순신을 만든 사람들. 서울: 한겨레신문사.
김성수(2011). 글로벌 리더십 개발. 서울: 탑북스.
김성수(2016). 혁신적 리더십. 서울: 탑북스.
김윤호. 김태완(2015). 리더십의 이해. 서울: 형설.
김종식(2011). 타타그룹의 신뢰경영. 서울: 랜덤하우스.
김태열, 이덕로(2014). 현대사회와 리더십. 서울: 문영사.
박보식(2019). 리더십. 경기: 대영문화사.
박현모(2008). 세종처럼, 소통과 헌신의 리더십. 서울: 미다스북스.
백기복(2017). 한국형 리더십. 경기: 북코리아.
변상우(2016). 리더십: 글로벌 시대의 리더가 갖춰야할 역량. 서울: 청람.
송기도, 양승윤, 송기돈, 백종국, 최진영, 고홍근, 강준만(1999). 권력과 리더십. 서울: 인물과사상사.
신인철(2007). 팔로워십, 리더를 만드는 힘. 서울: 한스미디어.
심재우(2006). GE의 핵심인재는 어떻게 단련되는가. 서울: 스마트비즈니스.
안성호, 김일석(2010). 현대 리더십의 이해. 경기: 신광문화사.
오화석(2013). 100년 기업의 힘 타타에게 배워라. 서울: 매경출판사.
유필화(2012). 역사에서 리더를 만나다. 서울: 흐름출판.
윤혜린, 김영옥, 양민석, 조형, 정지영(2009). 여성주의 리더십. 서울: 이화여대 출판부.
이원복(2003). 먼나라 이웃나라 한국편. 서울: 김영사.
이원우, 서도원, 이덕로(2006). 경영학 원론. 서울: 박영사.
이장우(2015). 창발경영: 한국경제의 새로운 성공 DNA. 경기: 21세기북스.
이재희(2016). 리더십 프레임. 서울: 한올출판사.
이철휘(2013). 살아가면서 한번은 당신에 대해 물어라. 경기: 모아북스.
이학종, 박현준(2004). 조직행동론. 서울: 박영사.
이희경(2005). 코칭입문. 서울: 교보문고.
이태석(2013). 친구가 되어주실래요?. 서울: 생활성서사.
장수용(2005). 팀제의 이해 및 운영. 미물.
장영광, 정기만(2016). 생활 속의 경영학. 서울: 신영사.

정종권(2009). **싱가포르 지도자 리콴유**. 서울: 사람과 책.
최은수(2016). **리더십 개발 프로그램**. 경기: 공동체.
최찬기, 박윤창(2004). **글로벌 기업의 CEO 리더십**. 서울: 탑북스.

■ 논문, 보고서

강성길(2012). 동기부여를 통한 GWP 향상 사례연구. 경북대학교 대학원 석사학위논문.
강영순(2003). 리더십 연구, 리더십의 새로운 패러다임. 제주대학교.
강재구(2013). 상사와 부하 감성지능이 변혁적 리더십, 팀 긍정정서, 팀 창의성, 팀 효율성 및 팀 성과에 미치는 영향. 동국대학교 대학원 박사학위논문.
고경섭(2000). 팔로워십 특성별 리더십 유형이 조직 유효성에 미치는 영향. 상지대학교 경영대학원 석사학위논문.
김규리(2013). 컬러테라피 프로그램을 통한 성인학습자 감성리더십 개발과정. 숭실대학교 대학원 박사학위논문.
김성동(1994). 관리자의 조직적 갈등관리방안에 대한 연구. 광주대학교.
김영성(2003). "히딩크 리더십"을 통한 부대관리향상 방안. 동국대학교 경영대학원 석사학위논문.
김정일(2003). 평생교육을 위한 리더십 프로그램 개발 연구. **한국성인 교육학회**, 6(1), 1-27.
김태백(2006). 병원 종업원의 팀웍과 리더십유형이 조직유효성에 미치는 영향. 인제대학교 박사학위논문.
김현주(2007). 포스코의 계층별 리더십 교육 프로그램 개발 사례. **한국산업교육학회**, 14, 89-102.
김흥국(1999). 21세기 리더십: 패러다임 전환과 리더의 역할. **인적자원개발연구**, 1(1), 1-31.
문권모(2015). 여성 리더십에 대한 오해와 진실. LG경제연구원.
박종훈(2003). Kolb의 경험학습 모형. 서울대학교 석사학위논문.
박효정(2013). 학교장의 감성리더십이 집단창의성에 미치는 영향. 경북대학교 교육대학원 석사학위논문.
서의정(2012). 스타팔로워를 만드는 비결. 삼성경제연구소.
송유림(2004). 팔로워십 유형에 따른 비서의 직무만족과 조직몰입에 관한 연구. 이화여자대학교 대학원 석사학위논문.
신유근(2002). 한국기업 최고경영자의 행동특성과 리더십 스타일. 노사관계연구.
양승일(2013). 조직구조의 유형, 계층제조직, 프로젝트팀조직. 온라인 행정학 사전.
예지은(2010). 긍정 에너지를 끌어내는 힘, 감성 리더십. 삼성경제연구소.
윤수경(2007). 팀웍이 사회복지사의 조직몰입에 미치는 영향에 관한 연구. 연세대학교 행정대학원 석사학위논문.
윤정헌(2000). 호텔기업 종업원의 팀웍에 대한 다차원적 접근. 관광레저연구.
이란희(2015). 조직구성원의 팔로워십과 리더십 유형 및 상응관계 탐색. 연세대학교 대학원 박사학위논문.

이상욱(2004). 팀제. 조직혁신연구소.
이춘우(2005). 팀 역량의 구성요소모델과 측정지표 개발연구. **조직과 인사관리연구**, 29(3), 189-237.
장태관(2005). 코칭을 통한 리더십 향상 방안에 관한 연구. 중앙대학교 석사학위논문.
정민주(2011). 서비스직원의 감성능력이 팀웍역량 및 창업의지에 미치는 영향. 경기대학교 대학원 박사학위논문.
정용주(2006). 갈등관리유형이 리더 신뢰와 이직의도에 미치는 영향. 경기대학교 대학원 박사학위논문.
정효현(2001). 갈등관리전략에 관한 연구. 고려대학교 대학원 박사학위논문.
주영태(2011). 원전건설 전문 인력의 동기부여요인이 직무성과에 미치는 영향. 숭실대학교 석사학위논문.
주현미(2012). 대기업 팀의 응집력과 학습행동, 상사의 리더십행동 및 성과 관계. 서울대학교 대학원 박사학위논문.
진세우(2014). 신뢰경영이 조직몰입에 미치는 영향에 대한 연구. 동명대학교 대학원 석사학위논문.
천형성(2011). 켈리의 효과적인 팔로워십 특성이 조직성과에 미치는 영향. 고려대학교 대학원 석사학위논문.
하상균(2007). 팀역량과 팀성과 간의 관계에 관한 연구. 서울시립대학교 석사학위논문.
한상엽(2017). 팔로워십 향상. LG 경영연구원.

■ 정기 간행물

경총 경영계 78호(2008.07.). 오바마의 감성 리더십.
내외뉴스통신(2017.05.). 지휘관의 유형.
노사관계 연구 16권(2005.12.). 한국형 글로벌 리더십, 신유근.
리더십 네트워크 235호(2004). 국제제자훈련원.
리더피아(2009.07.). 윤리적 리더십, 등불을 밝혀라.
매일경제신문(2016.01.). '당 태종의 거울'이라 불린 재상 위징.
머니투데이(2013. 02.). 팀웍 구축의 4가지 비결.
시네21(2017.03.). '악의 평범성' 개념으로 본 아돌프 아이히만, 이예지.
시사뉴스피플(2008.12.). 기업가 정신 집중탐구: 정주영 현대회장의 돌파경영.
여성신문(2003.10.). 여성리더십이란 무엇인가, 김양희.
연합뉴스(2017.11.). 우리나라의 윤리수준.
월간 인재경영(2008.06.). 변화관리 사례연구, GE 사례.
중앙일보(2016.10.). 구글의 팀웍문화.
중앙일보(2016.3.). EQ(감정적 지능지수)가 높은 사람들의 10가지 특징.
중앙일보(2020.11.08.). 전교생 인간관계 넓히기 교육, 온 마을이 가족됐어요.
조선일보(2020.12.). 박정희 리더십을 평가한 하버드대 석학.
한국과학기술원(2013.08.). 팀웍을 높이는 방법.

한국경제매거진 966호(2014.06.). 스포츠 명장들의 팀워 경영.
CBS노컷뉴스(2017.10.). 원전 공론화 사례.
DBR, 67호(2010.10.). 팀제 도입성과와 개선방향, 박원우.
HRD(2014.10.). 중소기업코칭사례, 안남섭.
LG 경제연구원(LG 주간경제)(2002.05.). 기업문화혁신을 위한 5가지 원칙.
POSRI 경영연구 제7권 제2호(2007.05.). 임파워먼트를 위한 조직구조와 제도.

■ 인터넷 사이트

http://afrivoices.egloos.com/v/1402500, 위대한 독재자, 아돌프 히틀러.
http://ch.yes24.com/Article/View/, 직원들과 사랑에 빠진 CEO - 허브 켈러허, YES24 문화웹진 채널 예스.
http://chulsoosaid.tistory.com, 세종대왕의 소통 리더십.
http://dongaclub.com/, 효과적인 동기부여를 위한 학습 성공사례, 동아출판 공식블로그.
http://nlearners.org/gnuboard4/bbs/, 한국 리더십 교육의 문제점, 윤정구.
http://shootier.tistory.com/, 조영탁의 CEO의 리더십 탐구, 종업원은 파트너.
http://shrstory.tistory.com/, 리더십 개발과 실천, 황정선.
http://www.babeltop.net, 바벨탑 블로그.
http://www.chogabje.com/board/, 박정희 리더십 12계명, 조갑제.
http://www.econote.co.kr/, 예병일의 경제 노트, 남을 따르는 법을 알지 못하는 사람은 리더가 될 수 없다.
http://www.thescoop.co.kr, 진짜 리더라면 지시 아닌 지휘를 하라, 유영만.
http://www.prism.go.kr/, 국민 안전처 사이버 콘텐츠 교안.
http://www.sigmapress.co.kr, 효과적인 팀 구축, 핵심 조직행동론.
https://ko.wikipedia.org/wiki, 위키백과, 윤리적 리더십.
https://m.blog.naver.com/PostView.nhn?blogId, 슈퍼 리더십 사례.
https://m.blog.naver.com/PostView.nhn?blogId, 강수진의 셀프 리더십.
https://slidesplayer.org/slide/, 사우스웨스트 항공사 동기부여, 정원우.
https://sungjo.tistory.com/288, 5가지 리더십 스타일.
https://terms.naver.com/, 시대를 앞서가는 변화의 리더십 리콴유.
https://www.taekwonmaru.com/2510674 [태권마루], 성취동기이론.

■ 국외 저서

韓非(2016). 한비자: 군주론과 제왕학의 고전. [韓非子] (김원중 역). 서울: 휴머니스트.
Adams, J. S. (1984). Beyond Equity Theory. *Journal of Applied Psychology, 74*(2), 293-299.
Bass, B. M. (1990). From Transformational Leadership: Learning to Share the Vision, Organizational

Dynamics, 18(Winter).

Blake, P. R. & Mouton, J. S. (1978). *The new managerial grid*. TX: Gulf Publishing Company.

Brown, M. E., Treviño, L. K., & Harrison, D. A. (2005). Ethical leadership: A social learning perspective for construct development and testing. *Organizational behavior and human decision processes, 97*(2), 117-134.

Buber, M. (2020). **나와 너.** [Ich und Du] (김천배 역). 서울: 대한기독교서회(원저출판: 1923).

Cannon-bowers, J. A. (1995). *Defining competencies and establishing team training requirements*. San Francisco: Jossey-Bass.

Ciulla, J. B. (2004). *Ethics, the heart of leadership*. Westport, CT: Quorum Books.

Conger, J. A. & Kanungo, R. N. (1988). *Charismatic Leadership*. San Francisco: Jossey-Bass.

Cohen, W. A. (2004). **최강의 리더십.** [New art of the leader] (홍윤주 역). 서울: 청림출판(원저출판: 2000).

Dalton, M. A., Ernst, C., Deal, J. J., & Leslie, J. (2004). **글로벌 리더십.** [Success for the new global manager] (차동옥, 이상호, 장영철 역). 서울: 위즈덤아카데미(원저출판: 2002).

Drucker, P. F. (1985). *Innovation and Entrepreneurship: Practice and Principles*. New York: Harper Collins.

Fiedler. F. E. (1967). *A Theory of Leadership Effectiveness*. New York: Mcgrow-hill,

Gallwey. W. T. (1997). *The inner game of tennis: the classic guide to the mental side of peak performance*. New York: Random House Trade.

Gini, A. (1998), Moral leadership and business ethics. In J. B. Ciulla(Ed.), *Ethics, the heart of leadership*. Westport, CT: Quorum Books.

Goleman, D. (2002). *Primal Leadership: Learning to lead with emotional intelligence*. Boston, MA: Harvard Business School Press.

Greenleaf, R. K. (1970). Servant as leader. Republished in 1991 by The Robert K, Greenleaf Center in Indianapolis, Indiana USA.

Haberleitner, E. (2002). **코칭리더십.** [Führen Fördern Coachen] (이영희 역). 서울: 국일증권경제연구소(원저출판: 2001).

Hartley, R. F. (2006). **윤리경영.** [Business ethics: mistakes and successes] (윤리경영연구소 역). 경기: 21세기북스(원저출판: 2004).

Heller, T., & Van Til, J. (1982). Leadership and followership, The Journal of Applied Behavioral Science.

Hersey, P., & Blanchard, K. H. (1993). *Management of organizational behavior: utilizing human resources. 6th ed*. Englewood Cliffs, NJ: Prentice Hall.

Herzberg. F. (1966), Work and Nature of Man, World Publication. Handbook of Industrial and Organizational Psychology.

Hewlett, S. A. (2020). **후배 하나 잘 키웠을 뿐인데.** [Sponsor effect: how to be a better leader by investing in others] (서유라 역). 서울: 부키(원저출판: 2019).

House, R. J., & Shamir, B. (1993). Toward the integration of transformational, charismatic, visionary leadership, In Chemers, M. M. & Ayman, R.(eds.), *Leadership Theory and Research: Perspectives and Directions*. CA: Academic Press.

Hunter, J. C. (2006). **서번트 리더십 실전 매뉴얼**. [World's most powerful leadership principle] (김광수 역). 서울: 시대의창(원저출판: 2004).

Keller, J. M. (2010). Motivational Design for Learning and Performance The ARCS model approach. New York: NY Springer.

Kelley, R. E. (1992). *The power of Followership*. New York: Bantam Doubleday Dell Pub.

Kohlberg, L. (1969). Stage and sequence: e cognitive-developmental approach to socialization. In D. A. Goslin (Ed.), *Handbook of sozialization: Theory and research*(pp. 347-480). Chicago: Rand McNally.

Kolb, D. A. (1984). *Experiential learning-experience as the source of learning and development*. Englewood Cliffs, NJ: Prentice Hall.

Kotter, J. P. (2007). **기업이 원하는 변화의 리더**. [Leading change] (한정공 역). 경기: 김영사(원저출판: 1996).

Kotter, J. P. (2009). **위기감을 높여라**. [Sense of urgency] (유영만, 류현 역). 경기: 김영사(원저출판: 2008).

Larson, C. E. & LaFasto, F. M. J. (1989). *Teamwork: What must go right/what can go wrong*. Newbury Park, CA: Sage.

Likert. R. (1967). *The Human Organization*. NY: McGraw Hill.

Livovich, M. P. (1999). An Investigation of Servant Leadership in Public School Superintendents in the State of Indiana. Unpublished.

Locke, E. A. (1976). The nature and causes of job satisfaction. In M. D. Dunnette(Ed.), *Handbook of industrial and organizational psychology*(pp. 1297-1349). Chicago: Rand-McNally.

Machiavelli, N. (2004). **군주론**. [Principe] (이동진 역). 서울: 해누리(원저출판: 1532).

Maslow, A. H. (1943). A theory of human motivation. *Psychological Review, 50*(4), 370-396.

Manz, C. C., & Sims, H. P. (1995). *Business without bosses: How self-managing teams are building high-performing companies*. New York: Wiley.

Manz, C. C., & Sims, H. P. (2001). *The new SuperLeadership: Leading others to lead themselves*. San Francisco, CA: Berrett-Koehler.

Maxwell, J. C. (2018). **어떻게 360도 리더가 되는가?**. [360 degree leader] (강혜정 역). 서울: 넥서스biz(원저출판: 2011).

Northouse, P. G. (2007). *Leadership: theory and practice*. 4th ed. Thousand Oaks: SAGE Publications.

Peters T. J. (1985). *A Passion for Excellence, the leadership difference*. NY: Random Hoise.

Pillay, S. S. (2012). **과학적인 리더십**. [Your brain and business] (이민희 역). 서울: 시그마프레스(원저출판: 2010).

Rosen, R. H. (2001). **글로벌 리더십의 조건**. [Global literacies: lessons on business leadership and national cultures] (이종인 역). 서울: 세종서적(원저출판: 2000).

Spears, L. C. (1995). *Insights on Leadership: Service, Stewardship, Spirit and Servant- Leadership.* New York: John Wiley.

Stowell, J. S. (1986). "Leadership & Coaching," University of Utha.

Sutermeister, R. A. (1976). *People and Productivity.* New York: McGraw-Hill.

Thomas, K. (1976). "Conflict and Conflict Management." In M. Dunnette (ed.), *Handbook of Industrial and Organization Psychology.* Chicago, IL: Rand McNally.

Thomas, J. N, James, M. C. & Paul, B. B. (1999). *Lessons from the top: The search for America's best business leaders.* NY: Broadway Business.

Vroom, V. H. (1964). *Work and motivation.* NY: John Wiley & Sons.

Weber, M. (1946). Class, Status, Party. In H. H. Girth, & C. W. Mills (Eds.), From *Max Weber: Essays in Sociology* (pp. 180-195). New York: Oxford University.

Whitmore, J. (2002). *Coaching for performance*(3rd ed). UK, London: Micholas Brealey Publishing.

Whitmore, J. (2007). **성과 향상을 위한 코칭 리더십**. [Coaching for performance] (김영순 역). 경기: 김영사(원저출판: 2002).

Yukl, G. A. (1994), *Leadership in Organizations.* Englewood Cliffs, NJ: Prentice Hall.

저 / 자 / 소 / 개

■ **한은미**(韓銀美)

1994 NYU대학원(MA),

2000 대만국제신학대학교 대학원 명예철학박사

전) 백남준 미술관 관장

현) 김천대학교 교수

백남준 연구소 소장

저서: 세계 리더들이 꿈꾸는 Destinations

세계 리더들이 꿈꾸는 Futurization

한은미의 영화읽기

리더십의 이해〈공저〉

례를 중심으로 한 리더십〈공저〉

마음을 움직이는 글로벌 리더십〈공저〉

■ **서영복**(徐永福)

컨설팅학 박사

전) 삼성전자 상무

㈜이노뱅크 대표이사

경북대 겸임교수

현) 김천대학교 교수

저서: 리더십의 이해〈공저〉

사례를 중심으로 한 리더십〈공저〉

마음을 움직이는 글로벌 리더십〈공저〉

■ **이용규**(李鎔奎)

산업공학 박사

전) 삼성전자 근무

경남도립대학교 교수

현) 김천대학교 교수

저서: 리더십의 이해〈공저〉

사례를 중심으로 한 리더십〈공저〉

마음을 움직이는 글로벌 리더십〈공저〉

사례를 중심으로 한

한국형 글로벌 리더십

1판 1쇄 인쇄 — 2022년 7월 1일
1판 1쇄 발행 — 2022년 7월 5일

저　　자 - 한은미 서영복 이용규
발 행 인 - 강철원
발 행 처 - 양성원
주　　소 - 경기도 파주시 검산로 173번길 29-20
전　　화 - 031-946-3861(代)
팩　　스 - 031-946-3864
이 메 일 - tnwpub@naver.com
홈페이지 - tnwpub.co.kr
출판등록 - 2015년 8월 31일 제 2015-000211 호

ISBN 979-11-6126-408-0

정가 22,000원